中国传统哲学思想及其教育意蕴

舒杉杉　胡　刚 / 著

吉林大学出版社
·长春·

图书在版编目（CIP）数据

中国传统哲学思想及其教育意蕴/舒杉杉，胡刚著.
—长春：吉林大学出版社，2022.10
ISBN 978-7-5768-0861-2

Ⅰ.①中… Ⅱ.①舒…②胡… Ⅲ.①教育哲学—研究—中国 Ⅳ.①G40-02

中国版本图书馆 CIP 数据核字（2022）第 193640 号

书　　名	中国传统哲学思想及其教育意蕴
	ZHONGGUO CHUANTONG ZHEXUE SIXIANG JI QI JIAOYU YIYUN
作　　者	舒杉杉　胡　刚　著
策划编辑	樊俊恒
责任编辑	安　斌
责任校对	王宁宁
装帧设计	马静静
出版发行	吉林大学出版社
社　　址	长春市人民大街4059号
邮政编码	130021
发行电话	0431-89580028/29/21
网　　址	http://www.jlup.com.cn
电子邮箱	jldxcbs@sina.com
印　　刷	北京亚吉飞数码科技有限公司
开　　本	787mm×1092mm　1/16
印　　张	13.25
字　　数	223千字
版　　次	2023年4月　第1版
印　　次	2023年4月　第1次
书　　号	ISBN 978-7-5768-0861-2
定　　价	78.00元

版权所有　翻印必究

前　言

　　一百多年之前,俄国著名的哲人、大文学家列夫·托尔斯泰曾经对中国传统哲学的代表人物孔子、老子的思想进行了评论,他说:"……孔夫子的中庸之道——是令人惊异的。老子的学说——执行自然法则——同样是令人惊异的。这是一种智慧,一种力量,一种生机。"一百多年后的今天,当人们精心描绘中国教育的发展蓝图的时候,也必然需要对中国传统哲学进行客观、公正、冷静的思考,并分析和挖掘中国传统哲学中的精髓,这样才能为中国当代的教育注入新鲜的活力。

　　中国传统哲学是中华民族思想文化与智慧的结晶,是构筑国家意识形态体系、对各行业进行指导的基础。"天行健,君子以自强不息;地势坤,君子以厚德载物"这一理念正是当前学生应该遵循的一种精神,要树立自强不息的人格,这样才能积极发挥潜力,不断创造与发现。"天下为公""天下兴亡,匹夫有责"等理念蕴含着丰富的责任意识,要求当代的学生应该有担当,不断树立"工匠精神"。"传道授业解惑"是对教育领域的要求,要求"重德""为善",要学生掌握必要的人文知识、科学知识,并以此提升自己的思想道德、文化修养与审美情怀,使学生能够心智健全、视野开阔,从不同层次认识世界,了解人生与社会。

　　显而易见,中国传统哲学是中国传统文化的一部分。作为历史悠久的世界文明古国之一,中国在实现教育现代化的过程中,不得不继承和弘扬中国传统哲学的精华。也就是说,中国的教育现代化应该扎根于传统文化,在传统哲学的土壤中浸润自己,使自己能够与西方国家展开文化交流与合作,也使得我国的教育现代化更具有活力。基于此,特策划撰写了《中国传统哲学思想及其教育意蕴》一书。

　　本书共包含七章。第一章对中国传统哲学的思想内涵与当代价值进行分析,包括中国传统哲学的内涵、特质、当代价值。第二章从政治观、家庭观、社会观、生态观四大视角入手分析了中国传统哲学观。第三章至第六章为本书的重点,将中国传统哲学与教育相结合,探究中国传统哲学在不同教育层面的教育意蕴。在审美教育中,分析了中国传统审美理论与思想派系,并探讨了中国传统哲学思想中的生活审美论、审美人格教育以及其对当代审美教育的启示。在思想政治教育中,分析了中国传统思想政治教育思想,论述了中华民族传统道德体系的形成与传承,并基于此探讨了传统思想政治教育思想对当代思想政治教育的启示。在科学教育中,分析了中国传统科学思想的发展、特征、内容、组织形式,并论述了传统科学教育思想对当代科学教育的启示。在生态教育中,论述了中国传统生态哲学思想以及传统可持续生态观,并分析了传统生态思想对当代生态教育的启示。第七章从必要性、可行性以及现实路径入手对中国传统哲学创新转化的现实路径进行分析,以结束本书。

总之,在 21 世纪这样一个科技化、信息化、知识化的时代,本书对中国传统哲学的"真谛"以及内涵本质进行审视,并将其合理、恰当地运用于当代教育中,使教育现代化能够获得更多启示。基于这些启示的指导,我国的教育现代化之路将会更为广阔,其发展前景也会变得更加明晰。

本书在撰写过程中参考并借鉴了很多专家、学者的研究成果和观点,在此对相关作者表示最诚挚的谢意!另外,由于时间和精力有限,书中难免存在不足之处,敬请广大读者和学术同仁批评指正。

作　者

2022 年 5 月

目　录

第一章　中国传统哲学的思想内涵与当代价值 ‖1

　　第一节　中国传统哲学的内涵 ‖1
　　第二节　中国传统哲学的特质 ‖6
　　第三节　中国传统哲学的当代价值 ‖9

第二章　中国传统哲学观 ‖17

　　第一节　政治观 ‖17
　　第二节　家庭观 ‖33
　　第三节　社会观 ‖55
　　第四节　生态观 ‖62

第三章　中国传统哲学思想与审美教育 ‖75

　　第一节　中国传统审美理论与思想派系 ‖75
　　第二节　中国传统哲学思想中的生活审美论研究 ‖82
　　第三节　中国传统哲学思想中的审美人格教育 ‖88
　　第四节　传统审美教育思想对当代审美教育的启示 ‖89

第四章　中国传统哲学思想与思想政治教育 ‖100

　　第一节　中国传统思想政治教育思想研究 ‖100
　　第二节　中华民族传统道德体系的形成与传承 ‖108
　　第三节　传统思想政治教育思想对当代思想
　　　　　　政治教育的启示 ‖113

第五章　中国传统哲学思想与科学教育 ‖131

　　第一节　中国传统科学思想的发展及其特征分析 ‖131
　　第二节　中国传统科学教育的内容与组织形式 ‖138
　　第三节　传统科学教育思想对当代科学教育的启示 ‖143

第六章　中国传统哲学思想与生态教育 ‖155

　　第一节　中国传统生态哲学思想研究 ‖156
　　第二节　中国传统可持续生态观的构建 ‖162
　　第三节　传统生态思想对当代生态教育的启示 ‖169

第七章　中国传统哲学创新转化的现实路径 ‖175

　　第一节　中国传统哲学创新转化的必要性 ‖175
　　第二节　中国传统哲学创新转化的可行性 ‖187
　　第三节　中国传统哲学创新转化的现实路径 ‖191

参考文献 ‖198

第一章

中国传统哲学的思想内涵与当代价值

中国传统哲学作为中华民族传统文化的核心,以其独特的关照世界的方式塑造了中国人独特的精神特质与性格特点,是中华民族精神的根脉,是民族凝聚力与创造力的智慧之源,其独特的天人之思巧妙地将世界观、人生观、价值观统一起来,在世界文化长河中独树一帜,具有鲜明的民族特点。本章力图深度挖掘中国传统哲学的内涵与当代价值。

第一节 中国传统哲学的内涵

中国传统哲学内容广博,气象万千。从春秋战国时起,中国的哲学思想就在不断丰富与发展,主要以儒家文化为主,辅以道家和法家思想,兼有兵、农、名、墨、纵横、阴阳等诸子百家的思想,重视以自我修养为主的道德教育,这些思想精神至今仍有非常重要的作用。本节首先对中国传统哲学的内涵进行分析。

一、中国传统哲学的内涵

牟宗三指出,与西方以知识为中心、以理智游戏为特征的独立哲学不同,中国哲学是以生命为中心,由此展开他们的教训、智慧、学问与修行。[①] 从内容来看,中国传统哲学是以心性本体论为核心,包含辩证法、唯物论、认识论、历史观等在内的理论体系。作为心性修养学说,其思想精髓在于:以心性为本体,本体与主体不二。天命之谓性,率性之谓道,性源于天,人道不离天道,天道与人德同构,性在心中,外在世界内在于主观世界之中,向外的实践是与向内的超越同时进行的,甚至向外的实践可以在向内的涵养中完成,知与行不二。正如王阳明所言,"一念发动处即是行",行在知中。中国哲人认为尽心知性乃知天,性是心中之理,只有通过静观玄览、反身而诚、直达本心才能天人合一、顿悟至理。关于心性问题的探讨早在先秦时期就已存在,其中尤以儒家最为系统与彻底。孔子认为性相近、习相远,人先天所禀赋的天命之性本无差别,而后天的熏习才是导致人与人不同的关键。但在孔子这里,心与性仍然是二不是一,二者的真正统一是从孟子开始的。孟子是心性哲学的首倡者,认为尽心知性可知天,人通过存养心性之善端便可涵养出仁义礼智四德,而人德上通天道,反身而诚便可把握天道,将从人生观、价值观出发产生的对道德价值意义的觉解与对宇宙世界的认知结合起来,具有浓厚的人本主义与心理主义的倾向。中国传统哲学作为以人为本的心性学说,其唯心主义的哲学立场决定了其在回答宇宙人生的问题时不可能是科学与彻底的,作为意识形态的儒家哲学是封建统治者维护阶级统治的工具,但作为生长在现实的生活世界中,存在于日用常行间,追求自我实现、自我觉醒、自我超越、自我救赎的心灵哲学,儒学早已熔铸于中华民族的思想精髓中,儒学生活化仍然不失为其在当代实现复兴的现实路径。

当代中国哲学研究中,也多以心性论作为中心论域与理论旨归。正如《易传》所言"天下一致而百虑,同归而殊途",不论是儒学的超凡入圣,还是道学之返璞归真,抑或是佛学的转识成智,都以反求诸己进而达到理性自觉作为主导价值。中国传统心性论哲学的文化特质与思想精髓体现在以下方面。首先,以心为本的主体性,人是道德使命的承担者与实现者,而在人这一主体中最核心的是心,心性不二、心物一元、心包太虚。可以说,心是一切的主宰与依据,心外无物,心外无事,心外无理。天地化育、宇宙生成全在人心的一点灵明,心物无内外,二者是动

---

① 牟宗三.中国哲学的特质[M].上海:上海古籍出版社,1997:6.

静、体用、感通、显隐的关系。其次，反求诸己的内在超越性，人自我实现的路径是由内而外、内圣外王的过程，通过反身而诚的心的功夫，在心上做功，方能明心见性，从而实现对自我理性的觉解、价值的超越与意义的完成。最后，不落言筌的体悟性。心性论哲学直指本心，提倡以心印心、不言而喻的顿悟功夫。认为性与天道超言绝象，不可得而闻，故唯有反身而诚的不言之教最合其本性。强调主体通过顿悟才可上通下达、天人合一，因此不同主体在对其体悟上存在着鲜明的差异性。六籍虽存，无以明心；言象虽繁、无关妙处，唯有超越于言象方能了悟真义。当代社会，工具理性的盛行带来了一系列严重的后果，诸如价值的虚无、信仰的缺失、意义的空场、道德的滑坡、人性的堕落、理想的失落等，要想治疗这些社会痼疾唯有面向内心，回归真我，这就需要求助于中国传统心性论的智慧。

中国传统哲学探讨人的自我觉醒与自我实现，追求内生性价值，提倡价值的提升与境界的升华，是发现人、培养人与成就人的人学。在当代视域融合的学术研究大背景下，在坚持马克思主义哲学主导地位的同时，坚定文化自信，积极吸收传统哲学的精华，实现心性论哲学的创新转化，是马克思主义哲学中国化理论研究的重要课题。恩格斯在《路德维希·费尔巴哈与德国古典哲学的终结》一文中将马克思的学说界定为"关于现实的人及其历史发展的科学"[1]，对现实的人的关注也是马克思主义哲学的基本内容与根本出发点。要在现当代实现中国传统哲学的创新转化，就需要我们从哲学的人学转向及转化路径着手，从多元文化视域融通与生活还原的角度，在深刻把握中国传统哲学的特质与精髓的基础上，坚持文化包容的胸襟与魄力，将科技与人文相结合，重塑哲学及哲人的使命担当，改变物欲膨胀带来的思想空场状态。

二、中国传统哲学的核心内容

恩格斯说：全部哲学，特别是近代哲学的重大的基本问题，是思维和存在的关系问题。[2] 中国的全部传统哲学也是围绕思维与存在的关

---

[1] 马克思，恩格斯. 马克思恩格斯文集 第四卷[M]. 北京：人民出版社，2009：295.
[2] 汪洋. 中国传统哲学融入现代企业文化建设的路径探究[D]. 延吉：延边大学，2016：6-7.

系加以论述与展开的,在中国的传统哲学中,思维与存在的关系表现为天与人的关系,对天的研究是天道,对人的研究是人道,把天与人结合起来,用天道来论证人道,用人道来应和天道。

中国传统哲学自始至终都在思考天人关系问题,从对天道和人道的探源到最终提出"天人合一",这对人们认识人与自然、人与社会的关系起着非常重要的作用,这就是中国传统哲学的精髓和基础所在。

殷周时代,人们认为天是至高无上的主宰者,认为人同其他动物没有什么区别,都要受到"天命"的支配,天和人的关系是支配与服从的关系,这是一种原始宗教观的思想。随着春秋时代社会变革的来临,人们的思想也发生了变化,开始质疑"天命"权威,思想家们由对天的关注转为对人的关注。老子不认为天是"有意识的"的主宰者,而是一种自然状态,"道"才是具有至上性的根本,也即客观存在的抽象的普遍原理,从而标志着哲学对神学的胜利。孔子和老子一个注重天道一个更倾向于人道,而孔子的中心思想就是与人道有关的"仁",只有以"仁"为本,才能顺天而为,因为他认为想要彻底地了解"人道",一定要先了解"天道"。

然而,从根本上来说,中国哲学家们主要讲的是人伦,其实并没有太注意二者的对立面,而是尤为关注二者的统一面,即我们今天所说的"天人合一"思想。不同的思想家们对"天人合一"也有不同的理解:有的人表现出唯物主义的思想倾向;有的人表现出唯心主义的思想倾向;有的人抽象化、片面化地看待"天人合一",有的人辩证地看待"天人合一"。但无论怎样看待"天人合一"问题,都不能否认"天人合一"思想强调人与自然和谐一致、个人和世界整体的不可分割,注重价值理性的特点,即仁者爱人、以和为贵、克己复礼、重义轻利等思想。尤其在现代化迅速发展的今天,"天人合一"思想对于纠正把人与自然截然对立起来的观点、分离整体的个人主义观点、遏制现代人的科技理性过度膨胀有很好的作用和指导意义。

三、中国传统哲学的基本结构

自春秋战国百家争鸣以来,中国传统哲学以其开放包容、兼收并蓄的特质,在不断融合本土多元思想文化的基础上,创造性地吸收和改造外来思想文化(如佛学思想),在魏晋南北朝时期开始出现了儒释道三家并立的局面,到宋明理学时期逐渐形成了以儒家思想为核心、儒释道三家并立的哲学思想体系。在中国传统哲学的发展历程中,儒释道三家的合流是在坚持自身的核心特质与基本观点的前提下,在不断吸纳其他各派思想精华的基础上,在多元文化的冲突与交融的过程中实现的。中国传统哲学三教合一的思想格局自确立时起,"佛为心,道为骨,儒为表"和"以佛治心,以道治身,以儒治世"的文化传统便随着中国封建社会历代统治者的思想教化深入到了中国人的精神生活中,参与了传统社会里中华民族精神自我的营造,成为中华文明价值观的核心,共同构筑了中华民族的精神家园。

儒释道三家的合流源自三者之间在思想特质与文化内涵上相辅相成、殊途同归的关系,儒家仁爱,道家崇德,佛家慈悲;儒家入世,道家遁世,佛家出世;儒家正心,道家炼心,佛家明心;儒家讲修己以安人,道家讲养生穷万物,佛家讲见性度众生。虽然三教在基本观点上各不相同,但在本质上是同体同根的。

一方面,儒释道三教都是以内在超越为特征的心性修养的学问。儒家以"内圣外王"为终极理想,主张在生活中的体道行道。重视反省克己的体察功夫与克念作圣的存养功夫,既要以礼义为标准反省自己在德行上的亏欠与过失,又要以忠恕之道为依据做到"毋意、毋必、毋固、毋我"(《论语·子罕第九》)。以《大学》中的三纲为内圣外王的三阶段,以八条目为内圣外王的渐次开显,而以止、定、静、安、虑、得作为内圣外王的具体方法。道家以"内证道体外显大用"为根本宗旨,主张通过清静无为、性命双修来实现对道之本体的了悟,而在悟道之后便可向外发力,实现道体无所不为之用。佛家以"自觉觉他"为究竟圆满,主张通过历事练心、渐修顿悟的功夫破无明、见自性,进而自觉而觉他,情与无情,同圆种智。可见,三教均以由内而外的心性修养为宗旨,希望通过德行的涵养、智慧的开显、自性的发明,提升生命的品质,实现身心的和谐。

另一方面,儒释道三教都是以实现"天人合一"为共同价值诉求的学问。无论是儒家的"万物皆备于我"(《孟子·尽心上》),抑或道家的"天地与我并生,而万物与我为一"(《齐物论》),又或是佛学的"随其心净,则佛土净"(《维摩诘所说经》),皆表明三教虽然在心性修养方式上各有千秋,但最终殊途同归,都以实现"天人合一"的境界为根本归宿。

儒释道三教思想在几千年的流变中,在不断的冲突与融合的过程中,真正实现了你中有我,我中有你。三教合一是中国传统哲学发展史上的大事件,标志着中国传统哲学理论主体的形成,构成了中华民族的文化根脉,搭建起了华夏儿女们共同的精神世界。

第二节 中国传统哲学的特质

任何优秀的哲学都是时代精神的精华,这说明哲学具有时代性,只有时刻关注现实、与时俱进,哲学才具有生命力与改造现实社会的力量。与此同时,任何哲学又都是某一民族思想的精华,是该民族保持独特性的文化根脉所在,具有民族性的特点。哲学作为文化的核心内容,是民族实现文化认同的关键所在,塑造了中华民族的精神特质与独特人格,是时代性与民族性的辩证统一。在文化发展的长河中,民族性与时代性相辅相成、不可偏废:坚持时代性方有出路,离开时代性空余桑臼;坚持民族性尚知来处,离开民族性只剩归途。

中国传统哲学极其丰富多彩,包括传统文学、诗词、戏剧、建筑、中医、民俗、武术、服饰等,数不胜数。虽然内容众多,但其基本精神一直贯穿其中,主要表现为以下几个方面。

一、以人为本

以人为本理念是对中国传统民本思想的承接和超越。中国传统民本思想的发展历程及其丰富的基本内涵对以人为本的思想发展具有不可替代的理论价值。中国的传统文化渗透着具有悠久历史的民本思想,民本思想是中国传统文化的靓丽风景。周代是中华民族传统文化的奠基时期,周代的"敬天保民"思想对中国的民本思想的发展起着基础性作用,在那个时期,天子(统治者)非常注重与民(被统治者)的关系,把好生之德转化为对老百姓的爱护和关爱,让老百姓在不同程度上广受恩泽。儒家民本思想的主旨就是"民为邦本,本固邦宁",特别是孟子的"民为贵,君为轻"的思想对后世影响巨大。法家代表人物管仲更简明地指出:"夫霸王之所始也,以人为本。本理则国固,本乱则国危。"这就是说,对统治者来讲,为了国家的长治久安就必须让老百姓安定有序,就要做到以"人"为本。在中国不同的历史时期,很多政治家和思想家从不同的角度提出"民本思想",使之不断得到弘扬。西汉初期的贾谊提出只有统治者仁义,国内环境才能和、民才能顺的"民无不为本"的治世原则。贾谊号召"以民为本"不能停留在口头上,应该成为各级官吏的执政能力,贯彻在日常的政治实践上;提倡以民为命、以民为功、以民为力的治世方略,认为平民老百姓是绝大多数人,是社会生产劳动者,君主和官吏只有依赖民众的劳动才能生存;落实仁爱民众的重民政策,统治者如果为了让江山稳固必须把老百姓当成国家的根本,在经济上要利民,在政治上不伤民。唐代李世民提出水不仅能载舟也能覆舟的以民为本的治国之道。在宋代,民本思想得到了独厚的发展。李觏提出"足食安民"的民本思想,认为衣食是民众生活的根本,统治者要安民必然使民众达到丰衣足食;陈亮树立"活民命""正人心"的民本思想,高度重视民心的统一和人民生活的安危,把民众的生活问题提到重要的地位;张载明确"仁道及人"的民本思想,指出"为生民立道"是政治思想的核心;二程提出"以顺民心为本"的民本思想,主张巩固王朝的统治地位,必须顺民心,厚民生,以理顺民心作为治国的根本。明清之际的王夫之提出"不以天下私一人"的民本思想,他主张君要以民为基,无民而君不立;唐甄提出"财用为生民之命"的养民富民思想,认为民众是社会政治生活中的根本决定力量,在社会政治生活中,民众时时刻刻发挥着作用,要求统治者必须要养民富民。

可见,中国古代政治家和思想家在不断拓展传统"民本思想"的基本内涵,他们把民本思想进一步发展和升华。显然,中国传统的民本思想或谈到的以人为本实质上就是"以民为本"的含义。一个不争的事实,传统民本思想中"民"被当作国家存亡和兴衰的基础和手段,这种虽带有工具性的民本思想也是中国传统文化中的一条闪亮的风景线。当今提出的以人为本承袭了中国传统民本思想中的加强对黎民百姓的关注度和重视度,在语言表述形式上直接沿用了中国传统文化里本来已有的"以人为本"的用法。但是,今天的以人为本思想远远超越了传统的"民本思想"的实质内涵。由于社会形态、性质和基础不同,当代的人与阶级社会的人的基本内涵有本质的不同,决定了"以人为本"必将超越和提升"民本思想"的思想境界。当代中国以人为本的"人"是处在人人平等的基础之上的,每一个人都是国家的主人,中国特色社会主义用法律保障了人人平等的地位,以人为本的根本目的是促进一切人的发展,为了人的一切发展。以人为本不仅是在形式上对中国传统民本思想的承接,并且是在深层内涵上对其巨大的超越和发展。

二、自强不息

"自强不息"一词最早出现在先秦时期,这一时期对"自强不息"的阐释主要体现在个人层面。后经过唐代、宋代、明清的发展,"自强不息"的内涵越来越丰富,由个人层面开始上升国家、民族层面。进入近代,中华民族不断遭受外敌入侵,民族危机日益加重,激起国人的觉醒。为拯救民族危亡、维护中华民族的尊严和独立,有志之士纷纷发出时代的最强音——"自强",号召国人要自觉弘扬"自强不息"精神,拯救民族于水火。自此,"自强不息"精神在民族层面上的意义愈加凸显,成为中华民族自强不息的精神。

对"自强不息"一词的表述源于《周易》乾卦之《象象》中的一句话:"天行健,君子以自强不息"。后人又陆续对"自强不息"分别做了阐释,且加入了自己的理解。《宋史·董槐传》记云:"外有敌国,则其计先自强。自强者人畏我,我不畏人。"《呻吟语·存心》记曰:"故始自垂髫,终于属纩,持一个自强不息之心通乎昼夜。"一个人从幼年至终老,时刻都要保持一颗"自强不息之心","自强不息"精神应贯穿于人的生命的始终,强调了"自强不息"精神在人生命中的重要性。

三、和实生物

由于我国古代的作为传统文化基础的农耕文明发达,更加崇尚安稳、富足的生活,因此文化中尤其重视人与万物之间的祥和。孔子开始就提倡"礼之用,和为贵",来调节人与人、人与社会之间的关系;孟子也说"天时不如地利,地利不如人和",这些思想都体现了我国"天人合一"的思想传统。我国古代思想家认为天与人是相通的,在人与自然的交往中,人要顺应自然、顺应规律,虽然古代也有"明于天人之分""制天命而用之"的思想,但这种思想是不占主导地位的。此外,"以和为贵"思想还培育出了中华民族的群体心态,如"极高明而道中庸"的中庸思想,"不患贫而患不均"的平均思想等,在我国文化的各个领域都有明显的体现。

第三节　中国传统哲学的当代价值

随着中华民族伟大复兴的中国梦以及道路自信、理论自信、制度自信与文化自信的提出，要求我们在坚持马克思主义哲学在意识形态的主导地位的同时，实现中华文化的复兴，特别是中国传统哲学的创造性转化与创新性发展。在新时期社会转型的关键节点，要解决我国社会的现实问题，需要我们用辩证的观点来看待中国传统哲学，将传统哲学的民族性与时代性相贯通，在辩证地否定的基础上取其精华、去其糟粕。本节就来分析中国传统哲学的当代价值。

一、传统哲学本体论的现代价值

传统哲学作为心性修养学说，非常重视德行的涵养，而其涵养功夫主张致虚极守静笃、尽心知性、知行合一。[①] 这一修养功夫自先秦开始，后来经过理气心学家的理论增补阐发，多了很多实践性的内容。理学从周濂溪的"主静立极""诚精故明"，到程朱的"居敬存诚""存理灭欲"，到陆象山的"返躬内省""心即是理"，再到心学王阳明的"心外无物""知行合一"，气学从王充的"天下一气"，到张横渠的"变化气质""通蔽开塞"，再到王夫之的"日生日成""自悟自得"，中国传统哲学的理性觉解已经达到了相当高的程度。在古代哲人看来，天人不二，心性一如，只有涵养本心，体悟人德，才能上合天道，把握至理，进而究天人之际，通古今之变。此处的天为义理之天而非自然之天，天作为人类社会的价值依归，是道德修养的终极目标，尽心方能知性，知性方可知天。传统哲学作为以道德践履为核心内容的哲学，其本体论思想是围绕知行关系展开的。儒家的本体论以仁为本，由孔子发端，经过《易传》的阐发，后学的发挥，在宋明理学达到完善。孔子认为物有本末，仁为本根，君子进德

---

① 郭晓旭.马克思主义哲学与中国传统哲学的融通发展研究[D].北京：中央党校（国家行政学院），2019：29-30.

勿舍本逐末,而应该以仁为己任,远天近人,克己复礼,欲仁得仁。仁既是君子立于世的价值本根,又是君子济世之良方,仁的本体生发于义理之天,其开显则通过日用常行、洒扫应对、忠恕孝悌。孔子的仁并不是抽象的道德原则,它是在君子的生命实践中具体展开的真实的道德实践过程,是一种孜孜不倦的生命精神。它来自无数生命个体鲜活的生存体验,而要理解它也需要我们真实地进行道德践履。马克思说:感性活动阐明了人是生成性的存在,实践的对象是属人的存在,不断开展的感性活动与感性创造是人类社会持续存在的基础。仁道的开显融会在了主体的生命实践过程中,正如存在主义所揭示的那样,仁与主体的生命过程一样,处在无限开放的生成中。这就为现代人从生活世界的生命之道把握宇宙法则的宇宙之本开拓了新的理论视野。《易传》中讲道器之说,如果说孔子是从人伦社会投射自然宇宙,从仁道生发出天道,那么《易传》则是从《易经》的阴阳理论出发解释宇宙生成与人类社会发展以及人心秩序的建构过程,其中充满了丰富的辩证法思想,并将其引入了本体论的阐发当中,但由于受到中国哲学研究视域的影响,其侧重点主要在道德修养上,而忽略了在自然宇宙以及人类社会的应用。《易传》认为道器有别,只能从形而下的器出发来把握形而上的道,开启了儒家通过"立象"来开显本体的传统。虽然书不尽言,言不尽意,但可以立象以尽意,设卦以尽情伪,即通过象与言相结合的器来通达无极之道体,人通过仰观象于天,俯观法于地,近取诸身,远取诸物,以器示道、明道、弘道,实现天人合一。这种象喻的彰显本体的方式后历经嬗变,到宋明理学时已经日臻成熟。朱熹讲理一分殊,道气一物,理在气中,并通过一系列物象之喻来彰显天理本体,其中重体悟的哲学方法将知识论与主体性原则相结合,达到了内在超越与外在实践的统一。

道家哲学以非常之"道"作为其本体,这一本体由老子最先提出,到魏晋时期发展成熟。老子认为"道可道,非常道",作为世界本体的"道"是视之不见、听之不闻、搏之不得的。大音希声,大象无形,道是人的感性知觉所无法把握的无物之象、无状之状,是"无"。但"无"并不代表不存在,老子的以"无"为本质的道就是自然,要把握道的"无"就要抛弃现实的"有",正所谓:五色令人目盲,五音令人耳聋,五味令人口爽……只有放弃主观意识融入自然当中,达到主客合一的境界,方能使道在心中得以呈现。虽然天下万物生于有,有生于无,但从"有"不能体悟"无",为学日益,为道日损,只能通过否定的方式,以无证道。大道无为又无不为,主张顺应自然、随天而化,绝圣弃智。庄子继承了老子的思想,并运用了诸多物象之喻来加以论证。庄子从相对主义的立场出发,认为只有达到形如槁木、心如死灰的吾丧我的境界,才能够与天地万物、大化流行融为一体,生生不息,才能了悟世间人生之至理,把握恍惚混沌的道体。庄子认为"我"是处于主客二分的对象性关系中的认知主体,被感官所迷惑、被物欲所牵引、被名利所纠缠、被是非所羁绊,这样的"我"是远离了逍遥自由的自然状态的我,也是非本真的异化的存在。要彰显"吾"之本体,只有放弃主观意志,抛弃有形的"我",顺应自然界的大化流行,才能摆脱物累,了悟道体,生命的自然与本真相融通,获得一种大自在、大解脱,同样也是以否定的方式彰显本体。"魏晋玄学"更是将这种方式发挥到了极致,王弼讲得意忘言,郭象讲独化于玄冥,在道家哲学这里,均以否定的方式消解掉了主客对立的社会性对人的本真本性的遮蔽,通过"反",捐聪弃智,返回到自然的生命原初状态,进而再通过心斋、坐忘超越个体生命的局限,达到与本真生命合二为一的"游心"的境界。这种崇尚个体精神的独立,追求精神的自由与内在超越,顺应自然回复本真的价值追求,在现时代依然有其现实的价值与意义。

佛学的本体论即体用论,主要体现在其对体用、真俗、理事的探讨上。佛学认为体用一如、真俗不二、理事圆融。其本体论的开显主张以用明体,即体成用。体即缘起性空,是宇宙的本体,用即是世间万物的功用,体要通过用显现出来。体用正如灯与光,灯是光之体,光是灯之用。理事圆融,借假修真,认为真谛不离俗谛,理事不二、以心印心,通过渐顿的修行功夫,便可发明本心、证悟本体,得到解脱;认为本体的空不离有,虽然不可言说,但也可用象与言来表征。同时,其世界观同样是与人生观结合在一起的,体用关系落实到人的生命层次就变成了心境关系,心随境转,境由心显,只有加强内在的德行修养才能拓宽生命的境界、实现生命的价值,这与中国儒道思想是异曲同工的。

要探讨中国传统哲学的现代价值不得不提王夫之。王夫之作为中国传统心性论哲学的集大成者,起着承前启后的重要作用。他对之前的宋明理学乃至整个传统哲学进行了扬弃,批判地继承了传统哲学的朴素唯物主义与辩证法思想,将儒释道三家相统一。儒学通过肯定的崇有的方式即物以穷理,注重从现实生活的日用常行之中发明本心,从而了悟本体。道家则是通过否定的崇无的方式灰身灭智,在静观、坐忘中实现主客冥然玄同,从而把握世界人生的至理。佛学则通过以心传心的方式,通过转识成智、三谛圆融、理事无碍等,即世间而出世间,实现宇宙与人生的统一。王夫之在总结儒释道的基础上,提出"象外无道",要由用得体、感器通道。在唯物主义的基础上提出"天下唯器""象外无道",先有器而后才有道,要把握形而上的道,则需要在现实的器世界中实践。正如马克思所说,"人的存在就是他的实际生活过程"。王夫之的知行合一的实践观以实践为本,认为通过践下方可显上,主张回归现实生活,在现实生活中的实践才是正确认识的基础,从而将生活实践的思想引入了中国传统哲学对本体的把握过程中,这与马克思主义哲学的由感性认识到理性认识的飞跃十分相似,也为中国传统哲学在现时代的创新转化提供了实践论的基础。

二、传统哲学以人为本的现代价值

以人为本是本体论问题,也是对哲学本体论的深化和创新。以人为本最起码、最基本的前提条件是人,人是以人为本的载体,确定人是以人为本的逻辑起点,就不能回避探究人的问题,研究人的问题就必须正确分析以人为本的"人"的本质问题,人的本质问题决定了以人为本的基本价值取向和根本性质。从不同的时域和视域探究人的本质内涵,准确分析和阐释人的本质,才能为以人为本的理念奠定坚实的基础。以人为本的人是现实的人,是中国的每一名劳动者和建设者,即现实的每一个公民,以人为本的当代释义就是以人民群众中的每一个公民为本。以人为本要克服一切对人歪曲的理解,避免对以人为本运用的扭曲和误导,防止偏离以人为本的真正目的和归宿。①

首先,构建社会主义和谐社会的本质底蕴就是以人为本,"和谐社会就是人自身、人与人、人与社会、人与自然在发展的进程中达到一种相依相生、和睦相处、和衷共济的融洽状态"。和谐的首要条件是承认矛盾,矛盾是有差异的事物之间的对立与统一,矛盾侧重于事物两方面的相互制约和排斥,和谐侧重于事物两方面的相互贯通。矛盾的差异和对立是形成和谐的根本动力和源泉,矛盾在一定条件下能够形成和谐体。人自身的和谐、人与人的和谐、人与社会的和谐、人与自然的和谐是

---

① 刘占军.论以人为本思想的哲学新视野及其当代价值[D].西安:西北大学,2012:33-34.

和谐社会不可缺少的有机构成整体,并且是辩证统一、相辅相成的。人是社会的基本元素和细胞,人自身的和谐是一切和谐的基础和基石,人自身的和谐是人与人、人与社会、人与自然和谐的根据和载体,没有人自身的和谐就不会有人与人、人与社会、人与自然的和谐。人与自然的和谐是人自身、人与人、人与社会和谐的前提和条件,人与人的和谐是人与社会、人与自然、人自身和谐的核心。人与人、人与社会、人与自然之间相互作用、相互协调,人、社会、自然在发展的道路上各自要协调和谐,各要素之间也是开放性的渗透,融会贯通。人自身的和谐、人与人之间的和谐、人与社会之间的和谐、人与自然的和谐,归根结底是为了人的健康发展。和谐社会是人类社会发展进程中的最佳状态,是为了人的正常生活所创造的良好环境和平台。以人为本必然要构建社会主义和谐社会,和谐社会既是目标也是过程,和谐社会相对于社会主义初级阶段的现状来说是一个目标,相对于人的生存和发展来说是一个环节和过程。当前每一个公民的现实生活离不开社会主义和谐社会的建构,需要和谐社会的大环境、大舞台,人们只有在和谐社会中才能较好地生活。以人为本的践行就是为了解决社会中的各种矛盾,以人为本的过程就是解决矛盾的过程,推动社会的各要素(人与社会各要素)和谐发展。可见,以人为本的践行一定会促进构建社会主义和谐社会的历史进程。

其次,以人为本与人的全面发展是辩证统一的,是途径与归宿的辩证关系,也是手段和目的的辩证关系。以人为本是为了人的全面发展,以人为本是推动人的全面发展的手段和途径,人的全面发展是以人为本的归宿和目的。如果要实现人的全面发展就必须坚持以人为本,只有坚持以人为本才能推动人的全面发展。以人为本是一种思维方式和办事原则,我们强调以人为本就是在国家制度和体制上真正把人放在主体地位,把每一位公民作为一切工作的出发点和归宿点,归根结底是为了公民的全面发展。人的全面发展是一个过程,以人为本是人的全面发展的前提条件。以人为本是"神本""官本""物本"真正向现实的"人本"飞跃,以人为本尊重人的利益、人的劳动、人的权利、人的自由、人的个性和人的价值等,就是真正把人当作社会发展的目的,一切为了人的发展。人的全面发展是人的发展进程中的应然状态,是人的生活世界的开放系统。全面发展的人是对单面发展的人的扬弃,人的发展不是片面发展而是各方面协调发展的提升。以人为本正是致力于改变人的片面发展而不断努力追求。我们每一个公民还是处在一个相对单面的发展中,人的内在和外在世界还没有得到物质、精神、文化等要素的全面发展。以人为本就是为了解决人的单面发展的问题,改变公民的生活质量,注重外在生活质量(物质世界)的提高与内在生活质量(精神、文化、个性、权利等)的提高相匹配。以人为本正是在履行提高每一个公民的生活质量的历史责任,正在一步步推动人的全面发展。以人为本是为了人的全面发展,并不是说以人为本中的人已经达到了全面发展,"为了"是方向和目标,也是进行努力的过程,在这种意义上说,以人为本是人的全面发展的历史前提。

三、传统哲学仁爱思想的现代价值

《论语》中有109处提及"仁",根据杨伯峻的《论语释注》,其中105处与孔子道德标准有关,而关于仁德定义和特征描述有15处。[①] 然而"仁"的概念并非孔子所创。对于学者而言,给"仁"予以普遍统一的定义也并非易事。从孔子之前时代到孔子时代,再到宋明时期,每一代的儒家学者们一方面继承前人的理解,一方面又根据自己的理解赋予"仁"新的含义。尽管定义很难把握,但学界普遍认为"仁"是孔子思想的中心主题。孔子教育思想更是围绕着"仁"的核心展开,通过对孔子"仁"的教育的研究,可以看到它的核心价值体现出新复古、仁于天下、修己安人这三个方面。

周人宗法制度确立后,以血缘为纽带,以家庭关系为社会政治生活基本构成单元。家庭伦理道德就成了社会伦理的基础,春秋时代早期,"孝悌亲友"之爱是基本的道德观念,"仁"此时就是作为具有这种道德内涵而存在的一个重要道德术语:"仁,体爱也"(《墨子·经说上》)、"爱人利物之谓仁"(《庄子·天地》)、"仁者,谓其中心欣然爱人也"(《韩非子解老》)。从与儒家学术和政治观念存有分歧的墨、道、法家那里依然可以看出,他们把"仁"作为具有"爱人"的道德术语来理解。

从"仁"的发展来看,"仁"的观念并非孔子所创。孔子在继承古代经典中关于"仁"的概念的同时,赋予了"仁"极为重要的意义。《论语》中所体现的"仁"丰富内涵和显著地位,是前所未有的。关于《论语》中

---

① 党继玉.孔子与耶稣教育哲学思想比较研究[D].银川:宁夏大学,2015:24-25.

的"仁",可以从几个方面来理解。

一是"仁"为"爱人"(《论语·颜渊》)。这是孔子关于"仁"最为简洁的回答,这也正体现了孔子对于自周以来具有"孝悌亲友"之爱的基本道德内涵之"仁"的继承。

二是"仁"作为最高道德理想和道德境界,是一切德目的总纲。根据《论语》记载,"仁"包含有最基本的孝、悌,"孝悌也者,其为仁之本与"(《论语学而》);包含礼,"人而不仁,如礼何?"(《论语·八佾》);有恭、宽、敏、信、慧五德,"能行五者于天下,为仁矣。"(《论语·阳货》)可以说,仁在孔子那里统摄诸德,"仁之所以高于其他一切美德,还在于仁是其他美德赖以建立的基础,是美德之树借以生长、汲取营养的根。'仁'不局限于任何个别美德,渗入每一种美德之中"。[①]

从《论语》中孔子的"仁"来看,孔子继承了"仁"的基本内涵,又以人本主义精神解释了"仁",把"仁"上升为最高的道德理想,体现着天与人、祖先与后代、圣人与普通人统一起来的倾向和精神。根据当时的历史背景,孔子赋予"仁"新的内涵,作为一种教育思想而言,完全建立在他对周文化的继承和理解上,为什么孔子注重对"仁"的继承?一方面取决于"仁"的道德和宗教内涵,另一方面取决于当时社会环境下的文化需求。孔子面对当时"天下无道"的政治环境,他要回到"有道"的周礼时代。他主观上是复古的,冯友兰称之为"退化史观",认为人类的黄金时代不在未来而在过去,因此拯救人类,不在于创新,而在"仁"的教育,本质上即是对人的道德责任教育,使人成为具有完备人格的人。安乐哲在论述"仁"时,把"仁"定义为"造就人的整合过程",在此过程中就是将"为己"和"为人"相结合,使自己表现出一般的善。赵敦华在谈及儒家教育思想的基本理念时认为,"做什么样的人"是儒家教育观的根本问题,古代儒家师道一直在说明什么是高尚的人,他们具有怎样具体的德行,人如何获得德行,达到圣人境界。而"仁"是这些问题答案的雏形。在孔子看来,"修己"即"为己",通过自己的学习修养来"成仁"。"为仁由己,而由人乎哉?"(《论语·颜渊》)、"人能弘道"(《论语·卫灵公》)。"为己"的同时伴随着"为人"的修养,"夫仁者,己欲立而立人,己欲达而达人"。(《论语·雍也》)"己所不欲,勿施于人"(《论语·颜渊》)。

[①] 姚新中.儒教与基督教:仁与爱的比较研究[M].北京:中国社会科学出版社,2002:88.

对于一个人而言,"为己"与"为人"相统一,就可以完成"修己之道",达到君子、圣人的要求。

"成仁"在成为君子和圣人时并没有结束。"仁"是一个过程词,并没有终点。"仁"始终是自我超越的,是应该用美学的、质的标准而不是用逻辑的"完成"或"达到"这样的标准来评价。在孔子那里"修己"之后还需"安人",即君子、圣人要以安人为目的。孔子认为成"仁"一方面有天赋因素,"才不才,亦各言其子也"(《论语·先进》);另一方面是"为学由己",需后天努力,"我非生而知之者,好古敏以求之者也"(《论语·述而》)。因此,就有了君子和小人之别,"君子喻于义,小人喻于利"(《论语·里仁》)、"君子成人之美,不成人之恶;小人反是"(《论语·颜渊》)、"君子上达,小人下达"(《论语·宪问》)。君子、圣人作为最高德行境界者,要"安小人""安百姓",对社会政治而言,他们就应该是作为统治者最理想的人选,这样才能"行仁"于天下,形成理想的社会政治。这样"造就人的过程"就具体目的而言形成了一个圆形的循环:修己—君子—安人—修己。

因此,孔子"仁"的教育,就目的、意义而言,它的价值在于"修己安人",即在"仁"的指导下,注重个人学习修养,并同他人修养学习相结合,同时与社会政治使命相统一,从而使整个教育过程体现出了整体性价值。

第二章

中国传统哲学观

　　中国传统哲学的思想精华既是中华民族在长期生产、生活实践中所形成的关于人与自然、人与社会、人与人、人与自我的真理性认识的观念表达和集中体现,更是具有重要历史价值和当代意义的核心理念和思想精粹;既是中华民族的生存之道和理想追求,又是中华民族的独特精神标志,更是中华民族绵延发展的精神动力和价值指引;既是构建具有中国特色、中国风格和中国气派的当代中国哲学的历史根脉和文化基因,更是构建人类命运共同体和人类文明新形态的重要资源。本章就选取一些思想观进行着重分析和论述。

第一节　政治观

　　儒家、荀子、墨子等的政治主张在一定程度上促进了当时国家的统一,更是历朝历代在构建政治结构时的理论来源,对中国古代政治形态产生了极大的影响。当然,中国传统政治观对我国几千年的政治和社会生活产生了重要影响。在此基础上结合新时代特点对政治观进行创新、发展,为我们研究当代政治提供良好的借鉴,更好地服务现代社会发展的需要。

一、儒家的政治观

《礼记曲礼》云:"夫礼者,所以定亲疏,别同异,决嫌疑,明是非也。礼不妄说人,不辞费。礼不逾节,不侵侮,不好狎。修身践言,为之善行。行修言道,礼之质也。"[①]礼的功能在于"定亲疏,别同异,决嫌疑,明是非也",将价值判断作为首要问题。"礼不妄说人",郑注曰:"为近佞媚也,君子说之不以其道,则不说也。"礼不是用来取悦别人的,君子不能用牺牲原则的方式取悦别人,这一点也指出了礼的精神在于坚守、坚定的价值立场,反对太过"技术"的行事方式。

此外,《论语·里仁》曰:"君子喻于义,小人喻于利。"何谓义?"义者,天理之所宜。"也就是正当性的判断,士君子做任何事情都要有一个价值判断的标准,不符合此价值标准的不去做。君子只按照一个正当性的标准来行事,而不是小人那样以效用行事。董仲舒曰:"义之法在正我,不在正人。我不自正,虽欲正人,弗与予焉。"意为作为判断标准的义,用于对士君子的行动的最高引导。

可见,儒家反对价值立场上的相对主义,而以礼作为绝对准则,礼的仪式和礼的精神,相当于中国古代社会的共同信仰、共同价值认同。因此可以看出,儒家对讼棍和游士的反对,实质上是古代价值理性主义反对价值相对主义的斗争。孔子曰:"巧言乱德。"朱注曰:"巧言变乱是非,听之使人丧其所守。"可谓对以言辞变乱是非的直接批判,也表达了对合理的政治生活与政治秩序的追求——合理的政治秩序必须有一个最高的价值引导。

二、荀子的政治观

(一)荀子政治思想的内在基础

1. 天道有常

"天行有常",为人间政治秩序提供依据。此"常"便是自然界的客

---

① 闫晟哲.公共精神、德行与政治意识——从"子产杀邓析"到"君子不器"的政治思想史解释[D].西安:陕西师范大学,2014:21-22.

观规律。荀子认为天道仅仅为自然界服务,有其独有规律和作用,"不为而成,不求而得,夫是之谓天职。"[①]

天造就了自然万物,使得自然万物各处其位,和谐共生。自然之天的职能确立了,它的功绩就会显示出来。荀子通过对天的探求,发现天的重要作用。首先,天创生了人类。天会调养人的情绪,安养人的五官,设置"心"来调控人的五官,使得"天情""天官"和"天君"都得以适当安排;其次,天创生了自然万物来供养人的生存,谓之"天养";最后,天还会让万物都得"福",只有违反自然才会得"祸",谓之"天政"。陈大齐称:"荀子所见的天,是不知不识的,且亦没有意志的,只是遵行一定不易的自然法则以发挥作用。"[②]

荀子对天的认识,使得"天职"不再神秘,客观认识天的存在与功能,并且将人类作为人间秩序中的主体,将"人"作为致思的重点。

2. 天人相分

在中国传统文化中,天往往被看作具有人格意志的神和人德行的来源加以敬畏和崇拜。春秋战国时期,效法天一直是各家学说的主流思想。儒家的天人合德,墨家的天志,道家的顺天安命的思想在当时都风靡一时。到了荀子这里,则一反常态,提出天人相分,认为天是非宗教和形而下的。

荀子所提出来的天是自然的天,自然的天只是负责生生万物,没有自己的独立意志,因此他提出:"天行有常,不为尧存,不为桀亡?""夫日月之有蚀,风雨之不时,怪星之党见,是无世而不常有之。……夫星之队、木之鸣,是天地之变,阴阳之化,物之罕至者也。怪之可也,而畏之非也。"荀子在这里解释道,天运行有自己的规律可言,不会因为世道的盛衰而改变,而且即使有一些特殊的自然现象如日食、月食等,也是自然的客观规律,而不是上天降下的预警。

比起天生,荀子则更看重人的作用,只有用人文、礼义、道德去治理国家,国家才会兴盛。所以,圣人一定是将天和人的作用分开来治理国家。"天能生物,不能辨物也。地能载人,不能治人也。宇中万物、生人之属,待圣人然后分也。"因此,荀子在把人们的目光从天拉回到人后,

---

① [清]王先谦著;沈啸寰,王星贤整理.荀子集解(卷十一)[M].北京:中华书局,2012:301.
② 陈大齐.荀子学说[M].台北:中华文化出版事业社,1956:3-4.

提出了天人相分的理论。荀子天人相分的二分法更实际的作用是突出人的问题、社会的问题。在这里他尤其突出了人治的意义，国家的治乱不因天而改变，因此治乱还是需要靠人的治理，明君则遵循道的原则，通过制定颁布好的政策治理国家，这样即使有灾害，国家不会受到影响；而昏君违背道的原则，所制定颁布的政策也对国家没有好处，这样即使是天下太平，也仍然避免不了灾祸的发生。既然天不能影响人的祸福，也不能影响国家的治乱，而国家的盛衰根于人治，那荀子的天人相分的进一步，就是要人制天用天。所以，人治最基本的职责还是制天用天来养万民，顺着自然界变化的规律以滋养万物，由此也足以说明天人相分在荀子学说中的重要性。

3. 参天制天

明确天人之分后，荀子提出人可以参天，高扬人类的主观能动性，将参天视为探求政治秩序规律的途径。"天有其时，地有其财，人有其治，夫是之谓能参。"既然天可以使自然万物和谐有序，这种秩序与规则恰是人类社会不可缺失的，所以荀子认为参悟天道便可以实现人间政治秩序的建立。人类社会应该效法天道，安排万物，生养众人，满足人们的感官和物质享用上的需求，作为政治秩序建立的目标。

制天思想是荀子论天思想中最重要的理论。人们进行参天，是为了制天，通过掌握客观自然的规律，进而探寻人间的治道，以便为人类社会服务，"制天命而用之"是荀子思想中的闪光点之一，体现了其丰富的现实主义品格，也体现了人类主观能动性的重要性。只有真正制天命，才能实现人间秩序的建立，这是荀子论天的最终目的。

如何制天命，成人道？通过对天道的参悟，荀子找到了治理人间之道，就是"礼义"。"在天者莫明于日月，在地者莫明于水火，在物者莫明于珠玉，在人者莫明于礼义。"人需要获得礼义，才能真正成就人道。天有常道，地有常数，君子有常体，那就是礼义。荀子认为运用礼义治国就是最好的"制天"方法。礼是政治秩序中必要的存在，是荀子政治秩序思想理论中最重要的标准与规范。

荀子论天的最终目的，是为建立人间秩序提供依据，即参天制天，实现在人间开辟治道，并运用礼义真正实现制天命而用。荀子通过天道有常、天人相分、参天制天三个层面阐述了其天人观，将天的神秘色彩彻底破除，并通过参悟天道来寻求人间的治道。礼义对于国家的作用如同天道对于自然的作用,是重要且必要的存在,因此礼义成为荀子建立政治秩序理论的重要规则。总之,荀子通过论天为其政治秩序理论寻求了得以建立和运转的力量,为礼义的存在和运用寻求了合理的逻辑。

4. 性恶与伪

前文所述的是荀子对"天、人"二者的理性认识,但从天本位回归到人本位后,则不能避免关于人性的探讨,且荀子的人性论是其政治思想的内在根基,甚至是他整个思想体系的内在根基,无论崇礼还是重法,都体现出他人性论的重要性。因此,性恶与伪就成为荀子政治思想的内在根基及逻辑进路。

自然的性是荀子首先讨论的内容。荀子以人的基本生理功能为出发点阐述了性并无善恶之分,他强调了自然之性的普遍适用性,不论是禹还是启,他们所具有的自然之性都是一样的。正是因为所有人的自然之性没有偏差,才能够通过礼义教化来修正人的恶,因此"人性是自然的"才是荀子人性论的关键。既然性是人与生俱来的,并且没有善恶之分,那么性恶是从何而来呢?

天生的就是性。荀子认为人的好利恶害、耳目声色都属于自然的天性,但要是顺着这些自然的天性而不去节制的话,那人与人之间必然会产生争夺、战争等不符合礼义、道德的行为,因此顺性必然导致恶。相较于孟子先验的性善论,荀子的性恶论应当看作经验性的,他提出的性恶论更重要的目的是说明礼义的作用。礼义想要发挥作用那么必须有与之相对的恶的行为,否则礼义则无处可施,所以荀子说:"故性善则去圣王,息礼义矣;性恶则兴圣王,贵礼义矣。[1]只有通过用客观的礼义来指导人们,才能避免人们顺着自然的本性流于恶。于是荀子便提出了化性起伪的观念。如上文所提到的天人相分的二分法,荀子也将性和伪进行了区分。荀子这两段话说明了性和伪的定义,也对性和伪做了一定的区别。性是天生的,不能通过学习来改变,而伪是通过后天的学习来积攒知识经验从而达到改变。这是性和伪的本质区别。但是性、伪不能完全地分开,它们之间还存在着必然的联系性。"性者,本始材朴也。伪者,文理隆盛也。无性,则伪之无所加;无伪,则性不能自美。"在这里,荀子说明了性和伪的关系,性是材质,伪是加工。性本质素,伪起于性,实

---

[1] 蔡原野.荀子的政治思想研究[D].北京:中央民族大学,2017:10-13.

则是礼义之文饰,因此二者是相互依存的关系,不能分开来讨论。

荀子认为化性起伪需要通过积思虑和习伪故来实现的,思虑属于心的具体反映,因此也具有自由意志的能力,而行为也是由意志的支配所决定的。但是,正是因为心具有的自由意志的能力,所以有些事不能准确无误地正确选择,他说:"性之好、恶、喜、怒、乐谓之情。情然而心为之择谓之虑。心虑而能为之动谓之伪。虑积焉,能习焉,而后成谓之伪。"

人的喜、怒、哀、乐由心选择就称作思虑,而在人的情欲发作的时候由也虑经过符合礼义的选择而决定的行为就被称作伪,所以礼义就是在情欲发作时判断情欲是否有过或不及的标准。荀子所提到的心、不仅仅具有思虑、选择和辨别的作用,还有学习等作用。若无学习、积学的作用,也就不可能化性起伪。在《劝学》中,他提道:"积土成山,风雨兴焉;积水成渊,蛟龙生焉;积善成德,而神明自得,圣心备焉。"这里就是在强调积学的重要性。而巧学的主要内容,就是不断学习礼义之道。礼义之道才是人们化性起伪的根本,由国家推行礼义之道,百姓不断学习,使自身和社会的道德变得良好,这样国家就会大治。

综上可知,荀子的性恶论和化性起伪是荀子政治思想得以实施的内在根基和逻辑进路。由此得知,荀子的人性恶论必然有从其政治观处着眼思考的原因。所以,荀子的性恶与伪不但是构成其天生人成理论的一个环节,也是其政治思想的一个延伸。

(二)荀子政治思想的构成主体

1. 礼法论

性恶作为自然给予人与生俱来的胎记,是圣王制作礼义法度的依据。人性偏险不正,悖乱不治,为了实现正与治,就要求有一外在的强制力量以约束、规范人的行为。规范的方式与手段就是"礼",而礼的来源为圣王,是圣王仿效天地万物运行法则而制定的。

可见,虽然礼为圣人所制作,但礼本源于天地、先祖以及君师。天地构成人类活动的物质环境,人类本身是天地自然长久演化的产物,天地的法则自然能够构成人类的法则。从这个意义上说,"天道"与"人道"相通,天地宇宙秩序构成人类秩序的形而上基础。先祖是人类的直接来源,没有先祖,就没有人的存在,先祖在历史政治实践中得到证明是正确的法则,对后人来说,具有普世性。而人类社会秩序的维持与稳定,有赖于君师正确的施政理念，礼同样是君师治理社会的经验总结。

礼是天地宇宙运行的法则，是先祖生活与君师治理的依据与手段，礼能够超越出一时一地，而是一种对世间万物而言具有普世性意义的法则。

人欲是礼之所以产生的现实依据，通过在人与人之间合理划定度量分界，把每个人的行动限制在一定范围，使之不相互争夺。以"分"为基础，在人们之间合理分配社会资源，达到"养人之欲，给人之求"，既合理调节"欲"与"物"之间的矛盾，又能避免因无序的争夺而导致的乱、穷，从而实现社会的良胜运转。他所说的"分"，是建立在社会差别基础上个人的权利义务的差别，分的前提基础是"别"，"君子既得其养，又好其别。曷谓别？曰：贵贱有等，长幼有差，贫富轻重皆有称者也。"人生存的维持与社会的秩序是礼治的目标，所以荀子认为，"礼者，养也"。

人是群体性的存在，人在社会关系中，的确因为职业、阶级、贫富、伦理而处于不同的地位。荀子认为，只有在等级差别的基础上，社会的秩序的建立才有可能。"夫两贵不能相事，两贱不能相使，是天数也。势位齐，则欲恶同，物不能澹则必争，争则必乱，乱则穷矣。"（《荀子·王制》）因此，等级名分是处理社会关系、划分人人关系的规则，是群之为群的保证。可以说，荀子要通过对等级名分的调解而建立一个"惟齐非齐"社会。

"圣也者，尽伦者也；王也者，尽制者也；两尽者，足以为天下极矣。故学者以圣王为师。"应该说，荀子明确意识到，圣人属于人伦、人道范畴，而王则属于权力、权势范畴。圣与王分别属于两个不同的领域，但是在对人的影响与塑造方面，一对人的心灵，一对人的行为，二者共同发挥作用，通过规范人的内心与行为而达到塑造一个良好社会的目的。而为了实现这样的目标，仅有对社会规则的体验远远不够。孟子说过，"徒善不足以为政，徒法不能以自行"，荀子也认为，"大儒者，善调一天下者也，无百里之地，则无所见其功。"只有借助权势的力量与影响，符合礼治的规则才可以在现实世界中推广开来。荀子验诸历史，认为圣与王的联姻曾经作为实现治理的典范在历史上真实的发生过，只有二者合一才可以实现礼治的理想。从这个意义上说，为了实现社会的治，怪人最宜做"王"。

可以说，在荀子看来，礼治模式是最适合人类社会的，而圣人做王，是礼治模式得以实现的可能的前提。所以，笔者认为，礼治的思想虽是荀子学说的最大特色所在,但礼不过是君主、圣王统治得以展开的背景与手段,正所谓"礼莫大于圣王"而已。

2. 天霸之辩

(1) 推崇王道

"王道"一词最早出现在《尚书·洪范》篇:"无偏无党,王道荡荡;无党无偏,王道平平;无反无侧,王道正直。""王道"是对三王时代优良政治的描述。儒家历来推崇古代圣王,孔子赞赏三王之道,主张伦理与政治结合,开创了王道政治的模式,同时他并没有完全否定霸道,他肯定了管仲帮齐桓公成就霸业,只是反对横征暴敛的霸政。孟子主张尊王黜霸,他反对春秋霸主推行霸道,认为"五霸者,三王之罪人也"。[1] 提出"以力假仁者霸,霸必有大国;以德行仁者王,王不待大。"反对以武力得天下,而崇尚以德治天下,将君主以"不忍人之心"行仁政视为王道的起点。而荀子认为王道是先王、圣王在政治实践中总结出的治道精华,即"先王之道""圣王之道"。推行王道是重建政治秩序的最佳路径,是建立"王者之业"理想的本身,成就王道就是成就王者之业,两者相互成就,密不可分。

荀子推崇的王道理想目标已不同于孔孟的王道理想,他不仅追求道德精神的圆满,也注重对制度层面的完善。王道政治是处理内政外交的最好方法。通过仁义礼法的手段,选贤任能,重视军事,养化百姓,实现"齐制度,一天下"的王者之业。

怎样成就王道?荀子将"义立而王"作为推行王道的原则。《说文解字》对"义"的解释为:"义,己之威仪也,从我羊。"段玉裁注曰:"义之本训,为礼容各得其宜。"义字的基本含义就是礼义,也有"宜"的内涵。"礼"和"礼义"在《荀子》一书中是相同的含义。谭绍江认为荀子对"礼"与"义"的结合实际是一种"以义显礼"的做法,[2] 因此义与礼在内涵与功用上没有差别。"义立而王"就是运用礼义规范来践行王道。

荀子认为推行王道要从"王者之政""王者之人""王者之制""王者之论"与"王者之等赋"五个方面入手,涉及治国需要遵循的准则,

---

[1] 杨伯峻.孟子译注·告子下[M].北京:中华书局,2012:315.
[2] 谭绍江.荀子政治哲学思想研究[M].武汉:华中科技大学出版社,2014:16.

如选贤任能、先教后罚、收养孤寡,君主要量能授官,以礼治国,明定法令,还提出了要推行"法后王",明确用人标准和赏罚制度,运用经济制度来保证物质资料的充足,完善了国家制度化层面的建设。同时,他还提出"仁者之兵""王者之志",对王者之将、王者之军制都做了具体的要求。

总之,荀子构建一系列具体的制度措施与规范,都是为实现其理想中的"王者之业"。他所论的王道,兼具道德价值与制度建设两个层面,既能通过礼义引导人们完善道德,还能用各种制度维护等级结构下的公正,实现保民安政的政治秩序。

(2)认可霸道

荀子的王道理想需要有圣王、先王等兼备德位的王者出现才能得以推行,但是先王已逝,圣人需要经过化性、积习、学习师法与典籍等过程才有可能出现,这一条成圣路径没有确切的时间,便注定了王道具有理想性,不易真正地实现,因此荀子将霸道作为其政治理想的现实寄托。

春秋时期的战争摧垮了周天子的政治权威,"霸道"便成于此时。霸与伯同音,是对诸侯长的称谓。春秋霸主客观上维护了周天子仅存的政治威望,没有使天下彻底失序。荀子正是看到霸道对维护政治秩序有一定的积极作用而没有彻底否定霸道。

如何推行霸道?荀子提出:"信立而霸。""信"的含义是诚信、守信,含褒义。荀子的"信"不仅限于个人道德层面,更上升到国家层面。当时各国以会盟征伐为手段,故而"信"对于维系盟友关系十分重要。他认为春秋五伯称霸的原因在于"政令以陈,虽睹利败,不欺其民,约结已定,虽睹利败,不欺其与",将诚信作为治理国家内外关系的重要原则。此外,荀子还提出"重法爱民而霸",霸道不仅讲求信用,还要通过赏罚制度与具体政策,通过强制力来治理国家。

孔子羞言霸道,认为只有礼乐的感召才能实现治世;孟子反对霸道,认为它是一种"以力服人"的"强道",不能使人心悦诚服;荀子也承认霸道政治确实存在不尽完美的地方,但却没有彻底排斥。

(3)王霸并用

荀子主张王霸并用,符合时代的需要,是其现实主义品格的体现。尊王道,是对儒家政治理想的传承,而行霸道,是为实现王道寻找的有效路径。荀子认为君主最重要的职责就是选择合适的治道。"人君者,隆礼尊贤而王,重法爱民而霸,好利多诈而危,权谋倾覆幽险而亡矣。"

亡道是荀子鄙夷的,是君主积累私财、任用奸佞、剥削百姓的结果,君主只有选择王道为目标,参以霸道为路径,王霸并用,才能实现"王者之业"。

首先,王霸并用可以实现富国保民。先行霸道让百姓们在法令的要求下完成充实仓廪的物质积累,实现国富;再用王道推行礼义来调节物质与生产分配,节用以礼,裕民以政,由国富而实现民富。

其次,王霸并用可以提升国家实力,实现"坚凝"。先行霸道,可以修整备战,加强军事实力,存亡继绝,保卫弱国,取得兼并的主动权,掌控小国命运,维持一种强国支配弱国的政治秩序;再运用王道,将兼并战争的兵戎相见转化为心悦诚服的归顺,实现"兼凝"。荀子用具体的历史事件说明实现"兼凝"不易:"齐能并宋,而不能凝也,故魏夺之。燕能并齐,而不能凝也,故田单夺之。韩之上地,方数百里,完全富足而趋赵,赵不能凝也,故秦夺之。"战国七雄之间的战争频发,兼并的土地频繁易主,他们不能坚守的原因是行不义之兵,未行王者之政。只有实行王道,通过隆礼重法来规范国家,才能真正地凝民、凝士、凝政、凝国,实现王者之业。"礼修而士服,政平而民安;士服民安,夫是之谓大凝。以守则固,以征则强,令行禁止,王者之事毕矣。"

霸道为实现王道提供物质和国力的积累,王道则为实现"坚凝"提供保障。王霸并用只是途径,实现从霸道转向王道才是重点。荀子为霸道转向王道提供了一条发展路线,即"节威反文"。当霸道政治实现富国强兵之后,就要通过"止力术,行义术"的方式向王道政治转化。通过任用贤才,重用儒术,帮助君主扭转向亡政发展的倾向,转而推行礼义,建立隆礼重法的王道政治。荀子突出了儒者的重要性,也区别了儒者分类,只有具备礼义仁义的大儒,才真正掌握治国大道,帮助行霸道之国迅速转为王道之治,实现王者之业的政治秩序理想。

3. 君臣论

一个杰出的政治必然要由一个圣明的君主来领导,一群贤明的臣子在其周围辅佐以及一个和谐的君臣关系,贤明的君主在主观上必然有最高的德行,在客观上也有最绝对的威严,这样才能管理全国人民,他们除了一定会教民爱民,厚养其生,富裕其财,而使人民归也,天下统一,还要任人唯贤,使人们各尽其责,各得其宜,这样国家才会太平,百姓才能安居,四海才能归一,这就是为君之道。而作为人臣在持身接物的时候应该以忠诚为本质、以正直为纲纪、以礼义为规范、以伦理为原则,言行举止都要符合礼法。除了才能和道德修养,还应该具有通达变换,以道义为主的素质,这就是为臣之道。因此,不论为君还是为臣,都要有道可循,君臣之道也就是构建和谐君臣关系的核心。

　　中国传统伦理观中所要求的君臣逻辑关系是君从道、臣从君,形成一个由上而下的完整体系,但是关于道、君、臣三者之间的关系除了传统的等级逻辑外还有一种情况就是君主无道,治国昏乱,这样贤明的臣子就会选择从道而不从君,荀子在论及君臣关系时同样继承了儒家从道观的思想。关于道,荀子有两种主要的不同认识,第一是自然之道,由前文论证所知,他将有意志的天转换为自然的天,第二就是礼文之道,也可称之为为人之道,相比自然之道,他更看重的是礼文之道,君臣所共同遵循的道便是此道。对于礼义之道的阐述,他说:"人之所好者,何也?曰:礼义辞让忠信是也。"把道化为礼文、辞让和忠信等具体的表现是先秦时期儒家所主张的最核心内容,荀子也不例外,将这一要素并为在实际生活中不可或缺的准则。礼义是每个人由内而外的行为准则,通过礼义,人们便能自觉地约束自己,合理地规范自己的行为。辞让是由遵循礼义而产生的外在的结果,是人们作为一种有高尚道德的外在体现。忠信是人与人相互之间达到的良好关系,是人们基于礼义辞让而达到的自我与他人之间关系的统一。荀子将礼义之道作用于政治方面旨在强调作为君臣,除了要提高自我内在的品德,也应该在日常行为举止中符合礼义,在上级和下级之间保持良好的关系,君信臣忠,达成完美的对等。

　　荀子论君,首要论道在君主层面上的具体表现。在儒家的政治思想中,君道一定是礼义和法律的总要,不能片刻地空缺,所属国家的治乱安危都取决于君主的在道方面的得失。对于治理国家来说,国家颁布的政策是不能从一个国家的统治阶层自动推行到百姓一层,它的推行需要依靠君主去命令,所以礼法是治国的工具,而君主才是治国的主导者,因此荀子说法是治理的开端,而君主才是法的源头,只有君主的言语行为符合道的标准,国家才能够得到很好的治理。为君之道,最核心就是以修身来培养自身内在的德行。君主和人民的关系应该是竹竿和倒影的关系,竿子正则倒影也正;君主是圆盘,而人民是水,用盘子盛水,盘圆则水也圆,所以治国之要就是修身。由此可知,君主是人民的表率,他的行为直接影响着人民的生活和素质。人民是国家组成的主体,也是君主实施政治的主体,所以君主在治国之中要不断地提升自己的修养,以礼分施、均偏不偏,才能兼顾。除了倡导君主修身治国,荀子还反对法家的主道利周之说,法家的主道利周,就是指君主在施行政策时要隐藏自己的手段或者是采用阴谋诡计等维护其权力。荀子认为君主就是人民的领唱、标杆,当君主把自己隐蔽起来,那么人民就不知所措无法应和,君主和人民就不会亲善,这样的国家,有君主和没有是一样的,所以君主是人民的根基。作为君主,就要公开明朗、端正诚实、公正无私,那人民自然会效法君主变得坦荡正直,这样国家就可以强盛,人民就可以安定。反之,君主隐蔽不露、阴暗险恶、偏私不公,那人民也就会迷惑混乱、虚伪欺诈,这样的国家就不会强盛,人民就难以驱使。所以,君主的统治应该以公开、透明为有利而以隐蔽、阴暗为不利。因为主道周利的思想带有法家权术的性质,所以这里也可以看出荀子与法家的不同之处以及对法家权术思想的批评。

其次,任人唯贤也是君道的外在表现之一。古者治国,向来是将任人唯贤当作一件非常重要的事情。一个国家中,平日的政事、问题、各种不同的职能太多,非一个人可以完全掌控。因为人民各有所长,如果能使他们各尽其能,那么国家就可以太平而人民富裕。因此,君主必须要选拔人才,让贤能的人任其职位,这样就可以达到国治。什么样的人才是贤人呢?荀子以为,贤人所做到、所知道、所分辨、所详察的事情,并不能抵得上所有人所做、所知、所辨、所察的事,且论其专业的技能,贤人也不如那些专门从事该职业的人。贤人所擅长的是恰当地利用万物,根据人们的德行定等级,根据人们的才能定职位,碰到各类紧急的情况都可以采取最佳的解决方法,他们的言语行为一定符合礼法,并且会按照轻重缓急来处理所遇到的事,能做到如此就是贤人。如果由这样的贤人来辅佐君主,那么君主便可以"不视而见,不听而聪,不虑而知,不动而功,块然独坐,而天下从之如一体,如四肢之,从心"。因此,国家政策,并不能只由君主一人独立推行,还需有大臣的辅佐和共同的推行。荀子又将辅佐君主之人分为三类:一类是便嬖左右足信者,即君主的亲信,这一类人可以帮君主掌握整个国家的情况,他们的智慧和德行都非常高;第二类就是卿相,这一类人是君主的依靠,因为君主不可能把国家内所有的事情都一个人全部处理,更何况君主也会有疾病死亡的变故,因此这一类人必须在品德上足以抚慰人民,智慧上要足以应付变化;第三类就是四邻的诸侯,这一类人可以到远处去帮君主传达旨意,解决问题,如果有紧急情况,他们可以在远处帮助君主抵挡患难,保住国家的政权,因此这类人要有足够的辨才以消除麻烦,行动要足够果断以排除危难。倘若没有上述贤人辅佐,那国家就会遇到危机。

三、墨子的政治观

墨子的政治伦理思想内容丰富,主要由"兼爱""非攻""尚贤"和"尚同"等一系列不同的观点组成。这些观点之间,虽然相互独立,但又相互联系。它们共同组成了一个完善的思想体系。

(一)"兼爱"——对社会和谐安定的追求

"兼",从字面意义上看,就是兼顾、兼有。"爱"就是爱护、热爱。"兼"与"爱"结合在一起构成"兼爱"。"兼爱"就是要求人和人之间要互助互爱、互相照顾,是一种平等的爱、整体的爱。具体来说,"兼爱"主要有以下几点意思。

首先,"兼爱"是"爱无差等",即无差别的爱。要求对待别人就像对待自己,爱护别人就如同爱护自己,彼此之间相亲相爱,不分等级、地域和家族。这与孔子的"爱人"是不同的。孔子主张"亲亲有术,尊贤有等"(《墨子·非儒》),孔子的爱是有差别的,分等级的。而墨子的爱是平等之爱,不分等级的,要求爱人如爱己。例如,"视人之国,若视其国;视人之家,若视其家;视人之身,若视其身"(《墨子·兼爱中》)。就是要实行不论贵贱、高低、阶级,不论亲疏、关系、远近和等级的平等之爱。其实墨子知道"别亲疏",他明白亲疏、远近离间了人与人之间的关系。他倡导"兼爱"就是为了要打破这个人为的鸿沟,实现国与国、家与家、人与人的和平共处,平等互爱。这与墨子的"官无常贵,而民无终贱"(《墨子·尚贤上》),"人无幼长贵贱,皆天之臣也"(《墨子·法仪》)等是一脉相承的。这说明了墨子反对孔子的"爱有差等"的思想,提倡社会各阶层平等互爱。

其次,"兼爱"是互利互爱。意思是说人们在互相爱人的同时,还要做到互相尊重彼此的利益,要投我以桃,报之以李。因为生活在现实社会关系中的人们,总要面临各种社会问题,为了避免发生矛盾,就需要互利互爱,彼此尊重。正如严灵峰教授说:"要'兼爱',就要求双方同时做到'相爱',这样才能实现'兼相爱,交相利'。"① 例如,"视人之国,若视其国?视人之家,若视其家;视人之身,若视其身。是故诸侯相爱,则不野战;家主相爱,则不相篡;人与人相爱,则不相贼;君臣相爱,则惠忠;父子相爱,则慈孝;兄弟相爱,则和调。天下人皆相爱,强不执弱,众不劫寡,富不侮贫,贵不傲贱,诈不欺愚,凡天下祸篡怨恨,可使毋起者,以相爱生也,是以仁者誉之"(《墨子·兼爱中》)。这表明只有双方都意识到"兼爱"的意义,并愿意主动地先爱,才能达到互利互爱的效果。

最后,"兼爱"是人类整体之爱。意思是爱的范围很大,不分区域和时空,都是"兼爱"的对象。例如,"天下兼相爱则治,交相恶则乱"(《墨子·兼爱中》),"爱众世与爱寡世相若。兼爱之有相若。爱尚世与爱后世,一若今之世人也"(《墨子·大取》)。意思是,一方面,从空间上,要有包容天下的胸怀,不管什么样的人,都要去爱护;另一方面,从时间上,无论前世和今世,还是后世,都要做到"兼爱","兼爱"不应该受过去、现在和未来的限制。墨子的"兼爱"思想是基于当时的社会现实提出来的。春秋战国时期,社会动荡不安,民不聊生。墨子目睹了人民的疾苦,为了人民的幸福奔走呼号。例如,"天下之人皆相爱,强不执弱,众不劫寡,富不侮贫,贵不傲贱,诈不欺愚"(《墨子·兼爱中》)。

为了实现这一理想追求,墨子周游列国,宣传他的主张。其中最为典型的是止楚攻宋,这充分说明了墨子渴望社会安定的强烈愿望。总之,只有平等相爱、互爱互利,才能消除社会上的一切祸根,才能建立一个和谐、安定、幸福的社会。

(二)"非攻"——对世界和平的追求

"非攻",就是反对不义的战争,主张采用和平的方式解决问题。墨子提出"非攻"有两个原因。

第一,战争是有罪的。墨子认为发动战争损害其他国家的利益,是不符合道义的、自私的、不正义的。尤其是侵略战争,更加损害人民的利益,造成严重后果。所以,必须认识到战争是不义的,要在这个大是大非面前画清界限。

第二,战争是有害的。战争对交战双方都会造成不利,得不偿失。

---

① 陈锐兵.墨子政治伦理思想的当代价值新探[D].桂林:广西师范大学,2017:18.

例如,"所攻者不利,而攻者亦不利,是两不利也"(《墨子·公孟》),"国之与国之相攻,家之与家之相篡,人之与人之相贼,君臣不惠忠,父子不慈孝,兄弟不和调,此则天下之害也"(《墨子·兼爱中》)。因此,墨子认为战争毫无益处,竭力反对。

墨子认为战争发生的原因,是统治者没有用"兼爱"思想去对待别的国家,即"别相恶"。"别"意思是差别、不同。"别"是社会动荡不安的原因。如果人人都能树立"天下之人皆相爱"的思想,那么国与国之间就不会发生战争,人和人之间就不会发生矛盾。"非攻"思想的特点在于如下两个方面。一方面,它以"义"为标准。"义"是符合道义,满足全社会的利益。这种"义"有利于人类的和平与发展。墨子极力反对损人利己的不义行为,因为这种行为危害他人,危害社会,最终导致社会的不安定。另一方面,"非攻"是"兼爱"思想的延伸。墨子认为只有通过施行"兼爱",国与国之间才不会发生战争,人和人之间才不会发生矛盾,这样才能实现社会的安定有序。所以,从本质上说,"非攻"是在倡导一种以爱人为原则的施政纲领。

(三)"尚贤"——善政的保证

"尚贤"是墨子人才选拔方面的指导思想。春秋战国时期,由于社会混乱,诸侯争霸,各诸侯国纷纷重用各方贤能,借以施行改革,壮大国力。因此,墨子从中看到了贤才对于推动社会发展的重要性,进而提出了"尚贤"思想。

墨子的"尚贤"思想受到了尧舜禹时期选贤思想的影响。在上古时期,政治上实行的是禅让制。尧、舜、禹就是因为德才兼备,才被推举为部落的首领,成为一代豪杰,带领社会向前发展。墨子通过古代的历史事实和现实的社会环境,发现一个国家只有实行贤人政治,才能治理好国家,才能实现社会安定,人民安居乐业。就像他所说的:"是故国有贤良之士众,则国家之治厚,贤良之士寡,则国家之治薄"(《墨子·尚贤》)。如果一个国家拥有众多的贤才,那么国家就能治理好。反之,如果一个国家拥有的贤才较少,那么这个国家就治理不好,就会出现社会动荡。所以,"尚贤"思想的目的就是号召各国要选拔贤才,重用贤才。墨子的"尚贤"思想反映了平民要求改变现状,参与国家治理和提高社会地位的心声。

怎样选拔贤才呢?墨子认为,德和才是选拔贤能的标准,而不是以血缘关系、地位的高低和相貌论英雄。例如,他说:"故古者圣王甚尊尚贤而任使能,不党父兄、不偏富贵、不嬖颜色"(《墨子·尚贤》)。意思是,在古代,圣王都尊崇贤人,重用贤人,不与父兄结党营私,不偏向富贵,不迷恋美色。在这里,墨子告诫当政者,不仅要推崇贤人、重用贤人,而且要学习古代圣王选拔人才的先进理念。举例来说,尧、舜、姜尚等这些人出身卑微,地位低下,都是由于德才兼备,后来得到人们的推崇,受到了重用。

怎样重用贤才呢?优秀的人才选拔出来之后,就要面临具体任用的问题。只有人尽其才,才能实现人的价值。墨子说:"厚乎德行,辨乎言谈,博乎道术"(《墨子·尚贤》)。这也是墨子为贤者划设的三个标准。意思是只要具备这三个方面,就可以重用。但要重用贤人,就要给予他们优厚的待遇,尊重他们,爱护他们,满足他们的利益,提高他们的政治地位。例如,"此固国家之珍而社稷之佐也,亦必且富之,贵之,敬之,誉之,然后国之良士,亦将可得而众也。"只有这样,才能调动他们的积极性,他们才能真心实意地为国家效力,国家也能吸纳更多的贤人。否则,"不肖者抑而废之,贫而贱之"(《墨子·尚贤》)。总之,选拔人才,任用人才,不仅要依据人的品德和才能,而且要尊重人的人格,维护他们的利益,提高他们的地位。这样一个国家才能得到众多贤才,才能治理好国家。

(四)"尚同"——国家统一的前提

"尚同",意思是崇尚国家统一。春秋战国时期诸侯争霸,战争连绵,人民生活贫穷。导致这种现象的原因,就是国家不统一,中央丧失了对地方诸侯的控制权,各个诸侯国各自为政,出现"礼乐崩溃"的局面。于是,墨子认为,只有建立一个强有力的中央政府,才能够统一国家,社会才能安定有序。后来的历史发展多次证明了这种思想的正确性。中国历史上多次出现大一统现象,有秦始皇统一六国,汉武帝统一中国,唐太祖结束隋朝后期的乱世局面以及当代建立新中国等。在每一个统一的朝代,国家都有一个坚强的中央政府,都有统一的旗帜,社会都很安宁,经济得到发展,人民安居乐业。

怎样实现"尚同"呢?墨子认为,要想实现国家的统一,就要建立统一的意志,即全社会实现思想的统一。例如,墨子说:"古者民始生,未有刑政之时,盖其语人异义,是以一人则一义,二人则二义,十人则十义,其人兹众,其所谓义者亦兹众"(《墨子·尚同》)。意思是要求人民要有统一的意志。此外,实现"尚同"还要维护人民的利益,这样才能得到人民的拥护。在中国历史上,墨子最早提出了中央集权的专制主义思想。墨子主张要任用贤人来担任各级长官。例如,"是故选天下之贤可者,立以为天子。天子立,以其力为未足,又选天下之贤可者,置立之以为三公"(《墨子·尚贤》)。意思是说要选择有德有才的人来担任天子,选择德才兼备的人担任各级长官,就像当今社会选拔优秀地方官员,并对这些优秀地方官员委以重任,再按照每个人能力的大小来分配不同的职务。也就是我们现在所说的给猴子一棵树,给老虎一座山。这样国家就能带领好,社会就能治理好,也就能很好地维护国家的统一。

由此看出,"尚同"要通过"尚贤"来实现,或者说"尚同"是"尚贤"的必然结果。在中国历史上,"尚同"思想影响深远。每一个封建王朝都遵从这一思想,乃至当今社会同样认同这一思想。几千年来,虽然中华民族经历过分裂,遭受过异族的侵略,但是中华民族最终都能战胜分裂,打败侵略者,实现国家统一。最根本的原因就是"尚同"思想深入到了中华民族的血脉。

第二节 家庭观

传统家庭伦理观是中国传统哲学体系的重要组成部分,也是贯穿中国伦理思想史的重要思想。中国现代化进程突飞猛进的同时,当代家庭与社会也出现了一系列迫切引发关注的伦理危机。作为传统哲学思想的中流砥柱,传统家庭伦理观在弘扬中华优秀传统文化、契合时代精神、提高全民道德水准等方面,仍然具有重要的意义。同时,传统家庭伦理观具有扬弃的必要性,对传统家庭伦理观进行转换,可以为当代社会家庭伦理关系危机的解决和新型家庭伦理观的构建提供切实可行的路径和理论借鉴作用。

一、传统家庭观的哲学基础

(一)"仁"的思想

"仁"最早是在春秋时期所出现,《尚书》中记载,"若尔三王,是有丕子之责于天,以旦代某之身。予仁若考,能多材多艺,能事鬼神","仁"在此时只是简单的描述字词,并没有被赋予道德之意。然而"仁"真正具有普遍伦理价值意义是由孔子所赋予,孔子把"仁"作为儒学伦理的核心思想。

孔子对"仁"的释义受同时期老子的影响颇深。老子把"仁"看作"道"的实现基础,"仁"为"仁爱","仁"是"道"于人性的表现。孔子把先人的"仁"与老子的"仁爱"相结合,把"仁"置于道德品格行为的高度。孔子认为"仁"是儒家伦理思想的最高的道德标准,乃是君子完美无缺人格的体现,"仁"是为"全德"。同时,其认为"仁者爱人","仁"的本质是人的最基本情感,是人对他人施以爱心的本性。这使得"仁爱"建立在"亲亲为大"的基础之上,人们只有"爱亲"方能"爱众"。为了确保"仁爱"的差别性,孔子主张"孝悌之道"是"仁爱"的根本,提出"君子务本,本立而道生。孝弟也者,其为仁之本与"(《论语·学而》)的说法。再一次证明了"仁爱"乃差等之爱,是以"亲亲"为基础的差等之爱,爱人有亲疏远近之分。

孟子很好地继承了孔子的"仁者爱人"思想,并对孔子的仁爱思想进一步做出了创新与诠释。孟子强调了仁爱的基本在于"亲亲",孝悌与仁是密不可分的。"仁之实,事亲是也;义之实,从兄是也"(《孟子·离娄上》),尊敬父母、遵从兄长可谓是行"仁"的最好表现。为了让孔子提出的"仁爱"变得更加具体,孟子从性善论入手,介绍了仁爱的实践方式,按照"仁义"的规则行事。为了论证自己的理论依据,其提出了"父子有亲、君臣有义"的具体"仁义"规范。孟子对孔子"仁"在政治上进行了扩展,建议当权者统治民众应该建立在"仁"的思想基础之上,来推行"仁政"。可知,孟子的"仁"与孔子相较之,明显是超出了血亲的狭义范围。"仁"在孟子的发展下,走出了家庭,实现了与政治融合的可能。除了孟子之外,荀子也对"仁"进行了阐释。荀子曰:"仁,爱也,故亲。"(《荀子·大略》)其显然同意"仁"是以伦理亲缘为中心的爱,血亲之爱为伦理根本。由于荀子在其性恶论的价值观导向下更多地偏向于"仁"

在社会推行的可行性,这使得荀子把"仁"更加外化为处世的社会准则,"仁爱"在社会的具体应用得到了进一步提升。

无论后代儒学如何发展,皆以"仁"一以贯之,"仁"是儒家学说的智慧之源,是儒学的本根。儒家的"仁"离不开"爱"的诠释,使得"仁爱"成为建构儒家伦理的理论基础,更是儒家家庭伦理观的思想核心。

(二)"礼"的思想

"礼"最初源于先民祭祀文化,在中国远古时期礼仪更多的是一种宗教信仰活动,是天地自然的法则。伴随着周公推行宗法之礼,制礼作乐,"礼"演变为政治制度统治手段,"礼"才逐渐地摆脱了原始宗教的文化。然而,孔子才是真正地把"礼"演变为伦理道德评定标准。为了塑造完整的儒学伦理体系,孔子继承周礼,引"礼"入儒,提出"克己复礼"的思想主张。"人而不仁,如礼何?人而不仁。如乐何?"可见要想到达"仁"的境界,就需用"礼"作为评定标准。这就要求人在想问题与做事情的时候,首先要有"推己及人"的伦理素养,克制自身的私欲。其次要学会遵从礼制的标准。孔子的礼不仅面对百姓,还针对当权者。当权者要恪尽职守,以礼治国,此乃仁政之道。"定公问:'君使臣,臣事君,如之何?'孔子对曰:'君使臣以礼,臣事君以忠'。"孔子的这番君臣关系的描述,无疑表达了君臣要按照"礼"的要求安分守己,各司其职。不难发现,若是以礼限制个人,即可形成"忠"的约束关系,进而能够维系人际信用和谐的社会关系。所以,个人必须遵循礼的规范,形成"己所不欲,勿施于人"的高尚道德。

孟子认为人有"仁义礼智"的四端之说,这四端是建立在"有不忍人之心",即人有恻隐、羞恶、辞让、是非四心的内在,人追寻"仁义礼智"需从本心探寻,这就使得孟子的"礼"更多地是对内心的约束。相比孟子的"礼",荀子则是儒学"礼"的革新者,荀子的学术中糅合了法家的法。这种礼主法治、以法辅礼的思想与孔孟的思想观念大大相左。牟中三先生就有言,"自荀子言,礼义法度皆为人为",可知荀子的"礼"与孔孟相反,不是内在之"礼",而是外在之"礼"。荀子认为"人之性恶人",礼乐的道德教化克服人性的恶是有一定困难的。即便用"礼"教化取得了一定的表面效果,也无法根除人性之恶,往往人们是"其心正其口腹也"(《荀子·荣辱》),是心口不一的状态。因而,荀子尤为重视礼法,但这里要把荀子的"法"与法家的"法"做出一个区分。荀子提及的"法"

是"礼"的辅助,"法"是推行"礼"的保证。"礼"只有在法条制度的保障下,才能更好地保障"礼"推行的效果。而且,荀子的礼法思想实现了家庭伦理的制度约束,避免了儒学家庭伦理的狭隘性,使得治理"小家"与"大家"能够有礼法可依。

总而言之,"礼"是儒家处理人际的依据,是解决家庭伦理关系问题的基本原则。"礼"作为儒家"内圣外王"的德行修养的约束,"礼"在整个儒学的发展过程中是一脉相承的,传统儒家家庭伦理观的实现,需要个人的道德自觉修养,也需要按照制度准则约束行事。儒家使得"礼"成为衡量传统封建社会的伦理关系、道德指向的基本原则。

(三)"中庸"的思想

"中庸"的思想在儒学体系中占据着十分重要的地位,"中庸"思想贯穿了孔子的全部理论,至此儒学体系的每一部分皆能看见其身影。儒家认为"中庸"是贯穿于社会方方面面的抽象之德,是形而上之德,为德行之首,凌驾于现实道德规律之上。"中庸"是儒学体系的普遍方法论原理,是儒学调和矛盾的高级"中和"哲理。

"中庸"的基本内涵可归纳为四方面。一为过犹不及。孔子认为事物与对立面相互依存,事物的变化超过一定的界限就会转向反面。从而应当在事物的两端取其"中",把握事物的限度,不应做得太满,也不应做得太过。从性质来说,礼指代内心道德,法为外在准则,礼与法是一对相互矛盾体。然而受中庸思想影响,儒家纳仁入礼,以仁制约于法,想要在礼与法的结合中实现恰当的度。二为执两用中。孔子要求个人在生活中做到"己所不欲,勿施于人",要有成人之美的气度,宽容待人的气度。这使得在人际交往中能够和善待人,调和中立,对于他人过失当宽恕待之。当然这里的中立并不是字面意义上的"和稀泥",而是不偏不倚,尊重事实。因而,这就给处理家庭伦理矛盾提供了新的思路,必须调和二者的人际关系,来实现家庭关系的融洽。三为和而不同。《论语·子路》中记载,"君子和而不同,小人同而不和",孔子之意为君子不追逐"同",只有小人才会追求"同",这里"同"指代同流合污。以此可以看出"和"才是为中的最佳结果,包容差异,融通事物两端的差异,方能达到恰到好处的结果。四为因时而中。"因时而中"可以解释为具体问题、具体分析之意。在事物前进的过程中必然会遇到各类情况,此时的"中"不是死板僵硬的理论,而是人们能够审时度势,舍弃纸上谈兵的思维模式,灵活变化地去解决不同问题。

此后,中庸之道上升为儒家学派的世界观及方法论的范畴,并成为儒学中"一以贯之"的思想内涵和重要的组成部分。伴随着儒学的发展,中庸之道逐渐演变为传统中国社会的行为之方,演化为中华民族的社会行道,也为传统中国的家庭提供了可以借鉴的教育思路与教育方法。

二、传统家庭观的具体内容

(一)父慈子孝

1. 父慈

"父慈"作为中国古代待人的基本品德在《春秋左传·隐公三年》中颇见其意:"君义,臣行,父慈,子孝,兄爱,弟敬,所谓六顺也。"[①] 作为有血缘相连的父子关系,父子之亲则将人与动物区别开来,"夫禽兽有父子而无父子之亲"(《荀子·非相第五》)是在于人有上下亲疏之分,而"分莫大于礼"(《荀子·非相第五》),上下亲疏又是由"礼"来规定而转化为外在的行为,这种规范体现在三个方面。

其一,在"为人父"的问题上荀子简而言之为"宽惠而有礼"(《荀子·君道第十二》)。一方面,父母对子女要有"宽惠"即宽容慈爱之心,这在情感上也能给予为人子女温暖的亲情感受,而作为怀胎十月生下子女的母亲相比于父亲则更是"慈母、衣被之者也"(《荀子·礼论第十九》)。亲自为子女缝制衣物的母亲显示出对子女的关怀备至。另一方面,父母在与子女相处时要遵守礼节,这才能在外在形式上给予子女良好的家庭环境。

其二,在"宽惠"之下父子之间要保持真诚相待。"父子为亲矣,不诚则疏。"(《荀子·不苟第三》)父子之间应该是最为亲近的关系,如果相互间不真诚,彼此关系就会因此变得疏远,甚至会导致上下猜忌,最后父子反目就更无宽惠之心可言,父母对子女的真诚无形之中给予了子女的榜样作用。

其三,在"宽惠"之下引导教育子女。都说父母是孩子的第一任老

---

① 王紫娟.荀子家庭伦理思想刍议[D].南京:南京师范大学,2021:25.

师,因而除了生养子女外还要对子女进行教化,引导子女长大成人,这是父母的职责所在。

朱熹认为父母应有慈爱之心,既然子女是父母带到人世的,那么做父母的就应承担起自己的责任,最基本的就是把子女抚养长大。父母对子女有三年之养,亦是三年之艾,在生活中关心子女,不仅是物质方面,还要关注对儿女道德品行的培养。父母虽然爱子女,但要适度,不能盲目溺爱,需要在日常之中对子女不端品行进行督责管教。溺爱不利于子女养成良好的品行,朱熹还进一步阐发"溺爱者不明"的道理,溺爱往往会使是非偏差,或以是为非,或以非为是,而使家不能齐。"骄惰坏了,当长亦凶狠"(《小学·嘉言篇》)。为避免产生溺爱,父母有必要加强自身修养,提高鉴别是非的能力,身不修不可齐其家。[①]

为人父母者需要时时戒慎恐惧,不要忽视子女生活中小的恶行,俗语言"勿以恶小而为之",小恶的积累终会导致大恶的发生,任何事都不是一朝一夕发生的,故而对子女坏的品行需及早发现纠正,不要不以为意。他还认为父母应尊重子女的个人意志,不要从自己的喜好出发强迫子女一定要怎样。父母对子女未来抱有很大期望,他们一般根据自身经验为子女谋划将来的事业成就,但也应考虑到子女的兴趣和性格特点,不要过分要求他们,"爱之无穷,而必欲其如何,则邪矣"(《朱子语类》)更进一步来看,这一观点不失为对当时社会中有些父母培养子女时急功近利现象的批判。

朱熹还特别关注子女的教育问题。他认为"子孙不可不教也",教育子女不仅仅在于知识的学习,更重要的是道德的培养。"大学之法,以豫为先",大学教人的方法,首先在预先熏陶和预防,子女早期的道德教育,对其自身乃至国家的前途都有重要影响。他在《小学》中就明确说明了这一点,希望参照古人对儿童的早期教育,而令世人关注人的早期成长,重视家庭道德教育。他认为教育应及早进行,甚至从胎教就开始,孕妇的行为言谈很可能对胎儿的发育产生影响,他在《小学·立教篇》中,就参照《列女传》中的思想指导孕妇的行为,在生活细节中时时注意自身形象,严格遵行礼仪,坚决拒绝不符合"礼"的举动,这样生下来的孩子才会样貌端庄,才华出众。子女出生后至八岁这一年龄阶段,母亲

[①] 董海峰.朱熹家庭伦理思想及其当代价值[D].哈尔滨:哈尔滨工业大学,2015:18.

承担着主要的教育任务,经济条件好的家庭,若挑选乳母需谨慎,一定要挑选那些品行良好、温厚宽容、恭敬谨慎的人,她们在生活中会极大地影响孩子的成长。孩子能说话后,就在生活中慢慢向他们灌输做人的道理。孩子到八岁以后,就因性别不同对男女进行区别教育。男子八岁学习《论语》《孝经》《尚书》《礼》《书》《传》等书,通晓礼义廉耻;十岁以后就可博览群书,不过所读的书应精挑细选,以古代圣贤的思想著述为主要内容,切忌胡乱翻看异端之书而乱了心志。朱熹还专门编写了教材以指导如何教育子女,子女应当如何行事。

受"女子无才便是德"的影响,当今部分民众认为古代普通女性读书是不被认可的。而实际上朱熹认为女性也应当接受适当的教育,因为女性要主持家务,相夫教子,故而她们也需具备一定的品德、才识和能力,女性教育也得以合理进行。他认为女性的教育内容应以道德培养为主,不主张女性有过高的才学,如《朱子家礼》中为女性教育推荐的几本儒家经典书籍,也只是要她们略通大意就足矣,不像对男性有更高的要求。女性十岁以后就需要待在内阁,尽量不要踏入男性的活动区域,学习妇仪、妇态兼女工、祭祀之礼等。女子教育一般由其家庭长辈承担,这些基本上在成婚之前完成,日后逐渐补充。成婚的女性,完全转换了社会角色,自觉地承担起教育下一代的任务。有时候父母对子女教育之时,不免发怒,可能会伤害彼此间的情感。父母以正言教育子女,而自己的行为未必完全符合道德规范,这时通常会出现相互责善的情况,各不服气,造成父子之间感情的疏远。朱熹赞同古代易子而教的思想,这样才能保全父母与子女间的感情,而且也不失去教育的功用。他就把贪玩的长子朱塾托付给好友吕祖谦,让他悉心教授。在与儿子临别之前,朱熹还专门写文训诫,教给他求学、做人的道理。如此我们可以看出朱熹对子女爱而有教、理性施爱的现实践行。

2. 子孝

"孝",人类一种本真的情感,一直受到儒家的推崇。"孝"在《尔雅》这部词典中定义为:"善父母为孝"。东汉《说文解字》中将"孝"解释为:"善事父母者。从老省,从子,子承老也。"表达出"老"与"子"的关系;最早的"孝"字出现在甲骨文中,有学者将其解读为"父"与"子"上下两部分,有学者认为甲骨文中"孝"上半部分为"丰",表示边界种的树,后具有疆土神授的抽象意义;其后周初的金文中"孝"字上半部转换成

"老",与之前词典中的解释相同。人类未产生以前,动物身上出现了类似"孝"的行为。当人类从猿逐渐向人进化的历史进程中,人类的理性开始产生,作为高等生物的人,"孝"也渐渐成为一种理性自觉。

对父母的孝不是一种形式,而是来源于子女心中深深的爱,父母养育了子女,当子女长大成人,离开了父母,那些长期以来和父母朝夕相处的经历会让子女日夜思念自己的父母,在思念的日子里,子女回忆父母养育自己的不易,体会到父母的艰辛,并在心中逐渐产生为父母做一些事情的愿望,此时孝逐渐升华,深深地印在子女的心里。《诗经》中有大量的诗作描写了子女对父母的体恤和感激。例如,《邶风·凯风》:

凯风自南,吹彼棘心。棘心夭夭,母氏劬劳。
凯风自南,吹彼棘薪。母氏圣善,我无令人。
爰有寒泉?在浚之下。有子七人,母氏劳苦。
睍睆黄鸟,载好其音。有子七人,莫慰母心。

在这首诗里,诗人歌颂母爱,把母爱比作煦煦的南风,吹拂着自己成长,可是自己由于国家的事在外忙碌,不能回家为母解忧,作者由于自己不能尽孝而数次表达自己自责、惭愧的心情,这种感情就是一种最早的孝的觉醒,这种痛苦也戳中了千万个游子的心,使对父母的孝养更有情感基础与伦理依据。

父母养育了子女,子女无论是从报恩的角度,还是从家庭伦理的角度都应该对父母尽孝,可是在对孝的理解上,人们的水平是不同的。一般的人认为,满足父母的衣食住行就是孝,其实在物质经济高度发达的今天,对父母更应在满足物质需求的同时,满足父母的精神需求。在《诗经》时代,当时的人们已经认识到尊敬父母与孝养父母同等重要。在《诗经》时代,在对待父母的关系上,人们是"养"父母与"敬"父母并重,如《豳风·七月》中描述道:

六月食郁及薁,七月亨葵及菽,八月剥枣,十月获稻,为此春酒,以介眉寿。

《礼记》中关于孝道的篇幅很大,是纵向的家庭伦理关系。顾准先生在他的文章中指出:孔子认为"家庭中的团结列为一切团结的前提,所谓'以孝治天下'就是这个意思。这是说父亲揭发儿子的隐私,儿子揭发父亲的隐私是大逆不道的。"孔子理解的孝道不仅仅是家庭伦理中才涉及,而是广泛地扩展到政治领域,应该说是上升到一个更高的高度,因此孝道也是《礼记》一书中有关家庭伦理这方面阐述得最多的,也是处在主导的地位,这和当时社会的主流思想是一致的。我们所理解的孝道,是指单纯的孝敬父母。然而在古代,孝道的含义广泛,具有不同的解读可能和解读必要。《礼记》中将传统儒家思想中的"孝"思想进行发展,在着重强调对父母长辈尽孝的同时,还进一步认为"孝道"还涉及为官、作战、事君、交友等诸多方面,因而是一种社会关系的孝道。比如,在某些语境下,"孝道"具有不同的解读规范和实践法则。儒家思想中的"孝道",常被认为是可以教化天下万物的,还是一种置之四海皆准的规范和原则。"孝道"是有条件性的,因而《礼记》中的"孝道"并不是一种孤立的行为,需要进行进一步的解读空间。而过于注重这种条件性的设置,则容易使得"孝道"具有某种内涵的萎缩情况,是一种社会理想内涵的反面趋势,因而也是违背传统"孝道"的。

"孝"是传统家庭伦理思想的核心思想,《礼记》中所体现的道德规范恰恰是以"孝"为主的宗法道德规范。"孝"的内容有两个方面,对在世父母的"孝"和对去世父母的"孝"。

对在世父母的孝。其包括的内容很多,而最好的孝是使父母得到众人的尊重,其次是不辱没父母的名声,再次是能供养父母。具体分析下来包括以下三个方面。首先,最好的"孝道",对在世父母之孝是使自己的父母受到尊重。荀子也认为"孝"最主要的是以"忠厚"之心对父母"敬之",认为对父母的"孝道"应当上升到"敬重"这样更高级别的精神追求层次上来,不仅仅是说的赡养老人。其次,作为子女不辱其亲。也就是自己的言行举止都要做到小心谨慎,时时刻刻听从父母的教导和体谅其良苦用心,无论是在家庭还是社会上,最基本的宗旨是不能让自己的父母蒙受侮辱,让自己的父母保持精神愉悦。最后,最低要求就是作为子女一定要在从物质生活上能够保障老人的生活,包括赡养和关心其身体健康。孔子要求"事父母,能竭其力"。例如,父母有需要做的事,子女应当去代劳;有了温和饭,先让父母吃饱吃好,再考虑自己的温饱。再如,"父母唯其疾之忧"。作为儿女的,要特别为父母的健康操心,在父亲身体不好时候,需要家中长子替父实施家庭组织和责任分工,替父分忧也是孝道中的具体体现。树立这种礼仪标准的目的是强调父母在日常生活中的地位和意义。通过对父母的尊敬和"孝道"的行为来体现家庭对国家的伦理实践,也是以此来教化家庭成员中的个体,不要以冒天下之不孝的风险,冒犯家庭伦理,更不可冒犯社会伦理,因而需要对父母的孝道转变为对国家、统治者的孝道。这种孝道其实还是一种自下而上的恭顺与敬仰,是一种不可逾越、不可违背的准则。

对去世父母先辈的"孝"——丧事和祭祀。子女对于过世之人一定要重视丧事与祭祀。作为子女对父母尽的孝道,要在生前和死后都努力做到。《论语·为政》也指出:"生事之以礼,死葬之以礼,祭之以礼。父在观其志,父没观其行,三年无改于父之道,可谓孝矣。"这句话的意思是,父母还在活着的时候一定要孝敬,父母死了以后一定要做到厚葬,而且一般还要求守孝三年,以后还要经常去祭祀祖先,这样才算做到孝敬。当然这一切必须是发自内心的想法,不能够仅仅流于形式。《礼记》中有一段文字:"曾子曰:身也者,父母之遗体也。行父母之遗体,敢不敬乎?居处不庄,非孝也。事君不忠,非孝也。"还提道:"莅官不敬,非孝也。朋友不信,非孝也。壹举足而不敢忘父母,壹出言而不敢忘父母。壹举足而不敢忘父母,是故道而不径,舟而不游,不敢以先父母之遗体行殆。"并且将"孝道"进一步延伸到"壹出言而不敢忘父母,是故恶言不出于口,忿言不反于身。不辱其身,不羞其亲,可谓孝矣"(《礼记·祭义》)。《礼记》中还引用子路的言论,认为丧葬之礼,与其礼仪隆重,陪葬的物品财货丰富有余,但是哀伤之情不够,那还不如缺少礼仪陪葬,哀伤之情有余。祭祀之礼上,与其牺牲祭祀用品有余,但敬畏之心不够,那还不如敬畏之心有余,而祭祀牺牲不足。其意在表达举行葬礼的真正目的是逝者表达哀思,对祖先表示敬畏,这些都不是体现在物质财产上,最重要的是有一颗真心。重丧葬和祭祀之礼是我国古代一种重要的社会现象。《礼记》中认为在众多礼仪之中,丧葬之礼和祭祀之礼是重中之重。原因在于人死只有一次,不能复生,死是人一生中最大的事了,所以应该以死者为重。《礼记》中对丧祭之礼的细节也有诸多的描述。规定了服丧的时间:要求服丧者,在死者去世三日之后就应该进食;期满三个月之后就应该沐浴,即使是极端的哀痛的情况之下也不应该因此而失去了做人的本性。服丧不应该超过三年,应该节哀。这样做的目的是能够观察到身边人的品行,谁是真正的孝子,哪个是能够守节的妻妾便一目了然,还能观察到一个人身上的道德品行如何。从丧祭礼仪的隆重程度、烦琐的制度以及服丧时间的长度,可以看出《礼记》对人死一事的重视,其目的就是让人们能够敬畏祖先。

荀子在继承孔、孟"孝"思想的基础之上,又融入与发展了新的观点,使"孝"更具系统与规范性。

其一,子敬有"孝"。"孝"虽分散于《荀子》一书中,但无不集中体现了子女对父母应尽的义务,并且对"孝"不懈怠是人们能够丰衣足食、免遭刑罚的重要途径。荀子认为"孝"最基本的体现则是养亲与事亲。为尽"孝"心与"孝"行,作为子女首先为父母给予物质层面上的供养,竭尽所能让父母在衣食住行上无忧无虑。伴随父母年岁的递增,父母的身体状态逐渐下滑、劳动机能也在逐步丧失,繁重的体力劳动、复杂的智力劳动均不再适合父母,赡养父母成了子女必须承担起的责任和义务,满足父母生活需求,使父母不再为求物质所需而奔波。并且作为子女,在让父母吃饱的基础上亦要力求让父母吃好,在能养的前提下竭力做到善养,给予父母无微不至的关怀,关注其身体健康问题,守护其健康长寿。其次表现在敬亲与祭亲。关于敬亲与祭亲《荀子·礼论第十九》篇有诸多论述。在荀子看来对父母的事生,是人伦的开始;对父母的事终,是孝道的终结。死亡,只有一次而不能再来一次,所以活着的时候,侍奉不忠厚、不恭敬有礼,这叫作粗野;死去后,丧葬不忠厚、不恭敬有礼,这叫作轻薄。父母在世时如此,父母去世后则要根据"礼"制的规定实行丧葬义务与祭祀,终始若一,这样孝子的责任与义务才得到显现,这也是道义的要求。此外,在丧礼之中还要保持悲伤与哀痛,这是对逝者真切的情感流露,如若对逝者不悲不哀、冷若冰霜,就无异于禽兽。《论语·为政》中有孟懿子问孝,子曰:"无违。"又,孔子告知樊迟:"生,事之以礼;死,葬之以礼,祭之以礼。"与孔子所言相同,荀子吸收了孔子"礼"的思想,并强化"礼"在祭亲中的规范与作用。

其二,从义不从父。孝的主张范围广泛,荀子继承了孔、孟所主张的子女对父母的孝顺敬从,但在荀子看来,无原则的子女之孝并非"孝"的本意,子女在意识到父母之命有不妥时,应及时劝谏,亦可争辩,抒发主张。因此,对父母之错行正确劝谏之举才是真正孝顺的本义,顺从父母之命的前提应以世俗道义、家庭利益等正确因素为标准。正如荀子所言,顺从大道才是最大的德行而非一味顺从君主、顺从父母。大道是这个社会的整体利益,而非或君主或父母的个人利益,顾及大道才是我们所有人都应遵循的道德准绳。从根本利益出发,社会之利为大利、父母之利为小利,当二者冲突时,定是君主或父母有不合社会大道之言行诉求,荀子提出应"从道不从君、从义不从父",以合理恰当的方式方法规劝父与君,从道且从义。

其三,以孝治国,忠孝并重。"忠""孝"在荀子看来同等重要。例如,《荀子·礼论第十九》中将"忠臣孝子"并举,二者具有伦理与政治的双重内涵。其中,"孝"与"忠"的区别主要表现在场域上的不同,而"忠"更能代表公共政治,"孝"更能代表家庭伦理,在社会阶层划分属性上,公共政治性比家庭伦理更具优先性。

由此,家庭伦理在荀子看来是被放置在社会政治视野之中的,"孝"原本因天然的血缘关系而形成的亲情纽带也被政治性所分割,荀子认为"孝"更在于后天人为的教化。

(二)夫义妇顺

夫妇关系被视为人伦之始,是调整和规范家庭关系的关键,也是维持社会关系的重要前提。《周易·序卦》中说:"有天地,然后有万物;有万物,然后有男女;有男女,然后有夫妇;有夫妇,然后有父子;有父子,然后有君臣;有君臣,然后有上下;有上下,然后礼仪有所错。夫妇之道不可以不久也,故受之以《恒》;恒者久也。"① 可见,男女的结合、夫妻关系的形成是人类家庭形成的第一步,也是家庭伦理和社会伦理之始。《颜氏家训·治家》中说:"夫风化者,自上而行于下者也,自先而施于后者也,是以父不慈则子不孝,兄不友则弟不恭,夫不义则妇不顺矣。"其中对于夫妻关系,就强调了丈夫的仁义与妻子的和顺的重要性。"夫义妇顺"被确定为夫妻之伦以调整和规范夫妻关系,"男女有别,而后夫妇有义;夫妇有义,而后父子有亲;父子有亲,而后君臣有正"(《礼记·昏义》)。人们认为人类社会是从男女关系尤其是夫妻关系的规范开始的。家庭中,夫妻之间各有各的责任和义务,应各司其位,各守其道。"夫和而义,妻柔而正"(《左传·昭公二十六年》)。"为人夫者,敦蒙以固;为人妻者,劝勉以贞"(《管子·五辅》)。而儒家在夫妻关系上强调"夫义妇顺",所谓"夫义妇顺"就是说丈夫对妻子要忠诚、尊重、正派和讲道义,妻子对丈夫要和顺、温柔,服从丈夫的意志和安排,从一而终等。"夫义妇顺"是夫妻之道,丈夫的阳刚之气与妻子的阴柔之美结合。

《诗经》中有许多描写家庭生活的篇章,这些篇章一方面描写了男女恋爱的欢喜,婚姻的美满;另一方面也记载了婚姻关系中的道德败坏行为以及人们对负心男子的种种行径的控诉,表现出了《诗经》时代人们对"夫妻恩爱"的家庭伦理观念的崇尚与追求。在《诗经》时代,尽管

---

① 汪受宽译注.孝经[M].上海:上海古籍出版社,2007:24.

对男女婚姻缔结崇尚自由恋爱,但是也受到很多因素的限制,主要就是媒妁之言、婚俗礼仪以及父母之命。《诗经》时代人们更重视婚姻仪式,更讲究缔结规范,并制定了烦琐、复杂的婚礼仪式。纳采、问名、纳吉、纳征、请期,这是周代传统婚姻关系缔结的步骤,这个过程复杂,礼节烦琐,但这正是人们重视缔结婚姻关系的表现。隆重的仪式、烦琐的程序,不仅使得男女婚姻关系得到家族的普遍祝福,而且使社会公众认可了男女婚姻的有效性。由于在婚礼进行的过程中,参与的人员众多,涉及了各种社会关系,因此两个人的婚事又演变成两个家族或整个社会的事情。事实上,在后来的发展过程中,传统婚俗的内容和形式不仅沿袭了古代"六礼"的基本要求,而且还根据社会和时代的变迁不断进行更新,但不管怎样变化,其最终目的都是要受到家庭和社会的承认,并得到法律的保护。《诗经》中很多作品表明了当时人们"品貌兼具"的择偶观,当时的人们已经把德作为男女择偶的首要标准。例如,《国风·周南·关雎》。

关关雎鸠,在河之洲。窈窕淑女,君子好逑。
参差荇菜,左右流之。窈窕淑女,寤寐求之。
求之不得,寤寐思服。悠哉悠哉,辗转反侧。
参差荇菜,左右采之。窈窕淑女,琴瑟友之。
参差荇菜,左右芼之。窈窕淑女,钟鼓乐之。

这首诗反映了当时男女双方对"德"观念的重视。同时,人们认为新嫁娘与家人和睦相处是最美好的品德,妇道是指妇女所要遵从的道德规范。夏、商这两个奴隶制王朝之后,进入了百家争鸣的春秋战国时期。

关于古代妇女所应该遵从的道德规范,在中国古代三大礼仪经典书籍中都有涉及。与其他礼仪经典不同的是,《礼记》中谈到妇道的篇章很多。"信,妇德也,一与之齐,终身不改,故夫死不嫁。"《礼记·郊特牲》"妇人,从人者也,幼从父兄,嫁从夫,夫死从子。夫也者,夫也。夫也者,以知帅人者也。"(《礼记·郊特牲》)"子妇未孝未敬,勿庸疾怨,姑教之。若不可教,而后怒之;不可怒,子放妇出。而不表礼焉。"(《礼记·内则》)这些内容都体现出了对妇女的伦理要求。生活中需要贯彻,丈夫死了不能改嫁,而且要听从儿子的,与家庭成员需要团结。古代妇女的社会地位是低下的,基本上可以说是从属于男性,但是这种状况除了具有历史条件的限定性原因外,在当时还具有一定的积极意义,因为当时的妇女在教育文化体力等方面都不具有强势,社会心理方面也处于弱势,上了年纪后更为弱势,因而在家庭中需要关照。"听从"未必是听从指挥,更多的是家庭事务的意见。"不孝有三,无后为大",则中国传统社会对男性子嗣非常看重和渴求,因为男子是继承父亲产业的重要人选。夫妻关系从属于父子关系,母凭子贵恰恰说明这点。从这个角度分析,女子的地位是依赖于男性的。然而,《礼记》中对"昏礼"(即婚礼)确实十分的重视。在《昏礼》一篇中,记录了这样一段话。宋哀公向孔子请教,他认为在举行婚礼的时候,男方要穿着隆重的礼服,还要亲自去迎接女子。男人与女人之间的婚礼是"合二姓之好",是关系到子孙万代的繁衍的大事,必须要重视。孔子甚至分别举出夏商周三代王朝中的圣明君主尊敬爱戴自己妻子的例子,并认为他们这么做是有道理的,君王的妻子对内能够主持家族事务,对外又能够起到教化万民的作用,所以必须要敬重。这表明《礼记》在有关妇女权益的方面言论具有一定的先进性,对后世有积极的影响。另外,要守妇道,就需要做到三从四德。所谓"三从"是儒家思想中的概念,即"从父、从夫、从子"。是对女子行为的规定。《礼记》中明确指出"妇人,从人者也"。一个"从"字便将妇女的一生与男人结合在一起,而且是终生从属。"幼从父兄,嫁从夫,夫死从子"(《礼记·郊特性》)将女人的一生所从的对象都列了出来。在礼书经典《周易》中曾提出过"四德"一说,即妇德、妇言、妇容、妇功。《礼记》之中也提及了"四德"。《礼记·昏义》篇就指出在婚娶之前要对妇女的言行、体态、举止以及德行给予教导,使其成为一个懂得顺从的女子。所谓"四德",实则是将妇女的日常生活格式化,每个举动,每一句话,甚至每一个表情都有固定的格式。诸如:"男女不杂坐,不同椸枷,不同巾栉,不亲授。嫂叔不通问。诸母不漱裳。外言不入于阃,内言不出于梱。""女子许嫁,缨。非有大故,不入其门。姑、姊、妹、女子子已嫁而反,兄弟弗与同席而坐,弗与同器而食。父子不同席",以及"男女非有行媒,不相知名。非受币,不交不亲","故日月以告君,齐戒以告鬼神,为酒食以召乡党僚友,以厚其别也。娶妻不娶同姓,故买妾不知其姓,则卜之。"这些思想都是驯化女子,为其行为规范和人格养成制定一系列的行为准则的标准,并且教导妇女做到这些就能成为一个有"德"的人。"四德"是规范妇女行为的准则,它的另一个重要作用就是防范男女之嫌。《礼记》着重强调男女有别。男女之情是人之本性,如果在日常生活当中,男女之间不注意言谈举止,接触过多很容易产生情愫。"父母全而生之,子全而归之,可谓孝矣。不亏其体,不辱其身,可谓全矣。"(《礼记·祭义》)对于女性要求"不亏其体""不辱其身",并将之归结到"孝道"中,可见"妇道"对"孝道"的依附。中国古代男权至上,如果一个男人的妻子与其他人有逾越礼仪的行为,哪怕只是多说几句话,对于这个男人来讲也是莫大的耻辱。"四德"可以有效地规范妇女行为,使妇女明白男女有别,并以违反四德的行为为耻,这样能有效地克制女子生理上的本性。

荀子则将夫妇遵"礼"的夫妇之伦作为家庭关系的首要基础,并借以《周易》中《咸卦》的内容表现自我主张,认为"《易》之《咸》,见夫妇。夫妇之道,不可不正也,君臣父子之本也。"(《荀子·大略第二十七》)夫妇间的伦理规范是君臣、父子关系的根本,因而端正夫妇之间的关系至关重要。男女结合成夫妇,而夫妇关系又以婚姻嫁娶为纽带。人类社会自早期的男女杂乱到此时的婚姻嫁娶制度已不断趋于规范化。在荀子看来,男女婚姻嫁娶礼节不可缺少,首先签婚书、收聘礼则是男女双方婚姻关系、夫妇名分确立的前提。"男女之合,夫妇之分,婚姻、娉内、送逆无礼,如是,则人有失合之忧,而有争色之祸矣。"(《荀子·富国第十》)"娉"与"内"显示了男女双方对婚姻关系的重视。这里的"娉"通"聘",张觉校注为两种说法:一是送礼物订婚,二是指古代所言婚姻(纳采、问名、纳吉、纳徵、请期、亲迎)六礼之一问名,即询问女方之名,但不管是送礼物还是问姓名都表明在男女关系确立之前该有的程序规定不能少,作为男方要派人送聘书、聘礼去女方家中,待女方接受后复书,婚姻关系才得以确定。而"内"(通"纳")即纳徵或纳币,作为显示等级差别的礼又显现出各个阶层身份的不同。因为早在西周时期就严格规定了纳币之礼,对所纳之物要等级区分,如《周礼·地官·媒氏》有"凡嫁子娶妻,入币纯帛无过五两"。此外,国君的纳币之礼由卿大夫代为行之,而自卿大夫以下娶妻纳币则都要亲自前往。这种严格的等级行礼划分与荀子倡导的嫁娶之礼不谋而合,但荀子更为看重嫁娶的行为礼节而不是所纳之物的多少。"《聘礼》志曰:'币厚则伤德,财侈则殄礼。'礼云礼云,玉帛云乎哉!"《诗》曰:'物其指矣,唯其偕矣。'不时宜,不敬文,不欢欣,虽指非礼也。"(《荀子·大略第二十七》)从荀子引《仪礼·聘礼》、孔子之语、《诗经》可以看出财物只是"礼"的次要方面,最重要的是行礼时要重德行,因而有"亲迎之道,重始也。"(《荀子·大略第二十七》)即在确立婚姻关系之后行使亲迎之礼则是对婚姻的注重。"亲迎之礼,父南向而立,子北面而跪,醮而命之:'往迎尔相,成我宗事,隆率以敬先妣之嗣,若则有常。'子曰:'诺!唯恐不能,敢忘命矣!'"(《荀子·大略第二十七》)这不仅描写了亲迎之礼的细节,也能看出女子娶进家门后妻子就成为贤内助以及承担传宗接代、孝敬父母等职责,两个人齐心协力维护家庭发展。

另外,荀子主张夫妇关系建立在男女婚姻相对平等的基础之上,除此之外夫妇双方要各司其职才能体现各自价值。这也就是荀子所说的"夫妇之别,则日切磋而不舍也。"(《荀子·天论第十七》)即夫妇之间有所区分、有所界限。荀子一方面继承了孔孟所言的"夫妇之别",一方面又有所发展。孔子论"夫妇之别"则为夫妇双方的自律,孟子则有"彼身织屦、妻辟纑",且认为传宗接代是婚姻的最终目的,因而妻子的责任即使生育教子,而达到这些目的都需要人的自我努力。与孔孟不同的是,荀子认为"夫妇之别"需要外在"礼"的调教。"礼义不修,内外无别,男女淫乱,则父子相疑,上下乖离,寇难并至:夫是之谓人祅。"(《荀子·天论第十七》)此意在于如果表达礼义加以修正了,内外有所分别了,那么男女两性关系就不会随意混乱,父子关系也不会有猜忌存在,国家也就安定了。虽说在"礼"之下这种职能规定维护了家庭稳定,但从职责分配上可以反映出妇女在家庭中的地位只能是传宗接代、孝敬父母,这与中国古代一直根深蒂固的女服从于男、妻服从于夫的观念分不开,因为自男女出生就被印上了等级的标签。从上述对《周易》卦象的描述也可看出来男女的对应关系,这也符合荀子"礼"治规定下的等级关系。

朱熹主张男女及时婚配,但也反对过早结婚,他认为男女应嫁娶以礼,婚姻论德不论财,同时他还对孀妇再嫁行为表示理解;在夫妻关系方面,他主张"夫妇有别",应分工合作,并注重"夫和妇柔",敦促夫妇相互警戒,不要沉溺于宴饮游乐和情爱之私。

其一,关于婚姻的意义,朱熹认为承继宗族,延续血脉是婚姻的主要功用,同时婚姻还可以将两个家族团体联结在一起,以获取更大的势力和更多的社会资源。朱熹非常关注婚姻的重要作用,他认为婚姻能够区别男女,使男女分工合作,是修身齐家、防范社会风气败坏的重要手段。另外,关于婚姻中的再嫁问题,朱熹强调养老抚孤的责任,认为这是考虑此问题是否正当的核心。朱熹对丧妻的男子论述较少,后世争论的焦点在于朱熹对孀妇再嫁的态度问题。实际上,朱熹认为理想状态下孀妇不应改嫁他人,而要在原来家庭照顾年迈的公婆和抚养幼子,但在实际生活中他又对一些孀妇改嫁的行为表示理解，认为需考虑具体的情况。在朱熹看来，丧偶之后的理想状态应该是不再嫁娶，这与天理人欲之辩相关，对于儒家传统来说也是关乎忠、信、义的事。婚姻的成立就包含了夫妻间的相互忠诚，不违对方的信义，不因以后处境的艰难、私欲的扩张而改变。朱熹主张"以理制欲"，人应该坚持自己的道德操守，不能因欲望的诱惑而损害到义理。他认为理想状态下男女双方都应遵循这一规则，但具体生活中往往难以实现，男性承担着传宗接代的责任，去世的妻子若无子嗣，男性是可以再娶的；女性出于守节或者照顾孤老弱儿的目的应当不再嫁，但若没有这些牵挂，此时改嫁他人也是可以理解的。总体来说，朱熹认为通过婚姻可以承继宗族，延续血脉，又符合人之常情，能维护社会稳定，故而应注重婚姻。男女及时婚配，婚前各安其正，操持自守，婚时嫁娶以礼，朱熹还对过早结婚、指腹为婚、婚娶论财不论德现象提出了担忧和批判，还重视改嫁问题中照顾孤老弱子的家庭责任。他对婚姻的看法，是针对当时的社会风气提出的，朱熹从政之时不遗余力地以此改变当地落后的风俗，对于社会和谐发展有重要作用，即使现在看来这些观点也有很强的现实意义。

其二，朱熹接受男主外女主内的传统，认为男女应按各自的自然特性和社会规范的要求各司其职，如此社会才能正常运转。在他看来，男主阳，是刚强主动的一方，凭意愿做事；女主阴，是柔弱被动的一方，多凭感情做事。根据各自特点将男女区分开来，男主外事，女主内事，才能"家道正"。他赞同《易传·系辞》里的观点，认为男外女内是"天地之大义"，大部分时间男女不应在一起，必须在一起时应避免身体上的接触。在他编著的《朱子家礼》和作为童蒙读物的《小学》中均引用了司马光《家范》中严防男女之别的观点，从各种生活细节将男女分隔开来。但朱熹对于区别男女的观点并不刻板迂腐，他认为"男女授受不亲"属于"经"，是常理，是大的道德原则，但不能言尽精微处，这就需要"权"的配合，若出现特殊情况，如"嫂溺，援之以手"，这也是被朱熹认可的。"中之为贵者权"，"权而得中，是乃礼也"（《孟子集注·离娄上》）。男女除了身体上分隔开来，行为上也应有所区别，"男不言内，女不言外"，朱熹曾多次赞扬乐于待在家中、尽心处理家庭事务的女性。事实上，概念上的男、女和内、外也合阴阳互补之理，表示男女各有自己的职责和管辖范围。一般来说，男人较少被告知不要介入妻子所做的事；相反，他们的注意力被导向正面，警惕着确保别让女人踏入男子的领地。这与儒家对女性的看法是脱不开关系的。儒家认为女性多感情用事,容易"妇人之仁",可能误导男性,从而做出错误的事,故应警惕女性参与家政、朝政。他认为妇女没有过错就好,切勿多言家国之事,"如朝廷之事,非妇人之所宜与也",多言易为"祸乱之梯"(《诗集传·大雅·瞻卬》)。女性因其阴柔之性,贞静顺从是社会对其的理想期待。朱熹还从对妇女"重德轻才"的传统出发,对于"长舌"哲妇干预朝政进行抨击,"妇人无朝廷之事,而舍其蚕织以图之,则岂不为慝哉"(《诗集传·大雅·瞻卬》)。女人的职责应该是准备饭食、缝补衣物、奉养公婆等,应该"有闺门之修,而无境外之志"(《诗集传·小雅·斯干》)。男人所主的外事是妇女不应参与的。朱熹虽然主张女性也应接受教育,为将来相夫教子、管理家务做准备,但他不主张女性有太高的才学,而认为女性只要柔顺少事就够了,"有非,非妇人也。有善,非妇人也"(《诗集传·小雅·斯干》)。女子应无是无非,不彰不显,这就足矣,有善也可能最终带来不祥。

其三,对男女角色的定位,强调男女之别和各自的职责,注重分工合作,这是合理的,却把女性的活动范围限制在一个狭小的区域,男性有更多的机会参与社会政治、经济、文化生活,女性则只能在闺门之中寻找生存的意义。朱熹接受男尊女卑的传统,认为夫的地位高于妇,妻子扮演着服从、协助丈夫的角色,同时又分享丈夫的地位和声誉。妇女没有独立自主权,应该遵行"三从四德",依附男子而存在,即使女子娘家的身份比较尊贵,嫁到夫家之后也应该明确自己在夫君前的卑弱地位,恪守妇道,以夫为贵。在《诗集传·召南·何彼秾矣》中他称赞了下嫁给诸侯的王室之女,因其恪守妇道,不敢凭借其富贵而盛气凌人,貌视夫家。至于那些出身贫寒的女子,其在夫家的地位之低就更可想而知。相比于夫贵妻卑,朱熹更看重夫妇关系的和睦。他认为夫妻关系是人伦之中最亲密的关系,二者每日生活接触时间更为频繁,男人所做的一些事情,可能不会告诉父母兄弟,却会"悉告其妻"(《中庸集注》)。故而夫唱妇随,相敬如宾,举案齐眉的夫妇和睦状态才应是较好的。他指出夫妇关系融洽的意义:"阴阳和而后雨泽降,如夫妇和而后家成。"(《诗集传·邶风·谷风》)夫妻和睦是齐家的基础,家和万事兴之谓也。然而夫妇关系融洽需要二人合力经营,"夫之所贵者,和也;妇之所贵者,柔也"。丈夫应有和气,和是指能够理性管理自己的情绪,在发动之时不偏不倚,达到适"中"的状态,给人以如沐春风的感觉。朱熹用已发未发、心统性情之说解释过各种情绪在施行之时"发而皆中节"才能达到"和"的效果(《中庸集注》)。丈夫应该体谅妻子,关心妻子的人格,不要自觉高人一等,对妻子呼斥苛责。对妻子来说,要求"柔",就是说要行为端庄,温柔体贴,充分理解和支持丈夫的付出,做好贤内助;往往"柔"能克刚,在丈夫的行为有不合适的地方之时,妻子耐心体贴,用"柔"往往能感化丈夫。夫妻之间应该同心协力,为促成两人良好的关系一起付出。

(三)兄友弟恭

兄弟关系是家庭内部重要的家庭关系,兄弟和睦则家族兴,兄弟失和则家族散。所以,自《诗经》时代开始,历代的统治者都非常重视兄弟关系的调整,在面对家族政治和经济利益矛盾时,"兄友弟恭"的兄弟之伦会让兄弟彼此多一份谦让,这样就会减少纷争,提高家族的凝聚力,这在以农业生产方式为主的时代,是非常必要的。《诗经》时代的兄弟之间的伦理,首先是长幼有序,做弟弟的要尊敬兄长,但也要求哥哥友于兄弟,这就是所谓的"兄友弟恭"。

《颜氏家训·兄弟》中记载:"有人民而后有夫妇,有夫妇而后有父子,有父子而后有兄弟。"[1]可以说,兄弟关系是天然而产生的,它天然地要求兄弟为家庭的发展壮大放弃个人欲望的满足,牺牲小我,成就家族。兄弟团结,家庭就和睦,家族就会持续发展。例如,《左传·隐公三年》记载:"君义、臣行、父慈、子孝、兄爱、弟敬,所谓六顺也。"这是家庭伦理最理想的状态。兄弟关系是家庭中最亲密的一种关系,兄弟之间没有年龄的隔阂,朝夕相处,关系自然亲厚,可是在社会生活中,单纯的兄弟关系是不存在的,当面对政治经济利益时,兄弟也会失和。在《小雅·角弓》中就记载:"不令兄弟,交相为瘉。"在《诗经·邶风·柏舟》中也说:"亦有兄弟,不可以据。薄言往诉,逢彼之怒。"这些论述说明,在兄弟失和后,兄弟关系逐渐恶化,甚至会变成彼此的敌人,也反映了兄弟之间冷酷无情的一面。兄弟来源于一个母体,在血缘关系上是亲密的,正如《颜氏家训·兄弟》所说:"兄弟者,分形连气之人也。"兄弟在血缘上如此亲近,所以团结如一,共同为家庭贡献力量。周天子提倡亲密的兄弟伦理,是因为兄弟只有同心才能维持整个大家族的亲和团结,对于诸侯

---

[1] 颜之推.颜氏家训[M].合肥:黄山书社,2002:19.

和周天子来说,这样才能巩固整个宗法统治。正如《周礼·大宗伯》记载:"饮食之礼,亲宗族兄弟。"《小雅·常棣》有"兄弟既具,和乐且孺",《小雅·伐木》"笾豆有践,兄弟无远",《小雅·楚茨》有"诸父兄弟,备言燕私""凡今之人,莫如兄弟""兄弟阋于墙,外御其侮",兄弟团结如一是家族的幸事,会促进家族的发展壮大。

荀子认为,为兄应当温柔怜爱于弟,为弟应当恭敬顺从兄长。从《荀子·修身第二》篇中可以看出为兄或为弟在待人处物上诚实恳切、态度端正,不断提高自我修养则可视为正直的青年,如若还能学而不止、谦虚谨慎、灵活敏锐,那就可达到君子之境。相反,无所事事、懦弱无能、贪图物质就会成为憎恶之人,如果还有放荡不羁、蛮横无理、阴险狡诈等不尊敬兄弟的行为,可谓可恶至极,哪怕给予刑罚也是理所应当的。这说明兄友弟悌的意义在于规范弟兄的处事行为与举止,以免做逾越违法之事。此外,兄、弟各应有不同的容貌、神态:"士君子之容:其冠进,其衣逢,其容良,俨然,壮然,祺然,蕼然,恢恢然,广广然,昭昭然,荡荡然,是父兄之容也。其冠进,其衣逢,其容悫;俭然,恀然,辅然,端然,訾然,洞然,缀缀然,瞀瞀然,是子弟之容也。"(《荀子·非十二子第六》)作为年长的兄与父容貌相同,帽子作为权力的象征要高高直立,衣服体现人的伟岸,体态则要宽大,面容作为内心情感的直接显现则要有和蔼亲近、安定平静、明亮开阔、典雅端庄等。而作为弟弟,在帽子与衣服穿戴上与父兄无异,但在面容上却要尽显诚恳谦虚、尊敬谦恭、谨慎侧目之态。这都是"礼"规范的体现,从而使兄弟关系走向正确的轨道,这也从另一个侧面体现出兄弟地位的上下差别。

朱熹认为"兄友弟恭"是兄弟姐妹间相处的理想状态,所谓"友"就是要求兄长要爱护弟弟、妹妹,"恭"是要求弟弟、妹妹要尊敬兄长,二者是相互的。"兄不友则弟不恭",故而不能忽视任何一方的道德要求,兄弟必要同心同德。夫妇、父子、兄弟是人伦之中最重、最亲的关系,各种家族亲戚关系都是由这三条开展而来的,不可不重视。"兄弟者,分形连气之人也",同出于父母,同气连枝,自幼围绕父母一起玩耍、吃饭、学习、生活,故本该相爱笃厚,可是成家之后不得不各自照顾自家妻儿,兄弟之间怕只顾己家而减弱兄弟之恩,而妯娌之间却怕兄弟恩厚而伤己家,所以肯定会有矛盾分歧。做兄弟的需要重视,互相包容理解,"惟友悌深至,不为傍人之所移也"(《小学·嘉言》)。而且世人多知道孝敬父母,认为父母的身体重于自己,父母所爱的东西重于自己所爱的东西,却独独爱父母的儿子(即兄弟)轻于自己的儿子,实属不该。故要重视兄弟之爱,防止婚后各顾小家庭的利益而忘记兄弟之恩。朱熹在《小学》里还引柳开之父训诫儿媳的话,防止因异性之私破坏原有家庭的团结和谐,以此警醒世间兄弟友悌相处,不要因一家之私而损害大家庭的利益。兄弟之间应"各务努力,不可暇逸取祸,恐不及相救恤也。夙兴夜寐,各求无忝于父母而已"(《诗集传·小雅·常棣》)。朱熹指出兄弟之间倘若一方出现了"不友"或"不恭"的行为,另一方也不应该学他。《诗经·小雅·斯干》云,"兄及弟矣,式相好矣,无相犹矣",就是要求兄弟之间要相好,不要相学。大凡人之常情,施恩不见报就会停止单方的付出,因而兄弟之间需警戒,不要相互学习对方不恭、不友的行为,而应"各尽己之所宜施者"(《小学·嘉言》),即使对方不敬我爱我,我也要爱他敬他,以期感动对方,回归兄弟正常的相处之道。朱熹对此论述较明:"不要相学,是不要相学其不好处,如兄能爱其弟,弟却不恭其兄,兄岂可学弟之不恭而遂忘其爱。但当尽其爱而已。如弟能恭其兄,兄却不爱其弟,弟岂可学兄之不爱而遂忘其恭,但当尽其恭而已。"(《语类》卷八十一)。这并非以道德压制人的情感,以德报怨,而实在是因兄弟手足之情是人伦之中的大者,自幼情笃意重,以怨报怨更伤己心。应总是想着兄弟是一时气偏,存着感化兄弟、导之以正的心。"兄弟怡怡"就是要求兄弟间以恩为重,双方需情义欢欣,始终和好,若太切直,反而伤恩。最后,倘使兄弟之间不幸有小矛盾,当外辱来时,兄弟也该共同抵御。无论如何,兄弟处于一个大家庭共同体中,在社会上生存本应相互扶持,维持家族的实力和影响力。当外人欺凌家族中某一成员时,失势会导致整个大家族受辱,所谓"一损俱损,一荣俱荣"。倘若不帮扶兄弟还会惹人嘲笑,是冷漠、缺乏道德、缺乏责任感的表现,必无法自立于乡邻之间。故当外辱来时,兄弟之家应团结一致,弃小忿而顾家族大义。"兄弟虽有小忿,不废懿亲",兄弟之间虽有小矛盾,但还是至亲的亲人,朱子言:"兄弟设有不幸斗狠于内,然有外侮,则同心御之矣。"(《诗集传·小雅·常棣》)如此两个家庭一起团结努力,必能最大限度地维护大家庭的利益。

(四)邻里和睦

中国家庭自古就重视邻里关系,追求睦邻友好,邻里关系也包含于传统家庭伦理观之内,邻里伦理是为家庭内部伦理的外延。儒学中以

"仁"为思想核心,"仁者爱人"。"人各亲其亲,然后能不独亲其亲",儒家的爱人不仅仅是血亲之爱,还能够推及至天下众生之爱。家庭并不是孤立的,是存在于复杂的社会关系之中,这使得家庭之间的和睦与邻里关系的和谐是分不开的。同时,古代中国一个家族的昌盛需要借助外力的帮扶。中国古代居住在一起的大多是同宗同姓的亲戚,这些亲戚往往具有密切的血缘关系。这使得能够妥善地处理好邻里关系,实际上就是处理好家族亲友之间的关系。在邻里关系中同样也存在着非血缘关系,虽然并没有血缘的关联,但是同样适用于"亲亲"处理思维。儒学家庭伦理观中强调是否具有血缘关系,都应当和睦相处,互助和谐。曾国藩在写给后代子孙著作中,就曾提及"至于宗族姻党,无论他与我家有隙无隙,在弟辈只宜一概爱之敬之"。曾国藩的劝诫子弟言语,无不体现了邻里关系和谐是儒学"亲亲"的进一步扩展。同时,儒家主张"里仁为美,择不处仁,焉得知"(《论语·里仁》),对于邻里应该平等视之,不能因为外在的物质条件滋生蔑视之心,应该提供帮助,尊重他人,泛爱众,施之以援助。邻里之间应该互相帮助,培养紧密的感情联系,相互帮助。

  传统儒家家庭伦理观倡导礼让待人,这使得对待他人要以"礼"为规范,以"忠恕之道"去处理复杂的人际关系。"忠恕之道"分为"忠""恕"二道,"忠"道乃是对个人的自身约束,要求人们积极地帮助他人。为人处世尽心尽力,做到"尽己",不仅爱护自身,亦能推及他人。"恕"道则是对他人的要求,从自我的"不欲"出发,以"恕人"的态度对待他人,传递宽容与仁爱精神。程颐就曾劝导族人要注重同族之人的人情往来,告诫族人只有常相往来,仁爱待人,才能够维系紧密的关系。这样一来邻里交往与"己所不欲勿施于人"[1](《颜渊》)的道德相关联,具体表现在对待邻居应当诚信待之,将心比心。处理邻里之间的矛盾能够站在对方的立场上思考问题,能够最优化地解决邻里问题。

  总之,在传统儒家家庭伦理观中,人与人不是独立的个体,而是组成社会的一分子。邻里关系的和睦是传统儒学中处理社会层次问题的进一步延伸,更是传统儒家家庭伦理观处理方法的外在体现。从而,家庭内部需要做到父慈子孝、夫义妇顺、兄友弟悌,家庭外部需处理好琐碎的邻里关系。

---

[1] 高应洁.传统儒家家庭伦理观及其当代反思[D].哈尔滨:哈尔滨工业大学,2020:62.

第三节 社会观

伦理道德的建立是为了维护社会的和谐。因此,在中国传统哲学中,很多学者也提出了自己的社会思想,本节主要从自由思想与义利思想两个层面来分析。中国传统自由思想能够与社会主义核心价值观发生关系,并起到积极的促进作用。而"义利"思想是中国传统经济伦理价值观的一条主线,各个时代"义利"思想的发展与延伸都是对当时社会经济、政治与文化特征的反映。下面重点对其展开分析。

一、传统自由思想

尽管儒释道三家自开端到学说主张,从代表人物到学术走向,从自我完善到应对挑战都不尽相同,就连占据的地位在不同时期也具有"你方唱罢我登场"的特点,但是它们都在相互挑战与融合的趋势中相互影响,共同作用在传统中国人的成长塑造中,都深深根植于历史长河朝代更迭的文化品格中,都表征着农耕文明养育起来的外圆内方的中国人的价值取向,都代表着中国传统文化的特点。

(一)儒家的道德人格与现实实践的表征

儒家可以说是中国乃至世界思想史上时间跨度最长的一个学术思想派别。从孔子创立到近代新儒家,无数哲人漫漫求索,使儒学获得了多维向度,极大地丰富了儒学的生命力。儒家自由思想所表达的一以贯之的具有儒家哲学的品格,即道德人格与现实实践的表征。

殷商时期,国人在思想上信仰"帝"或"上帝",凡事须问鬼神,以占卜问吉凶,鬼神色彩十分浓厚。而儒学初创就将关注点放到了现实生活中的人身上,带着明显的"敬鬼神而远之"的特点,注重在人事上下功夫,力图在日常生活中"从心所欲,不逾矩",将人从鬼神的笼罩之下拉回到现实中来,可以说是使人获得了思想上的解放,具有深刻的意义。

孔子首先指出："为仁由己,而由人乎哉?"①作为儒家的最高范畴,孔子将对仁的追求,首先放在了道德主体的自由之中。他说："吾十有五而志于学,三十而立,四十而不惑,五十而知天命,六十而耳顺,七十而从心所欲,不逾矩。"②这是孔子叙述其思想发展的不同阶段:三十岁时只是确立了志向;四十岁时已知晓了人事的边界,能知其所以然,所以不再困惑;五十岁时对于天命有了认识,也就是对人自身有了认识;六十岁的时候,能听得进不同的意见,不会觉得逆耳;七十岁的时候,可以"从心所欲,不逾矩",就意味着达到现实中最大的自由。这是一个伦理主体不断提高道德境界而最终达到自由的过程,自由就是最高的境界。

儒家思想中"权"之概念具有十分丰富的自由思想,可以作为儒家自由精神的代表,即儒家道德人格与现实实践的表征。"先秦儒家思想中的权,其理论旨趣在于探讨主体在伦理、政治活动中的自由及其实现方式。"③成云雷曾经就权与自由的思想建构起一套较完整的理论话语,系统论述了权与先秦儒家道德自由之间的关系,许多学者也对"权"所表征的自由意味有所阐释,这些都表明在儒家自由的表达中"权"可以占有一定的地位。

孔子提出："可与共学,未可与适道;可与适道,未可与立;可与立,未可与权。"孟子说："权,然后知轻重;度,然后知长短。"又说："嫂溺不援,是豺狼也。男女授受不亲,礼也;嫂溺援之以手者,权也。"荀子云："知明制度、权物称用之不为泥也。"④

孔子称赞权,认为权之智慧、权之变通需要作为道德主体的人来领悟。孟子深化了孔子的思想,把权的运用与人之本质联系在一起,从人与禽兽的区别中来提高权的地位。荀子则把权与政治伦理秩序的建立联系起来,为自己的学说服务。

总体来说,在儒家体系中,权是对现有规则的一种变通,甚至可以说有时是一种背道而驰。权的行为实践表征的是道德主体在人伦日用中所具有的自由精神,权的背后则内含着儒家对于道德境界的要求。这种

---

① 杨伯峻.论语译注[M].北京:中华书局,1980:14.
② 同上,第95页.
③ 成云雷.先秦儒家思想中的权与伦理政治主体的自由[J].社会科学辑刊,2006(6):3.
④ 王先谦.荀子集解[M].北京:中华书局,1988:35.

精神境界的要求对于道德主体而言很严格,或者说可以承载它的只有君子。道德境界的要求是对于权的保证,是避免价值观零散的保证,只有特定的行为主体——君子拥有内化仁之道的能力,才能到达"不勉而中,不思而得,从容中道"[①]这样的理想状态,才能使权不是肆意妄为,而是真正地将道内化于心,不拘泥于一成不变的礼法规则,做出正确的符合天道与人道的行为选择,达到主体的自由境界。

(二)道家的精神境界与无为政治的表达

道家向来是众多学者所认为的中国传统自由思想之中最具自由精神的一派,特别是庄子所表现出的"独与天地精神相往来"的气魄,使得道家自由思想成为在精神层面追求自由境界的代表。

老子作为轴心时代中国哲学坚持唯物主义方向的智者,人们首先想到的是他那虚无缥缈的形而上学的无名之道。但正如郭齐勇所说,"尽管老子具有系统而独特的宇宙观,但是从认知的层面探求世界的本源及其规律并非他的初衷。和大多数中国哲学家一样,人生问题、社会政治问题才是他关注的核心"[②],所以老子的自由思想主要体现在他的政治哲学对统治者的要求上,这种要求就是无为而治。"太上,不知有之。其次,亲而誉之。其次,畏之。其次,侮之。信不足焉,有不信焉。悠兮其贵言,功成事遂,百姓皆谓我自然。"他对统治者的层次进行了区分,接着给出了百姓不知有之的统治者所达到的效果与原因。老子将自然无为的道引入人事领域,直接作用在政治上。"道常无名,朴虽小,天下不敢臣,侯王若能守之,万物将自宾。"他告诉统治者,君王之道的精髓在何处,也在间接层面上限制了统治者过多干预民众、影响破坏百姓正常生活。统治者少发政令、约束自己,就会减少百姓受到来自上位者政治上的强制。无为而治的政治哲学通过对上位者权力与欲望的约束,实现了道家的政治自由。自然无为的思想也在人民身上适用,并赋予了人民本身自由的新内容。他提出和光同尘的观念,以及不自矜、不居功、柔弱胜刚强、上善若水等主张,是希望人民在日常生活中与人相处时避免矛盾纷争,是一种保全自身的做法。唯有保证肉体的存在,才能在此基础上谈论自由。总体而言,老子的自由思想是在他目睹当时所处环境与社

[①] 朱熹.四书章句集注[M].上海:上海古籍出版社,2006:47.
[②] 冯达文,郭齐勇.新编中国哲学史(上册)[M].北京:人民出版社,2004:53.

会现状后,针对社会问题而提出的一种解决方案。通过限制统治者的权力与欲望而给予民众政治自由,这可以说是一种十分可贵的思想。

庄子把老子的思想发展到以个人本我、本真与自由为价值取向的一种内在精神生命的追求,并对中国传统文化人的心理性格产生过重大影响。庄子认为,人之所以不自由在于人处于与他人、他物的对待关系中,且人最大的不自由在于有己,自身的有限性造成了人世间的许多痛苦,使人无法逍遥,无法获得自由。他在《逍遥游》中写道,尽管列子御风而行,但是依然有待,既然有待就不是真正的逍遥。为了达到他的自由境界,在看到万物之间的差别所带来的认识上的不同之后,他提出了齐物的观点,将事物的千差万别都消解掉,使人们不用困于认识,惑于认知,进而从中解放出来。庄子文风恣肆,想象奇绝,但是依然可以看到他对于社会生存境遇的焦虑与反思:人一旦进入社会之中,就要在社会化的过程中面对人与人之间的复杂关系,接受社会所约定俗成的规范原则,解决各种各样的矛盾,那么人之本真、本我、自由就会失去,那是痛苦且不幸的。人世间避无可避,于是庄子的解决途径就是坐忘,在坐忘中忘掉人事的纷杂,忘掉无处不在的矛盾与局限,忘掉生命的有限,忘掉事物的差异,在绝对精神上获得自由。于是庄子希望自己可以"独与天地精神相往来"[①],"上与造物者游,下与外死生、无终始者为友"[②]。庄子这种在逍遥的境界中获得精神上的自由的追求,对于魏晋风度的影响很大,深刻地影响了知识分子的心理品格。老子与庄子的自由思想代表了道家自由思想的两个方面,前者是无为政治的表达,后者是精神境界的表达。

(三)佛家的破除执着与彼岸世界的追求

佛教自两汉之际传入我国,经过漫长的适应过程,不仅逐渐形成了具有中国特色的佛教思想,而且直接参与了我国传统文化的构筑,使我国传统文化形成以儒学为主干、以佛教和道教为其两个分支的文化格局。佛家也具有丰富的自由思想。这里所讲的佛家是本土化后的佛教,也就是中国佛教,特别是在中国哲学发展史上影响较大的禅宗思想。禅宗思想在发展中建立起自己的学风、学统和承传体系,在儒释道三家的

---

① 陈鼓应.庄子今注今译[M].北京:商务印书馆,2007:1016.
② 同上.

互相渗透与竞争中日渐完善,是佛家自由思想的代表。

佛家的自由思想首先体现在佛门对于修行的外在规定中,佛家的持戒很好地说明了自由与自律之间的辩证关系。佛门戒律的精神之一,就是规劝弟子防非止恶,不侵犯他人。《禅宗的自由精神》一书也指出,不侵犯就是保障他人的自由,保障他人的自由也就保障了自己的自由。比如,修行参悟的方式,佛门在修行参悟中不拘泥于形式,砍柴做饭是修行,打坐亦是修行,顿悟可窥大自由,循序渐进亦可见般若,这些都表现出其内在包含的自由意志与自由取向。比如,弟子在佛门的言说方面主张敢于言说,禅宗的创始人慧能就是大胆言说的代表。慧能并非知识分子出身,入佛门之前,以卖柴为生,所以他所主张的"不立文字"与"教外别传",只"说法"不写书,与其他各宗创始人著书立说、在"语录"上下功夫有着明显的不同。在"说法"时,慧能可以说十分大胆。在传统佛教教义中,人被归于众生;而慧能大胆地打破这种传统,讲人的价值和人的能动作用。"世人性本自净,万法在自性。""一念修行,自身等佛。""三世诸佛经,十二部经,亦在人性中本自具有。"[1]从肯定人的价值与尊严出发,慧能提出在解脱中人可以靠"自力"而不用靠"他力"的思想,亦与之前的传统教义有很大的不同。慧能的大胆言说可以体现出佛家门人弟子在言说上所具有的自由,闪烁着现代意义上的言说自由,是十分可贵的。又比如,在宗派所依的根本经典上,各家宗派都有各自依据的根本经典,像唯识宗所宗经典有"六经十一论"之称,根本经典为《解深密经》《瑜伽师地论》、天台宗有《妙法莲华经》、华严宗有《大方广佛华严经》。而禅宗则主张不定依一经一法,倾向于随缘,以一切法门来助成佛道。这些对于修行者的外在规定,都在一定程度上表现出佛家所具有的自由思想。佛家最能表达其自由思想的是其自渡与渡人的学问。佛家看到人之在世的"苦"——无法驾驭各种事物与情景作用于人之心理所产生的苦;苦的根源在于无明,所以要寻找明——明就是智慧,就是般若。因为无明,人们执着于眼前的世界,执着于生死,执着于世间各种烦恼。佛家告诉我们,一切皆是虚妄,不必执着于身,不必执着于己,不必执着于大千世界。佛家的任务就是将人们从三千红尘中解救出来,带人们离开此岸世界,达到彼岸世界——彼岸世界可获得真正的自由。到达彼岸世界,便是破除执着于无明,便是到达般若,就是成佛。禅宗

---

[1] 郭朋.坛经校释[M].北京:中华书局,2012:70.

认为，众生自性本心即佛，将成佛看作是必然的事情，也就将人们获得大自由看作是必然的事情。但是众生仍然在万千世界中迷失，迷失就是"起念"，需要用惠风来吹散，就会"无念"。"自性常清净，日月常明，只为云覆盖，上明下暗，不能了见日月星辰。忽遇惠风吹散，卷尽云雾，万象森罗，一时皆现。""前念迷即凡，后念悟即佛"。迷与悟、凡与佛，只在一念之间，顿悟就能成佛。禅宗所主张的顿悟，是指扫去各种知识的遮蔽而回归清净本心，使清净本心在瞬间得以全体呈现而成就佛果。前文提到，禅宗主张成佛要靠"自力"而非"他力"，这就是自渡。通过顿悟成佛、"无念"除迷，个体就可以破除执着，到达彼岸世界的般若境界，就可以获得自由。禅宗指导芸芸众生成佛的理论与实践又是渡人的表现。自渡讲究的是实现个人的自由，渡人讲究的是实现众人的自由，而无论是自渡还是渡人，都指向达到大境界后的真正自由。

佛家的自由思想中十分强调的是果位自由。果位自由在一定意义上是一种无限自由、绝对自由，是"佛教信众在修道正果后获得的自由"[①]，是指处于解脱过程中的人们所具有的自由。所谓果，就是个人在世实践过程中的结果——是善还是恶，其中是有道德标准在的。佛教用前世的因，是现在的果，现在的因，是来世的果，即"三世因缘"解释能否抵达自由境地的原因和后果。当然佛家的自由主要是指精神自由，与庄子的自由思想在不自由的原因方面有相通之处；但庄子强调的是世间事物的差别不同，所以有齐物论，而佛家则在于外界作用于人心的苦恼之不得排解。总之，佛家的自由思想主要表现在破除执着与彼岸世界的追求。

二、传统义利思想

中国传统的义利观在先秦时期就已经形成，春秋战国时期社会结构分散，经济和阶级关系动荡，政治局势也发生了急剧的变化。在社会分裂、战争频繁的历史背景下，出现了"百家争鸣"的文化上的勃兴，儒家、墨家、道家、法家等各种文化思想纷纷涌现，他们围绕很多实际问题都提出了自己的见解与学说，其中义利之辩就是他们争论的重要问题之一。传统"义利"思想体系的形成过程是各家思想的互补与融合，儒家

---

① 林国良.佛教自由观[M].北京：宗教文化出版社，2003：6-7.

的主流义利观随着社会和历史因素的影响不断地丰富和发展,其他各家的"义利"思想也在不断地演进,并逐渐地互相补充与交融。

(一)见利思义

《论语·宪问》:"见利思义,见危授命,久要不忘平生之言,亦可以为成人矣。"见利思义,利不害义,这是古人处理义利关系的一条基本准则。孔子曰:"富与贵,是人之所欲也,不以其道得之,不处也。"(《论语·里仁》)"不义而富且贵,于我如浮云。"(《论语·述而》)。管仲曰:"非吾仪(准则),虽利不为;非吾当,虽利不行;非吾道,虽利不取。"(《管子·白心》)孟子曰:"生亦我所欲也,义亦我所欲也;二者不可兼得,舍生而取义也。"(《孟子·告子上》)荀子在《正论》中则明确提出"以义制利"的主张。更值得一提的是,古人十分强调为官者必须见利思义。上层阶级、老百姓获利都是应该的,只要符合"义",也就是按照各种道德与法律允许的去做。正如荀子所说:"好利恶害,是君子小人之所同也;若其所以求之之道则异矣。"(《荀子·荣辱》)君子与小人的区别仅仅在于获利避害的方法不同,而不在于有没有获利避害的心理。

但尽管不同的人对义有不同的认识和理解,他们却是遵循着同一个原则:以义制利,见利思义。认为对私利的追求有正当与不正当之分,需要用义来制约对私利的追求,反对唯利是图,牟取不义之财,是相同的;不同的只是对义的解释,对欲利追求正当与不正当的标准的理解。所以,我们反对古代统治者利用封建礼教束缚百姓,抹杀百姓对利欲的正当要求,并不是反对见利思义的原则。也就是说,以义制利、见利思义的原则应该继承,但要推陈出新,要结合时代和社会的历史条件与背景。

(二)贵义贱利

孔子认为,"富与贵,是人之所欲也,不以其道得之,不处也;贫与贱,是人之所恶也,不以其道得之,不去也。"(《论语·里仁》)可见,人们欲富贵、恶贫贱并没有错,只要处之以"道"、去之以"道",便是合理的了。孔子不仅承认在一定的名分限定之内追求富贵利达是完全道德的、合理的,而且他还进一步指出,如果一个人的富有程度和经济状况不称其位也是不应该的,甚至是可耻的。在他看来,"邦有道,贫且贱焉,耻也。"因此,"贵义贱利"论在孔子思想体系中处于核心和枢纽的地位,同样,贵义贱利论也是孔子整个思想体系的核心,并且对其后儒家思想的发展有着深刻的影响。它为千百年来儒家伦理的发展确定了始终不渝的主题思想。至于儒家贵义贱利思想的真正形成,应该说从董仲舒开始。汉武帝采纳了董仲舒的"罢黜百家,独尊儒术",从而确立了儒家在思想领域的统治地位,儒家的义利观也成了当时的主流。董仲舒认为"天之生人也,使人生义与利,利以养其体,义以养其心。心不得义不能乐,体不得利不能安。义者,心之养也,利者,体之养也。体莫贵于心。故养莫重于义。义之养生人大于利。"(《春秋繁露·身之养重于义》)这段话充分表现了董仲舒对义利关系的认识:义和利的功能是不同的,义在于养心,是精神上的追求,而利在于养身,是物质上的丰富。而心与身相比,精神追求比物质丰富更加深刻、更加重要。到了宋明时期,理学的出现使儒家的义利观有了更系统、更完备的理论形态,从而使儒家贵义贱利思想在整个封建时代都占据着十分重要的地位。

第四节　生态观

中国古人运用独特的智慧实现了人和自然和谐相处,创造了生态哲学思想和生态伦理思想:"天人合一"的自然观、"仁爱万物"的伦理观、"知止知足"的保护观和"以法治农"的法制观等。这些生态思想具有农业文明特征,体现着生态整体主义,具有诗性的直觉体悟。但由于中国传统生态思想形成于传统的农业社会初期,那时人类认识自然、改造自然的能力还不够,因此不可避免地具有封建迷信倾向和忽略了人的主观能动性等局限性。为了使其真正成为新时代生态文明建设的有效资源,我们必须对中国传统生态思想在继承的基础上进行创新发展。

一、"天人合一"

在中国传统哲学思想中,"天人合一"概念指的是将"天"与"人"的关系归结为和谐、合和,亦为对立统一的哲学思维。因为传统哲学多有讨论天人关系的本体问题,且不论内容是否相同,普遍以天人达到和谐为结论。

"天人关系"是中国古代哲学的核心问题之一。但当人们一旦谈论所谓"天人关系",实则就已经把"天"与"人"之间的关系从内部割裂开来了,置天人为两端,把它们拆分为两个互斥的对象,仿佛"人"只是贴到"天"上去的一张邮票,是"天"的"他者",这不得不说是长期以来研究中的一大遗憾。文字考辨表明,"天"由"人"成,"人"在"天"中,两字同出一源,"人"本身就是"天"的一个不可或缺的组成部分。也就是说,儒学谈论天人关系之时,虽然更多地关注"天",以及从天而人的逻辑关系,但最终归结点却在于"人"。而且,人性、人道等命题虽然也是从天命、天道等命题的"延伸"中加以说明,但只是为了强调人的正当性、合理性,甚至是从地位的保障性角度来说明而已,并不是为了贬低人,是"通过天来衬托出人的形象和地位"。这并不是因此而否定人的地位,甚至儒家认为人在宇宙中才是占据着中心地位,天地万物莫贵于人。例如,《易传·说卦》中把天、地、人合称为"三才",把人与天地并立。《礼记·礼运》中说:"故人者,天地之心也,五行之端也。"《礼记·祭义》中则文说:"天之所生,地之所养,无人为大。"孔子说:"天地之性,人为贵。"[①]

"天人合一"的一个重要特征就在于其充分肯定了人的存在之于天地间的枢纽地位,强调人的种群生命所独有的创新精神与创造能力,此乃"天人合一"的核心精神所在。人于自然界之中生存繁衍,同时人又参与到参赞自然之化育的过程中,伴随着天地万物不断化育这一自然进程,人的精神生命相应地也不断地得到向上的拔擢与提升。《中庸》文本中"人"字出现有30余处。有以单字为词语表示实在个体的人,如"人莫不饮食也";也有和其他汉字组合成词来代表特定意义的,如"圣人"和"小人"的对举。《说文》注"人"曰:"天地之性最贵者也……象臂胫之形",段玉裁注之曰:"人者,天地之心也……唯人为天地之心"。可以看出,"人"本义乃是以人之形态为特征的象形字,其后衍生出了以人为"天地之心"的观念。《玉篇》注"人"字引《文言传》曰:"大人者,与天地合其德,与日月合其明,与四时合其序,与鬼神合其吉凶。""大人"可以被视作对于人的观念推至极致的表现,《易传》对理想的人的描述涵盖了道德、价值以及自然秩序等多个方面,因此以人为"天地之心"的具

[①] 郑玄,孔颖达.礼记正义,十三经注疏[M].北京:中华书局,1980:1424.

体体现就在于对于理想人格的各类具体规范上。

在儒家天人关系理论的发展过程中,天道自然观与天人感应思想始终交织在一起,既融合又斗争,共同保证了天的主宰地位,同时又重视人德,具有强烈的人文主义精神。在承认天是最高主宰的条件下,充满了人文主义精神的"天人合一"成为儒家处理天人关系的最终目标。《中庸》说:"天命之谓性,率性之谓道,修道之谓教。"三句话,把天、性、道、教四者联系到一起,成为一个统一的体系。实际上也就是把天和人联系起来,提出了天人合一的核心思想,只是这一思想在《中庸》中没有得到充分的阐述。然而,《中庸》首章从"天"出发来讲性命之学,后由"天道"下贯至"人事",这条路是中国哲学核心问题"天人之学"的一贯之路。……子思将人与天地合一之理称为中庸,此即为天人合一之理。[①]

《中庸》关于天人关系的观念基本上符合孔子以来儒家的天人合一思想。所不同在于,《中庸》以前的儒家思想中虽然有较多的天人合一论述,然而缺乏体系化。孔子虽然在多处谈到了天人相应的观念,然而对于天人之间的联系及其机制并未做系统说明,更多的是针对具体事件有感而发的"事件本体论"。其他儒家典籍中也有很多"天人合一"的表述,然而在究竟如何实现天人合一以及天人合一的具体表现上却莫衷一是。《中庸》一改儒家此前缺乏系统的形而上学体系的问题,明确将"诚"作为天道的最高本体,以致中和作为天人合一的最高目标,形成了以天人合一为特点的完整形而上学体系。

《论语》中记载,子曰:"天何言哉,四时行焉,百物生焉,天何言哉?"[②]天道运行、四季变换更替是永不改变的自然规律,天道哪里用得着说呢?它就存在于四季变换、万物生长的过程里。在此处连续两句的"天何言哉",强调了存在于天地万物中的自然规律是不可改变的,是一种不可抗拒的神秘力量,四季的交替、万物的生长都要遵循天道的规律,人只是这茫茫宇宙中非常渺小的一部分,人道必须遵循天道,才能延续生命,从而"生生不息";孟子提出"尽其心者,知其性也,知其性则知天矣",认为觉悟到了自己的本性,就懂得了天性,天性与人性是一致的;董仲舒在《春秋繁露》中将天人关系概括为"以类合之,天人一也",认为自然世界的天和人类社会为一类;北宋程颢、程颐在《二程集》中

---

① 徐小文.从"天人关系"角度解读《中庸》首句[J].文化学刊,2018(10):78.
② 陈晓芬,徐儒宗.论语·大学·中庸[M].北京:中华书局,2015:214.

写到"天人本无二,不必言合"①,认为天人本是一体,不必说合一。

道家之"天"则被指代为人类社会及万物规律之道义。老子作为道家创始人,他的"天"已经剔除了上古的人格神性,更偏向于一种在"道"的统摄下的自然之"天","人法地,地法天,天法道、道法自然",由此天以"天道"的形式、"自然"的方式,对人发生作用,"天道无亲,常与善人",道家发展到庄子,"天"已经具有了与"道"相似的统摄性,"马四足,是谓天;落马首,穿牛鼻,是谓人","天"在物为自然之本性;在人即无为之品行:"玄古之君天下,无为也,天德而已矣""无为为之之谓天"。②

与其"天"观相对应,道家所持为"天人合一"观,这也是古代中国天人观的主要论调以及传统文化的核心理念。以老子为发端、于庄子成形的道家"天人合一"思想是以"道"为统摄、以自然为原则,"天""人""道"一体的天人观,换言之,为"天人合道"。老子是最早将"天""人"关系归结为"和合"的思想家,他说:"道"的和谐统一就在于自然无为地归于"道",不论是自然的"天"还是"人",③都是最高自然规律的体现,也都要遵守"道"的原则,即"人道"与"天道"的合一。由老子至庄子,因为"天"的内涵得到了延伸,不仅包括了老子所指的自然之天,还代表了"道性",所以庄子的"天人合一"也具有了更丰富的内容。一方面,相对于老子,庄子更加抬高天的地位,在"天人合一"的中,更加强调"人"对"天"的"迎合","有人,天也;有天,亦天也。人之不能有天,性也",由此强调"人与天一"的天人合一观;另一方面,又常将二者做对比而论,进一步突出了"天""人"之分,如"与人和者,谓之人乐;与天和者,谓之天乐",虽有对人的自然地位过分压制的成分,但体现了"天"与"人"在对立、统一之中达到和谐的境界。

"天人合一"既作为道家哲学体系的核心概念,也作为道家环境伦理的基本理念支撑,其中起到核心作用的乃"天""人"整体观,这种人与自然的整体思维决定了道教关于人与自然关系的伦理取向。从根本上讲,道家的"天人合一"思想,乃至中国传统哲学的整体思想特征,目的都不在于人以外的客体的自然,而是对人本身价值和生存方式的探究。冯友兰认为,中国哲学"特别注重人事之故","重'内圣'之道",而

---

① 程颢,程颐.二程集[M].北京:中华书局,1981:2764.
② 王弼.老子道德经注[M].北京:中华书局,2011:196.
③ 郭庆藩.庄子集释[M].北京:中华书局,2013:368.

"对于宇宙论之研究,亦甚简略"。[①]不过,道家在内的古代哲学家在谈论人生哲学时,并没有将人与自然的关系放任到西方文化里二元对立的状态,而是坚持着"人"与"天"的合和追求,这也是西方环境伦理学发生"东方"转向的依据之一。

一般来说,不论是哪一家的思想,传统的"天人合一"观念都不能简单地归结为人与自然间的和谐性,刘立夫先生提出:若将中国传统的"天人合一"思想仅仅视为"人与自然的和谐相处",无疑是对其所做的"实用目的归约式处理"[②]。但是这种解释也确是现代社会所需要的理念,亦是传统文化发挥现代价值所需要的必要转化。在此基础之上,"天"就被泛指为自然界。"人"则为人类社会。而"天人合一"在道家环境伦理向度产生的意义是根本性、普遍性的。因为"天人合一"命题中的"合"本身具有辩证色彩,它不仅指两种元素的简单相加、结合,还含有相互协调、融合的意蕴,所以对于道家环境伦理的哲学意义也需做辩证分析:关于"天""人"和合的辩证关系,因为"天"大于人、人源于"天"的绝对性,所以首先应清楚的是"天人合一"概念中自然对于人类的意义,也就是"天"之于人。为自然界代名词的"天""天地",是人类生存不可或缺的客观条件,人生于天地,也长于天地,这是"天"对于人的绝对意义,也是道家"天人合一"涵盖的基本理念,即人对自然的依赖性。庄子在《秋水》中借北海之言表示:海洋在天地之中亦是"大山中的小石",而人只算是万物中的"马之毫末",足见人在自然中的渺小。不仅如此,人还必须求于天地之"谷食"才得以生存,庄子也说:"既受食于天,又恶用人?"更显现自然层面的"天"之于人类的意义。对于这一点,在道教思想中更为突出,道教最早的典籍《太平经》中:"天生人精,地养人形,使得长大,使得成就",所以人要"自知受天施恩,辄当报谢"[③]。不仅说明了人对天地的依赖,更明言劝告人类要对自然怀有感恩之心。道家对于"天地"自然重要性的认知和尊重奠定了道家环境伦理态度的基调。

此外,道家"天人合一"的中心乃"天""人"共合于"道",而实际唯有人能发挥主动性,"天"又常以"天道"被作为"道"的降维表现,因此

---

① 冯友兰.中国哲学简史[M].重庆:重庆出版社,2009:8.
② 刘立夫."天人合一"不能归结为"人与自然和谐相处"[J].哲学研究,2007(2):67-71.
③ 王明.太平经合校[M].北京:中华书局,2014:623.

"人道"合于"天道"是通向道家"天人合一"的必要道路。① 提及"人道",最现实的即人之道德,人之道德需尊重、顺应自然之道,庄子言:"主者,天道也;臣者,人道也"。"天"和"人"为臣君关系,也就是说,人之道德服从于"天"之道德在于情理之中。《老子》曰:"天下神器,不可为也,不可执也。为者败之,执者失之"②,从中不仅可以看出,"天"并非为人所任意为之的,还告诫人们要按照"天"的规律从事。这也恰恰是现代人在处理与自然的关系时所必需的环境伦理规范:尊重自然崇高性的同时,还要懂得顺应、效仿自然规律。这种将人的道德眼光向自然偏转的思维,即所谓"生态道德",其伦理向度与当代环境伦理学不谋而合。天人合一不仅包括"天""人"相互间的意义,关键还在于二者在辩证发展之中的动态和谐。"天""人"都处在连续的发展中,"天"的发展产生了人类,人类的发展也给"天"带来巨大的影响,因此自人类出现伊始,"天""人"二者始终是在相互作用中保持发展的。

二、"取用有节"

早在几千年前,人类生产力水平还十分落后的时期,人们就提倡控制自己的欲望,本着适度的原则去开发自然资源。儒家重精神修养而轻物质欲望,主张取用有节、崇尚节俭的生态消费观。也就是说,对于大自然的资源,索取要适度,使用要节约。孔子主张"节用"。③ 对于一个国家的君王,他要求君主要"节用而爱人,使民以时。"④ 这就是说君王要节约财政开支,要爱护官吏百姓,并且役使百姓时不能耽误农时。他还认为"君子惠而不费",即有道德的人会给别人带来恩惠和帮助,而自己却不浪费,体现了孔子重精神修养而轻物质欲望的生活态度。《论语·学而》中提道:"君子食无求饱,居无求安。"孔子说君子不要讲究衣食住行,吃的方面能够果腹就好,住的方面也不需要太安逸,体现了孔子对生活的态度。孔子还主张人们不要过度向自然界索取,而是要过节俭的生活,这也从侧面反映了他对于自然资源的爱惜。孔子一直很注重

---

① 杨欢.道家生态思想与西方环境伦理学比较研究[D].合肥:安徽大学,2021:11.
② 王弼.老子道德经注[M].北京:中华书局,2011:78.
③ 左雯雯.中国传统生态思想及其当代价值研究[D].株洲:湖南工业大学,2021:13.
④ 陈晓芬,徐儒宗.论语·大学·中庸[M].北京:中华书局,2015:9.

"礼",但他不主张礼仪活动的奢侈。林放曾问孔子为何,他答道:"礼,与其奢也,宁俭。丧,与其易也,宁戚。"[1] 孔子指出礼是反映人的内心情感和修养的,体现的是对人的尊重,而不是做给别人看的,因此不必停留在表面的形式上,节俭就好。孔子也不主张丧葬的奢侈,认为丧礼只要能够让人感情上发起哀伤就好。在此我们也可以看出孔子重精神修养、轻物质欲望的态度。春秋战国时期,战乱频繁,物资匮乏,孔子提出的"节用"主张和重视内在精神修养而轻物质欲望的观念有利于保护自然资源和生态环境,一定程度上缓解了人与自然日渐趋于紧张的关系;孟子在继承孔子"节用"主张的情况下,提出了"清心寡欲"的消费观。他认为要想保存善良的本性必须减少自己的欲望,对此他提出"养心莫善于寡欲"[2],主张君子应该减少欲望从而修身养性。从国家层面,孟子提出"易其田畴,薄其税敛,民可使富也。食之以时,用之以礼,财不可胜用也"。他认为一个贤能的君主必须做到"寡欲",在政策方面,让百姓种好他们的地,减轻百姓的赋税,这样才能使百姓安居乐业,在支出方面,要节约用度,这样才能保障国家财政收入。荀子也高度赞扬节俭的生活态度,从统治者的角度提出"强本而节用"的观点,提倡"节其流,开其源,而时斟酌焉",认为人们在大力发展农业、努力生产的同时还要节约使用,如果能做到开源节流,则可以国富民强。这种开源节流的生态消费观提升了古人对自然资源的开发利用水平。

　　道家同样主张节俭,反对浪费。老子从正反两个方面论述了节用的重要性。他认为,过多的贪欲于人有百害而无一利,"祸莫大于不知足,咎莫大于欲得",而"知足不辱,知止不殆,可以长久"[3]。老子认为自然界本身有一种保持平衡的方法,如果这种状态遭到轻微的破坏,它本身是可以自行调节的,但如果人的欲望不加以节制而破坏了平衡的限度,那么就会造成危险的后果。因此,人类要"知止知足",学会克制,本着适度的原则,合理使用自然资源,确保大自然循环发展。庄子在老子"知止知足"的基础上提出了"知止其所不知,至矣!",要求人们了解大自然所能承受的限度,并在大自然所能承受的范围内去活动,才是明智的。庄子还意识到人的贪欲和自然资源的有限性是一对难以调和的矛盾,因此提出"少私寡欲"的主张,希望人们能够减少自己的虚荣心和私

---

[1] 陈晓芬,徐儒宗.论语·大学·中庸[M].北京:中华书局,2015:9.
[2] 方勇.孟子[M].北京:中华书局,2015:301.
[3] 冯达甫.老子译注[M].上海:上海古籍出版社,2006:245.

欲,克制自己的欲望,与自然和平共处。

这些倡导以"俭"为德、"知止知足"与"取用有节"的消费观念,体现了古代思想家对待自然、生活的朴素态度,形成了卓越的生态智慧。这些生态智慧一方面提升了公众的内心修养和文化层次,丰富了人们的精神世界;另一方面减少了人类对大自然的索取,为人类的生产生活提供了物质基础,保护了自然资源的可持续发展,维护了生态循环的平衡和社会生活的和谐稳定,反映了可持续发展思想的萌芽。正如朱熹所言:"物谓禽兽草木,爱谓取之有时、用之有节。"这与新时代倡导绿色可持续的生态观念不谋而合。

三、"尊道贵德"

"道生万物""道法自然"以及由"德"引"道"构成了道家"尊道贵德"的生态内涵。"道"在道家、道教的观念世界中无疑是核心范畴,而"道"具体表现其核心统摄作用的方式即"生"万物。道在"生"万物的整个抽象过程中,充分发挥了其在道家哲学思想体系中的本源与本体属性,从而显示出道家思想所含的生态意蕴。

首先,"道"作为万物唯一之本源,且不分先后高低地化生为具体的万物,而道教思想体系中,又常以"炁""元气""一气"等元素作为"道"的形下指代者而完成"生万物",此间此后,都显示出人之于万物的同根性、亲密性。老子将"道生万物"描述为"寂兮寥兮,独立而不改,周行而不殆"[1]的抽象过程,庄子虽注重于"道"境界的心灵追求,但他的"道"同样承担了万物本源的作用,"未有天地,自古以固存;神鬼神帝,生天生地",且"于大不终,于小不遗"[2]。在道教典籍《老子西升经》中,更明确地提出:"天地与人物,本皆道之元,俱出于太素,虚元之始端。"以上可见,"道生万物"所要表现的是道家人与自然物同根、同源的生态观。物与人既已同出于大道,则不应该互相伤害,尤其是具有主观能动性的人类。以"道生万物"的本原论为哲学基础,道家形成了"天地物人"合于道的生态整体观,告诫人们对自然的掠夺与破坏也必然危害到人自身的生存,具有极其重要的环保意义。

---

[1] 王弼.老子道德经注[M].北京:中华书局,2011:66.
[2] 郭庆藩.庄子集释[M].北京:中华书局,2013:215.

其次,"道生万物"也使"道"在自然生成论中获得了本体性,具体而言:在逻辑顺序中,道生万物之后就于万物内作为本体存在,"道"在"生"万物之后,是以"在"万物而发挥作用的,换言之,在说明"道生万物"的本体意义时,将其称之为"道在万物"更为确切。老子言:"道大,天大,地大,人亦大。"在道的观照下,人与天地一视同仁,庄子描述"道在万物"为"以道观之,物无贵贱",以相对主义消除了人与物、物与物之间的一切差距。此外,"道在万物"的主要途径就在于"德",①如前所述,"德"是"道"普遍性、本体性的具体表现,"道生之,德畜之,物形之,势成之","道"生万物后,以"德"的形式存在于万物之中,因此天下万物"莫不尊道而贵德"。由此,"道"无差别地"生"万物后,在物以"德","生"体现的是万物的平等性以及内在价值观,而"德"的作用则是为物种至个体间的相对差距留有余地。

在这种价值观的基础上,道家思想为我们提供了平等对待万物的环保启示。"道生万物""道在万物",人与自然同根同源、平等和谐,人类能够从这个观念出发,认识并尊重自然物的内在价值,那么与自然的关系必然朝着积极循环的方向发展。老子尝言,"人法地,地法天,天法道,道法自然","道法自然"是道家文化的代表观念,也彰显了道家的根本精神。"道法自然"不仅仅是一种解释世界存在的本原论,还是寓于道家精神境界的价值观。于"道"的本原论中,"道法自然"描绘的是"道"的本质、"道"生万物的方式,以及万物之"德"对"道"和"自然"的实现。"道""德"之外,需进一步对"自然"有基本认识。

于物而言,老子提出"辅万物之自然而不敢为","自然"就是事物其本性,或言是"自然"让事物呈现出它具有的模样。王博认为,"'自然'的概念必然承认事物的自我肯定和确认",也就是说,事物是以自身为价值依据的,而非外部标准。《淮南子》中,更明确地说:"天致其高,地致其厚,月照其夜,日照其昼,阴阳化,列星朗,非其道而物自然。"那么万物禀受"道"而自生、自化、自成的根源与结果,其本质都是"自然"。另外,"道之尊,德之贵,夫莫之命常自然",事物尊道贵德的命理乃自然,而"德"又代表着事物的自身属性,因此在"道法自然"本原意义中,"德"既表现了万物"自然"而生的过程,又是"自然"实现的结果。

---

① 陈霞,陈云,陈杰.道教生态思想研究[M].成都:四川出版集团巴蜀书社,2010:160.

于人而言,"自然"还意味着人生的精神追求,而实现"自然"的途径,就在"辅万物之自然而不敢为",即"无为",人以无为的原则处世,能守于道而合万物,就是自然。"道法自然"就是要求人们约束自己的欲望,规范自己的行为,不对外物加以干涉。总体来说,"道法自然"在本原论上可以解释为:"道"不依靠万物存在而以"自然"为本质,化万物又不加干扰,使得万物得"道"而生以为"德",按各自的本性而存在发展。在此本原论基础上,道家形成了尊重万物的生态观,以及用"无为"待物的自然态度。"道法自然"在环境伦理的理论层面,不只是承认万物平等的自觉意识,还是以"不妄为"的负责态度去尊重、保护自然的环保方法论。"道"与"德"在儒家视域里呈现为社会的伦理规范,而道家理念中的"道""德"相对集中于本体论意义,并非直接面向人的概念,如张岱年先生所言:道家所谓道为天地万物的最高本原,所谓德是天地万物各自的本性,这与儒家有重要区别。但是,在道家看来,人类根源于本性的伦理原则是"道"下落到人的"德",这同样可以作为指导人行为规范的道德原则,因此老庄都反对儒家所建立脱离自然的、"刻意"的道德伦常,而要求回归淳朴原始的"德"。这里的"德"就由本体性偏向于道德价值。"人德",按照"道生万物"的本原理解,道化人在人之中所表现出的属性集合,这是一种普遍的解释;不过,对于人而言,其与万物的根本区别在于主观性的"心",有了"心"的存在,"人德"就具有了特殊性,如王楷先生言:"'德者,得也',人之得'道'是得之于'心','心'与'道'合则为有'德'。"因此,道家要求人调整自己"心",以修德、明德,从而达到对"道"的至高追求。按照前文对道家"德"的解释,老子的"德"除了本体意义外,主要显示了其修身治国的社会政治目的,如"上德不德,是以有德;下德不失德,是以无德",就是以"德"宣扬无为而治的社会理想。相对老子的"德",庄子"德"的含义更集中于个体的精神修炼,王博也认为庄子的"德","乃是对自己心灵的说服",可见庄子之"德"体现了道家之"德"的特殊性。而为达到"合于道"的境界,应以"性"修"德",且对天地间普遍规律的把握是明德之关键,即"明白于天地之德者,此之谓大本大宗"。按照老庄"德"的本原意义,以及庄子精神修养理念,可以得出"以德引道"在形上层面的实现途径为:通过对自身心性的修养、对自然万物之本性的认识,以明德、修德,而达到与道相通的玄德,最终实现人与道相合的境界。

于现实层面来说,道家的"以德引道"可以作为实现人与自然和谐的有效途径,其合理性在于:人与自然的冲突主要原因在于人对自身角色的错误定位以及对环境道德的缺失。马克思生态观之所以认为人在达到全面发展的同时即实现了人与自然的共同发展,是因为人类实现全面发展是以对自然规律全面、正确的把握为前提的。反之,为达到人与自然的和解,一方面必须认识自然,也就是对万物本性的认识与尊重;另一方面,人们还应该将道德关怀拓展至自然环境,只有在道德责任的意识形成后,人才会对自然付诸道德行为,这也是在环境保护事业中人所必修之"德"。综上,可将如今所言之环境伦理看作道家之"德"的词义之一,依据"以德引道",加强人自身修养以及环境道德规范的建设,以至于人合于自然的大道。

思孟学派根据孔子"性相近、习相远"的观点,认为"性相近"故可以"尊德性"(由率性而明道);又因为"习相远"故须"道问学"(由修道而知天)。《中庸》所谓"修道之谓教"偏重于"道问学",所谓"率性之谓道"偏重于"尊德性"。修道既基于天(天性),又归于天(天道),故曰:修道为天。[①] 所以,尊德性而道问学是《中庸》为了实现天人合一而提出的一项重要方法论原则,《中庸》中说,"故君子尊德性而道问学,致广大而尽精微,极高明而道中庸"。朱子评价此句为"大小相资,首尾呼应,圣贤所示入德之方,莫详于此",可见这一段的受重视程度。就《中庸》文本来看,"尊德性"之"性"即是首章所言"天命之谓性,率性之谓道"的"性",是指上天赋予人的本性。所谓"尊德性",即发扬先天所禀赋的道德意识,朱熹注释为:"尊者,恭敬奉持之意。德性者,吾所受于天之正理。"而"道问学"就是对"博学之,审问之,慎思之,明辨之,笃行之"的概括。"道问学",即"格物致知",追求关于万物的知识学问,通过对世界万物的认知学习来发扬自身内在的善端,是"自诚明"的过程。

"天"与"人"的含义在古代各类典籍中均可谓复杂多样,但原始儒家基于"德义"之"天"和基于"人禽之辨""大体小体"之"人"的关系,乃是经过哲学阐释之后的天人关系,属于"天人合德"[②]。儒家的"天人合一"既可以说是通过道德实践的方式以上合天意天心,同时"天"必然反馈人以道德秩序的回应。朱熹在《中庸章句注》中云:"德性者,吾所受于天之正理。"而郑玄在注解《礼记·中庸》篇时,说:"德性,谓性

[①] 黄玉顺.儒家哲学的"二句真谛"——《中庸》开篇三句的释读[J].中州学刊,1999(2):68.
[②] 白宗让,杜维明."圣之时者"与"天人合一"[J].中国文化研究,2018(8):3.

至诚者。"张载说："天大无外,故有外之心,不足以合天心。见闻之知,乃物交而知,非德性所知;德性所知,不萌于见闻。"王夫之则把历史观念引入"德性"概念。他说："德性者,天道也。""认为"德性"不是一成不变的形上观念,而是随着"天道"的变化在不断地发生变化。但王夫之又说："性以为德,而德即其性,故之为德性也明矣。"即认为,必须通过学习,人的"德性"才能从愚昧逐渐走向圣智。先秦时代,儒家提倡人伦主义,孔孟从伦理角度出发,将仁爱精神添加到"天道"中去,进而将"天人合一"思想道德化。儒家对"天"与"人"的解读超出(但未脱离)了"自然天"与"自然人"的范畴,进入了道德内涵的层面,所以"天人合一"也主要是从"德"的角度来实现的。朱子从道德性角度看待世界而言,圣人践行天理,是世间万物道德意义的标准,唯有圣人才能整顿不完善的天地,补天地之缺而建构完善的秩序世界。以圣人统合天地秩序,就是用义理之天的道德规范看待自然的器物,使之成为泛道德的意义世界。这个意义世界的生成,需要人以弘道,而非道弘人,人的价值得到充分的肯定,圣人的地位获得了极大的提高。

"尊德性而道问学"(《中庸》)正式形成了儒学内部主张德性与主张学问之间的二元张力,且延续至今。从源头上看,"尊德性"与"道问学"事实上原本是统一的。[①]宋代时尚且二者并重,明代是以"尊德性"为主导,清代是"道问学"为主流。百余年来"尊德性"与"道问学"相互扬抑,各有侧重,又不时出现断裂,时至今日,中国学界总体上仍倾向于"道问学"。"尊德性"与"道问学",看似两件事,实则是一事,即"其实只两事,两事又只一事,只是个尊德性,却将个尊德性来道问学"[②]。以理学范畴来看,尊德性相当于居敬穷理,道问学相当于格物致知。

朱子也承认尊德性是"极乎道体之大",这一点颇类似于象山所说的"先立乎其大",朱子也承认在致曲工夫中诚明之心的基础作用,且认为尊德性与道问学"两事又只一事,只是个'尊德性'。"[③]但是在道问学的问题上,朱子结合自身的治学经历,认为要达到致知就需要遍历万物。朱子反对佛教顿悟之学,强调治学过程的渐进与积累,因而格物的过程是一个"零细"的过程。象山治学历程与朱子不同,强调"立大本",反对支离破碎的"格物"而求一宇宙间的"定理"。朱陆二人之学各有

---

① 王凯.《中庸》的"天人合一"思想研究[D].延吉:延边大学,2019:27.
② [宋]黎靖德.朱子语类(卷四)[M].北京,中华书局,1986:1588.
③ [宋]黎靖德.朱子语类(卷四)[M].北京,中华书局,1986:1588.

侧重，朱子之所谓知主要包括对于外在事物的考究，含有客观的知识论成分，而象山所谓知，更多是道德意义上的知识。如果站在今天知识论的角度，则朱子的格物之说就有着非常现实的意义，在知识的角度上象山对这一点也是认同的。

尊德性与道问学的分歧某种程度上只是针对不同个体的治学经验而产生的。诚如"率性之谓道"与"修道之谓教"的不可分割一样，尊德性与道问学的工夫其最终目标都在于使人性能够上达于天道。这在本质上和"万物秉受天命之性"相同。

第三章

中国传统哲学思想与审美教育

2017年1月25日,中共中央办公厅、国务院办公厅印发了《关于实施中华优秀传统文化传承发展工程的意见》。《意见》指出:中华优秀传统文化积淀着多样、珍贵的精神财富,我们要传承发展中华优秀传统文化,大力弘扬有利于促进社会和谐、鼓励人们向上向善的思想文化内容。中国传统审美思想是古代中国人生活方式和情感表达中一个独有特色的方面,因此对中国传统审美问题的探讨和研究是积极响应国家方针政策、努力促进中华优秀传统文化现代转化的一种有益尝试,也对当代的审美教育提供了借鉴。基于此,本章就来分析中国传统哲学思想与审美教育。

第一节 中国传统审美理论与思想派系

艺术理论的发展必须适应时代的变化。传统审美理念对当代艺术的发展仍然具有很强的启发作用和重要的指导意义,不能摒弃、断裂、解构或推翻。艺术传统是艺术家与艺术理论家独创性视觉与创造性表现的基本因素,并发展成为一种内在的力量。这是西方思想家与中国思想家不谋而合的卓见。今天,强化道德建设,树立良好的社会风气和文艺声誉,仍要以圣人的文行标准来验证,这样才能在健康轨道上不断持续创新。

一、道家的自然审美理论

(一)崇尚"自然"

在庄子的自然审美思想中,自然居于核心地位,这主要是因为自然不仅仅是庄子哲学的基础,更是揭开庄子美学思想的钥匙。关于庄子的自然思想主要包含了素朴、自然而然、事物发展的规律等认识。关于庄子自然的内涵将从以下三个方面集中探讨。[①]

第一,包含着朴素的思想。朴素是庄子重要的自然审美观点,也是自然的一个重要特点。"朴"包含着纯朴、质朴、朴实的意思,指未经加工雕饰的存在状态,老子就曾指出,人应该"见素抱朴少私寡欲"[②],"朴素而天下莫能与之争美","道常无名,朴虽小,天下莫能臣也"[③],都是关于自然朴素思想的最好诠释。此外,面对自然界中所存在的美好的自然事物,它们的存在本来就是大美,但是人们总会为了自己的私利,为了展现自己的巧技,把高山夷为平地,把江河湖海掩埋,把长得笔直的花草树木按照人的心理需要随意扭曲、改造。

第二,包含着事物发展演化的规律。自然中本就包含着事物发展的规律,首先体现在"道"中,"天下万物生于有,有生于无",老子的这种认识显然是符合客观规律的,就现在的自然科学研究来看,自然宇宙诞生于一个奇点,这个点具有能量无限大、温度无限高、体积无限小等特点,关于这个点的存在其实完全可以忽略不计,即无。除了道之外,所有存在着的事物都无不遵循自身发展演变规律这个事实。

第三,体现着自然而然的思想。"自然而然"是自然内涵的核心,道的存在就是自然而然的存在,"夫道,有情有信,无为无形,可传而不可受,可得而不可见;自本自根,未有天地,自古以固存",道自然而然地存在着,不仅如此,而且道还自然而然地存在于一切事物中。

---

① 冉锐.庄子自然审美研究[D].昆明:云南师范大学,2020:15.
② 方勇.庄子[M].北京:中华书局,2015:207.
③ 汤漳平,王朝华.老子[M].北京:中华书局,2018:231.

（二）以"超功利"为核心

庄子的自然审美思想的核心特征就是超功利,无论是《人间世》篇中长在社中的栎树,还是《逍遥游》篇中的大瓠、大樗,对它们的利用都不是世俗性的,而是能够保全本性的无用之用,展现出了超功利性,是无目的的最高功利。在《人间世》和《大宗师》中庄子分别提出以"心斋"和"坐忘"的途径来完成对道的体悟。所谓的心斋就是"若一志,无听之以耳而听之以心,无听之以心者,而听之以气。听止于耳,心止于符。气也者,虚而待物者也,唯道集虚。虚者,心斋也",庄子的心斋就是要放下身体的感官知觉,放下自己的心灵感受,听任虚静来接受万物。

（三）以"无为"为关键

在自然审美过程中起着关键作用的是无为。无为,顾名思义就是在审美的过程中不去进行多余的作为,也就是什么都不需要做,唯一要做的就是顺其自然,放空身心,沉浸在对自然的审美中。

无为思想有着深厚的内涵,在《天道》篇中,"夫虚静恬淡寂漠无为者,天地之本而道德之至,故帝王圣人休焉",虚静、无为的思想是天地的准则和道德的最高境界,帝王与圣人都调息自己的心性,不使它忧虑。所以,这里的无为体现的是一种无心而为,是一种无目的的行为,这种行为舍弃掉了认为忧虑的成分,是一种超功利的自然而为的状态。

无为思想还包含着天人合一的思想"道常无为,而无不为",天道是经常不作为,却又无所不为的,庄子所强调的无为,是在抛开自己的认识,即抛开自己成心成见之后,随道而为。这种与道合一的无为思想即"以天合天":向内,朝着自己的自然天性回归;向外,则"遵从顺应自然大道本身非刻意有为的状态"。

二、儒家的生态审美

儒家不仅重视人的现实生存,而且非常强调人生存的形而上价值依据,"天人合一""生生之谓易""天地之大德曰生"即是其核心精神理念,它体现出来的是一种以生命关怀为连接点,涵盖人与自然、人与社会、人与人等多重关系的生态人文观。① 比较而言,儒家的生态审美思想更全面,尤其是孟子性善论,"亲亲、仁民、爱物"和"养气"说,即是将自然生态、人文生态和自我生态密切关联起来,打破了时空的限制,将"自然—社会—他人—自我"组合成了一条整体系统的生态环链。而且孟子对"乐"(审美体验)的追求,对"和"(审美理想)的向往等也贯穿在了自然生态、人文生态、自我生态之中,而这正是对中国传统生态审美思想的最好诠释。

进而来看,孟子的生态审美思想则可简单归纳为自然生态审美思想、人文生态审美思想和自我生态审美思想。所谓自然生态审美,即是强调自然和人是具有内在价值的共同体。这种"共同体"正是孟子自然生态审美思想的内在呈现,它一方面体现在人与自然的生命相通而呈现的美;另一方面也展现在人与自然的德行相通而呈现的美。所谓人文生态审美,则是通过自我德行修养的提升,以一颗仁爱之心来包容、促进人与社会万物的整体性、生态性的和谐。这种和谐,在孟子看来,是对精神愉悦感的追求所呈现出的独特的生命体验,体现出了对社会、万物的审美观照,包含着丰富的美学意蕴。所谓自我生态审美,则是从人与自我关系的角度来看,孟子以一种整体性、生态性的视域理解和审视了自我的心性存在,其中也尤为突出了人的身心和谐的重要性。诚然,主体的和谐也正是借助道德情感的升华和超越的过程中逐渐体悟到了美的境界和乐的体验。

与道家哲学思想相比,儒家哲学思想中更为重视人道的培养,通过感悟、爱物的方式来体悟天道,进而实现以人道体悟天道,属于"以天合人"的类型②。这里的"人道"正是孟子所认为的人所区别于禽兽的独特之处,孟子有言:"人之有道也,饱食、暖衣、逸居而无教,则近于禽兽。圣人有忧之,使契为司徒,教以人伦:父子有亲,君臣有义,夫妇有别,长幼有序,朋友有信。"(《孟子·滕文公上》,以下所出《孟子》皆注篇名)在孟子看来,所谓"人道"就是"人伦",即是指人与人之间的基本关系。

首先便指向了亲人或长辈,"亲亲,仁也;敬长,义也。"(《尽心上》)事亲敬长正是"五伦"关系中基于血缘因素所衍生的根本。随之,孟子便由血缘关系推及了非血缘关系的社会万物,所谓"亲亲而仁民,仁民

---

① 宋宁.孟子生态审美思想研究[D].曲阜:曲阜师范大学,2016:10.
② 佘正荣.中国生态伦理传统的诠释与重建[M].北京:人民出版社,2002:245.

而爱物"即是如此。故可以说"亲亲—仁民—爱物"体现了孟子哲学思想的核心内涵,三者层层递进,具有紧密的内在关联性。当然,要达到"亲亲、仁民、爱物"的境界,首先要重视个体的道德修养,提升自我的内在道德品质,塑造崇高的道德理想,这样才有可能实现人与万物和谐统一的理想境界。可知,孟子所欲践行的仁义之道也正是在人的道德情感活动中所呈现的。正是在此基础上,孟子将"仁义"作为人存在的价值本质,也是"人道"思想的核心和根本。例如,张岱年先生说:"仁是孟子所宣扬的最高道德原则,而孟子道德学说的核心则是仁义。"[1]

然不同于其他诸家学派的思想,孟子认为仁义之道的可能性即在于人之性善。换句话说,性善论是孟子思想的内在动力和理论基石。借助对孟子生态思想的哲学基础的描述可以看出,孟子(或儒家)哲学思想非常注重于培养主体内在精神,进而形成一股强大的内聚力(或向心力),将外在世界(人、社会、自然)纳入个体道德修养的生命关怀之下,以期在寻求个体道德完善和精神完满的过程中体悟到人与自然万物的内在一致与和谐统一。因而,对"和"理想的追求也体现出了主体内在生命精神的追求,故从某种意义上可以说,孟子崇尚道德修养,遵循"亲亲—仁民—爱物"的哲学理念,实质上是遵循"心之和—人之和—社会之和—自然之和"的内在逻辑,亦可理解为是在个体精神自由的前提下,实现"与天地参"的精神境界,进而获得一份独特的审美愉悦和美的享受。概而言之,道德修养所追求的崇高的精神境界即是一种审美的理想境界。故有学者将其称为是一种"美学式的哲学":"它把美学与伦理学合而为一,从道德情感中体验美的境界,这就是所谓的'乐'。……以乐为最高境界的情感体验,确实是儒家思想的重要特点,但乐必须和诚、仁结合起来,也就是把真、善、美结合起来,这才是儒家思想的根本特点。"[2] 无疑这也正是孟子生态审美思想的重要特点。

(一)自然生态审美思想

对人与自然关系的探讨,是孟子自然生态思想的核心内涵。孟子认为自然界的存在是一种整体性、生态性的存在,是有着内在的目的性的。这一内在目的即体现在自然所蕴含的"生生"的内在价值,所谓"生"

---

[1] 张岱年.中国古典哲学概念范畴要论[M].北京:中国社会科学出版社,1989:121.
[2] 宋宁.孟子生态审美思想研究[D].曲阜:曲阜师范大学,2016:24.

的目的性,是指向着完善、完美的方向发展,亦可成为善。善就是目的,因而可以说自然与人是具有内在价值的共同体。这种"共同体"正是孟子自然生态审美思想的内在呈现,它一方面强调人们应遵从自然物的自身发展演变规律("牛山之美"),保护它们的生长,这即体现为一种典型的自然生态美;另一方面也展现在自然与人的生命与德性相通("万物皆备于我"与"贤者而后乐此")而呈现的美。

孟子认为自然美在愉悦性情、陶冶情志的同时,也从自然中体会出人文的精神气息。有学者将其称为"生态化育"思想,指出"自然界中的景物具有一些优美的特质,以优秀的事物比附人的修养德性即是一种生态化育人的意识,由此建构仁义礼智之德性。"[1]孟子的自然生态审美思想即是承认自然界的存在有其自身的生命意义,强调人与万物是一个有机的生命整体。因而,人作为万物之"灵",也理应归于自然界的整体生命过程之中,并以其德性践行"爱物"的责任和义务,摆脱功利性因素的束缚,从而获得心灵的愉悦感,达到人与自然和谐交融的理想审美境界。故可以说,这种爱既是德性之爱,也是审美之爱,德与美是统一的。

(二)人文生态审美思想

孟子认为人是一种社会性的存在,"仁"或"仁义"正是人存在的精神支撑和内在动力,所谓"仁,人心也;义,人路也。"(《告子上》)所以,人理应不断提升自我德性修养,以一颗仁爱之心来处理人与人、人与社会、人与自然之间的关系,实现人与社会万物的整体性、生态性的和谐。这种和谐在孟子看来,是对精神愉悦感的追求所呈现出的独特的生命体验,体现出了对社会、万物的审美观照,包含着丰富的美学意蕴。

在孟子看来,"乐"是经由仁义而生的,故以仁义自居的君子也必然是快乐的。孟子曰:"君子有三乐,而王天下不与存焉。父母俱存,兄弟无故,一乐也;仰不愧于天,俯不怍于人,二乐也;得天下英才而教育之,三乐也。君子有三乐,而王天下不与存焉。"(《尽心上》)显然,孟子对"君子三乐"的阐述体现出了对"孔颜之乐"的继承,寄寓着孟子对理想人格的追寻,呈现出一份普遍性的人文关怀。君子这"三乐"内在承载着亲情之乐、修养之乐和教化之乐三个层面。

---

[1] 蒙培元.从孔、孟的德性说看儒家的生态观[J].新视野,2000(1):60.

孟子的"三乐"是以仁义为根基，进而实现与亲人、他人之间和谐相处，并于和谐之中体悟出一种独特的美的享受和乐的体验。这也正是孟子人文关怀的基石，在此基础上，孟子又对人类生存家园提出了美好的期许，亦即要实现与百姓同乐，实现社会的整体性、生态性的和谐。

（三）自我生态审美思想

从人与自我关系的角度来看，孟子以一种整体性、生态性的视域理解和审视了自我的心性存在，其中也尤为突出了人的道德修养的重要性。这里的道德修养是一种艺术化、诗学化的道德哲学，是审美与道德的合而为一[①]。主体也正是在借助道德情感的升华和超越的过程中逐渐体悟到了美的境界和乐的体验。换言之，只有道德上充实、完满了，才能体验到真正的人生之乐。这里的"乐"也不单纯是"好、恶、喜、怒、哀、乐"的情感之乐，而是经由主体的道德自觉和审美体验的密切配合所感悟到的本性的快乐，是"万物皆备于我"的"大乐"。孟子言："万物皆备于我。反身而诚，乐莫大焉。强恕而行，求仁莫近焉。"（《尽心上》）可知，乐行求仁之道正是孟子所倡导追求的崇高的道德修养，也正是呼吁人们要自觉地去践行自我的生态本性。但这并非一种形而上的经验性的观念描述，而是将其融入了具体的理想人格追求的过程中，这便是孟子的"自得之乐"思想。孟子有言："君子深造之以道，欲其自得之也。自得之，则居之安。居之安，则资之深。资之深，则取之左右逢其原。故君子欲其自得之也。"（《离娄下》）孟子所说的"自得"是指人的理想道德人格修养的境界而言，如朱熹所释："言君子务于深造而必以其道者，欲其有所持循，以俟夫默识心通，自然而得之于己也。"做到了这一点，也就获得一种独特的审美体验，进入自由自觉的精神境界，这正是"自得之乐"的审美境界。例如，孟子在向"好游"的宋勾践解释如何保持乐观的态度时，他说："尊德乐义，则可以嚣嚣矣。故士穷不失义，达不离道。穷不失义，故士得己焉；达不离道，故民不失望焉。古之人，得志，泽加于民；不得志，修身见于世。穷则独善其身，达则兼善天下。"（《尽心上》）所谓"嚣嚣"，赵岐注为"自得无欲之貌也"[②]，简言之，就是自得其乐的样子。不管是贫穷还是不得志时，都应始终保持一种积极乐观的精神姿态

---

① 蒙培元.理性与情感[M].北京：中国社会科学院出版社，2002：32.
② 李学勤.十三经注疏·孟子注疏[M].北京：北京大学出版社，1999：355.

和豁达的审美胸怀。这种自我道德修养的培养,也让君子体悟到独特的精神享受,产生一种"乐天"的审美境界。

第二节 中国传统哲学思想中的生活审美论研究

中国人有拿得起、放得下的生活情调,有自然从容、舒泰闲适的人生哲学,有重视人世人情之生命情怀,有与自然亲和安适的宇宙意识。这些形成了中国古代审美的生活方式和生活态度。这种审美的生活方式注重在细微之处体验万物之情怀,注重在世间琐碎平凡之事中发掘生命之意义和价值。

一、秩序规范性

儒家文化本质上是一门关于"秩序"的学问。章太炎经过考察后在《原儒》中论及"儒"原写作"需","需"是求雨的巫师;胡适在《说儒》中说儒是"殷民族的教士",以"治丧相礼"为事;马王堆汉帛《易传·要篇》中载孔子说,"吾与史、巫同涂而殊归也";《说文解字》解"儒"为"术士之称"。上述引文均指出儒与巫师的亲缘性。[①]

巫师崇尚秩序感。他们经常主持祈雨、治丧等各种活动,这些活动的神圣需要通过一定仪式化的动作、唱词、言语、装饰等体现。这些仪式化的说、唱、舞逐渐强化着巫师对秩序美的体验,仪式是秩序的象征和暗示:色彩、方位、次序、服饰、乐舞、牺牲,这些"物"可带领参与者进入一个超越的秩序井然的世界。

这一世界具有类宗教性和类审美性。神话传说时期的巫师转变为部族首领后便有意识地强调秩序之美。中国上古时期黄河、长江流域部落众多,为争夺水美草丰之地大小战争连年不断,连年不断的征战促成了人们对安稳生活的渴盼,安稳的生活需要规则和秩序维持,以有序为美遂成为上古时期人们普遍的审美意识。

---

① 张翠玲.古代中国生活审美论[D].西安:陕西师范大学,2017:53.

秩序之美在等级社会中便具有了等级性。中国古代社会主要是宗法制的奴隶社会和封建社会。宗法制其核心是以宗子为中心,按血缘远近来别亲疏远近。名分地位是亲疏远近、尊卑等级的集中体现。祖先崇拜也是宗法制度的典型,祖先在文化中的主要功能是维持秩序。祖先崇拜和重视宗子共同决定了个体在群体中的名分和地位。名分地位含义抽象,需通过生活日用品的使用和人际交往的规范来体现,这些体现又使日常生活的审美实践带有了的秩序等级性:明堂宫室方面,礼制规定帝王可用九间殿堂,公侯厅堂则为七间或五间,一品、二品厅堂为五间九架,三品至五品厅堂为五间七架,六品至九品厅堂为三间五架;服饰方面,黄色、龙纹为天子专属,红色、紫色、蓝色亦属尊贵之色,青色、绿色则为卑贱之色;舟车方面,骑马、乘车、坐轿均属王侯特权,士商贱民不得用之,如赵匡胤下诏令曰,"大小官员相遇于途,官级悬殊者即行回避,次尊者领马侧立,稍尊者分路行";言语方面,中国亲族称谓可谓世界各民族烦琐详细之最,繁多的亲族称谓主要的用途是区分身份、关系和等级,父系一族高于母系一族,嫡系高于庶出是基本的身份秩序区分。当然,不仅活人有秩序等级,死人也有。人死下葬,从吊唁、服饰到祭品、安葬方式,服丧时间均有严格的秩序安排。身份地位不同,死丧仪式各异。丧礼之隆重虽有与死者告别表达难以离别之情之原因,但更重要的是通过这些规范给生者以秩序教化。祭天敬祖、国家结盟、诸侯朝聘、军事外交等方面对各级人等也皆有严格的秩序规范。这种秩序规范主要为封建等级制服务,所以在多数情况下规模大小和审美主体的社会地位和身份成正比:身份地位越高,生活审美的规格和程度也就越高,反之亦然。尽管如此,这种种限制和规范却给人以齐整有序、规范合度的美感。

(一)日常器物美

天子的笏板是用晶莹剔透的玉做成的;诸侯的笏板是用象牙做成的;大夫的笏板是用竹子做成的,用蛟须装饰笏侧;士的笏板也是用竹子做的,没有任何纹饰。天子的笏板称之为挺,是方形的;诸侯的笏板被称之为荼,形制为前圆后方,其目的是提醒诸侯应尊敬天子;大夫的笏板形制为前圆后圆,其目的是提醒大夫应谦恭屈让。

天子和诸侯的箭靶是用皮革做成的,大夫、士的箭靶是用布做成的。天子射礼时所用的箭靶上面画着用白色的熊的图案。熊同蜥蜴、蟾蜍一样是先民精神世界里能起死回生的力量的象征,是等级最高的;诸侯用的箭靶上画着朱红色的麋鹿;大夫的箭靶上用红色画着虎或豹;士的箭靶上用红色画着鹿或猪。

(二)衣着服饰美

日常所用器物的审美有严格的阶层限制,房屋、服装、仪式、车马等皆有严格的秩序。

天子的冠用朱红色的丝织冠带;诸侯用彩色加穗的丝织冠带,诸侯斋戒时,冠上配以丹红色丝织冠带;士人斋戒时,冠上配以青黑色丝织冠带。天子佩戴纯白色的玉用黑青色组绶,诸侯佩山青色美玉用朱红色组绶,大夫佩水苍色美玉用黑色组绶。天子的太子、诸侯的太子佩美玉用彩色组绶,士佩以玉般美石用赤黄色组绶。穿玄端服饰时,天子的蔽膝是朱红色的,大夫用素白色,士则用微黑色。补服是服饰秩序规范性的典型代表。补服是在前胸及后背缀有用金线和彩丝绣钍俥成的补子的官服。明清时期的补服是为代表。

服饰中最受人们重视的是吉服和凶服。吉服和凶服被划分为五个等级,即五服。吉服的五服,是天子、诸侯、卿、大夫、士在隆重的祭祀场合穿着的用以区分尊卑等级的五种服饰。

只有天子的衣裳上可用十二章纹;公只能用山、龙以下的章纹,即九章;侯伯只能用华虫以下的,即七章;子男上衣不可有章纹,只能在下裳上绣藻火等五章纹;卿大夫则只能在下裳上绣粉米、黼、黻三章纹。互不相识之人一望服饰即可知尊卑等级,所以《周易·系辞下》说,"黄帝、尧、舜垂衣裳而治天下",帝王只需拱手而立,社会便能秩序井然。

礼制规定周天子的冕冠前后各十二旒,用玉二百八十八颗;用朱红色丝织冠带与玄冠相配,朱红色的蔽膝,天青色的丝织腰带佩戴白色的玉,脚登赤舄。蔽膝、白玉、赤舄均雕刻着繁复、华美、精巧的纹饰,与华丽的色泽、上好的质地共同营造着天子的堂皇威严之美。等级低的贵族士,其玄冠前后只有三旒,用青黑色的丝织冠带与玄冠相配,衣服上只能绣一黻,赤而微黑色的蔽膝。赤黄色的丝织腰带只能系美丽的石头。

(三)房屋美

房屋审美的秩序性主要体现为房屋宫室的大小多寡,房屋体积越高大房屋数量越多就越美。所以"天子七庙,诸侯五,大夫三,士一……此以多为贵也"(《礼记·礼器》卷十),"天子之堂九尺,诸侯七尺,大夫五尺,士三尺;天子诸侯台门,此以高为贵也。"(《礼记·礼器》卷十)历朝历代的皇宫,中轴线上永远是天子所用之所,无一例外是整个建筑中最高大的者。三宫六院在全国上下数量也最多。高大繁多彰显着天子之尊。厚重而数量繁多的梁柱和斗拱,金色的琉璃瓦、朱红色厚重的宫门,飞檐上雕刻着的九兽,无不昭显着天子之贵。杜牧《阿房宫赋》中这样描述古代帝王宫室之奢美:"五步一楼,十步一阁,廊腰缦回,檐牙高啄,各抱地势,勾心斗角。"虽有文学润色之笔,但文学源于生活,亦可想见宫殿之华美。

房屋审美的秩序性在民居中也有体现。四合院为中国民居的典型样式,其不论几进几出,正中之堂屋必定是坐北朝南,形制高大,可有房檐,可以上挑,堂堂正正、气宇轩昂,体现尊者、长者、嫡者不可撼动之地位。东西厢房和耳房则格局较小,一般没有房檐,即使有也较低矮,或下垂,有低眉顺眼、逆来顺受之感,以体现卑者、幼者、庶者遵从之序。

房屋大小和房屋数量是以秩序规范为美的审美意识的反映,屋顶形式也可体现以秩序规范为美的审美意识。中国古代房屋可分为四面坡檐组成的庑殿式,由坡檐和直三角组成的歇山式,由垂直墙体和出檐屋顶组成的悬山式,由垂直墙体直托屋顶的硬山式几种样式。屋顶本身又可分为单檐式和重檐式。庑殿式和歇山式的重檐一般为皇室贵族或官署衙门府第所用,阔大而有气势,是皇族力量和官府威严的物化显示。单檐的悬山式和硬山式多为底层民众所用,实用质朴齐整,是民众生活审美意识的反映。

房屋大小数量、房檐款式的使用严格遵守着秩序伦常,和左右对称的布局、封闭式的院落一并构建着秩序井然、尊卑有序、规范严谨的生活空间,有窒息感,但同时又给人以安全、稳定、踏实之感,安全、稳定、踏实的情感需要的满足正是古代中国现实生活审美的主要情感特征。

(四)乐舞美

乐舞有一定的审美迷幻性,所以上古时期人们在祭祀和日常生产生活中就有歌舞相伴。河南舞阳湖遗址墓葬中发掘的距今8000年左右的骨笛,浙江余姚河姆渡遗址中发现的距今7000~5000年的骨哨,山东莒县大米村出土的距今5000年左右的陶号角,青海民和阳山出土的距今4500年左右的彩陶鼓等,均昭示着"乐"在我国上古时期的重要地位。夏启操翳持环,乘龙腾云表演《九代》《九歌》《九韶》,夏桀有"女乐三万人"、有"大鼓、钟磬、管箫之音",商时"殷人尚声",管箫悠扬、鼓号铿锵,音乐与人们的生活朝夕相伴。

二、伦理道德性

(一)"以善为美"

康德说美是道德的象征。美的伦理道德性和美的政治性并不削弱美的纯粹性和独立性,反而以此强势地诉说着美对现实强大的介入性。艺术审美侧重审美性,生活审美兼有实用性和审美性,这正是生活审美区别于艺术审美的关节所在,也是生活审美现实性的突出表现。

中国古代文化中的道德与美关联紧密:善、美均与"道"有关,行道为善,道具有现实功利性;乐道为美,美虽具有超越性,但仍以现实功利为其基础。行道和乐道的现实功利性使"善"在中国传统中始终处于比"道"和"美"更高的位置。许慎《说文解字》中"美"被释为"美与善同意"。唐徐铉则释为"羊大为美"。大羊、肥羊何以为美?因为大羊、肥羊可以给人们提供更多肥嫩鲜美的羊肉。先秦时期,食肉是件奢侈的事情,中小贵族平时能吃到的肉食多为狗肉、飞禽等,节庆时节才能吃到猪肉。猪在先秦时代属于一个家庭中最重要的财产,人们对猪视之若宝甚至专门给它盖房子进行饲养。"家"为宝字盖底下一头猪,有猪就意味着有家,可见猪对于中国古代普通人家的重要意义。

羊是比猪更高一级的肉食,中小贵族要在非常之日才能吃到羊肉。与地处热带、亚热带的其他居民相比,主要区域为温带的中国人在远古时期生存要更为艰难,能吃到羊肉被认为是生活中极其美好的事情,有大羊、肥羊意味着有更多鲜美的羊肉食用,以实用为美即是生活审美。因此,中国早期的美就和味觉、嗅觉等安乐享受生理欲望满足(善之初始意"有用")的关联异常密切。伦理之善虽不同于实用之善,其根源和基础却在实用之善。

从深层文化机理讲,中国古代认为唯善为大,善可以赋予生活和世界以和谐、秩序和真实;无善,美与真就会漂浮无根。和康德一样,中国传统文化主流之一儒家认为道德是先验的。所谓先验,就是先乎经验之意,先验原理不必要经验来证明。孔子之仁、孟子之善均为先验的德性原理。这种先验的德性原理之践行完全依赖于自身,因为"仁""善"均

为与生俱来。"我欲仁,斯仁至矣。"诉诸本性直觉,我们就可知善断恶,所谓"不学而能,不虑而知"。(孟子语)

(二)人格美

"君子"原是对地位尊贵之人的称呼,主要指其社会角色。但西周伊始,人们认为地位尊贵者德行也应高尚,"君子"的含义便转为对地位尊贵德行高贵的人的称呼。历史上地位尊贵德行低劣者层出不穷,所以"君子"之意再次转指"德行高贵者"而逐渐忽略掉了原初"地位尊贵者"的内涵。"君子"之人格美主要表现在三个方面。

一,从内质讲,君子需有仁德爱民之心,有持守信义之念。"君子怀德,小人怀土""君子谋道不谋食""君子之言,信而有征""君子喻于义,小人喻于利"(《论语》)。德性上有自主性和坚定性,德性之美是君子的必要条件。中国传统社会尊重有德之人和有学问之人,所谓"尊德性、道问学"。在这二者中,又以德性为先。君子本身即目的而非手段。君子之美重在内修,其内心是自洽而完整、美善相合的。

二,从外形讲,君子要风度翩翩,威仪棣棣,即"莫不令仪""既见君子,乐且有仪""文质彬彬,然后君子"。

三,从性情讲,君子温厚谦逊,和善稳健。《诗经·小雅》中有"君子乐胥,受天之祐""既见君子,孔燕岂弟",《周易》《乾》卦中说"君子终日乾乾""夕惕若"。"乐胥""岂弟""乾乾""若"均着力指向君子平易友善,亲切温和的秉性。概言之,"君子义以为质,礼以行之,孙(逊)以出之,信以成之,君子哉!"(孔子语)

君子是中国古代社会理想的男子形象,淑女则是中国古代社会理想的女性形象。《诗经·关雎》中有"关关雎鸠,在河之洲。窈窕淑女,君子好逑。""淑女"和"君子"对举,是为中国理性人格美的代表。"窈"意指含蓄、温柔、文静,"窕"意指迷人、温雅。"淑女"就是温柔、娴雅、文静、妩媚的女子。"淑女"虽多指未婚适龄女性,但不能将之理解狭隘化。中国古代社会对女性的伦理要求是"三从四德",做到"三从四德"的女性形象表现即为"淑女"。"三从"的女性是孝女、贤妻、良母。"三从"的核心是女子要有自我牺牲精神,为父、为夫、为子而活,为家族而活。如此高的道德标准,极类似于美学上的崇高美。古代中国的一些女子心甘情愿让丈夫纳妾,在丈夫不情愿纳妾的时候竭力劝说丈夫纳妾,甚至还私下帮丈夫买妾。现代学者多以男权主义来解释这一现象,视之为女性受压迫的实例。暂且将"主义"和"封建性"此类词汇搁置,古代中国女性这种深切博大的爱绝非将"自我""个体"置于首要地位的现代人所能理解。"四德"要求女性要谦恭、柔顺、坚贞(女德),穿着要大方整洁、适宜合度(女容),说话要字斟句酌、言语得体(女言),家庭生活要勤于纺织、刺绣、厨事等,勿于嬉戏玩闹间浪费光阴(女工)。表层的"三从四德"因着与封建男权的血肉联系理应遭到唾弃,但内在深层的牺牲精神、谦恭温雅、穿着得体、言语合度、勤勉上进等,很难说现代社会的独立女性就不应该学习。

第三节 中国传统哲学思想中的审美人格教育

中国传统教育哲学十分关注人格问题,不仅关注人之为人在体质上的"成人",也智及礼仪上的"成人",而且关注人之为人的人格的完善,包括人之为人在德行和灵性的成熟与完美,即成人人格的审美化。孔子视"智、仁、勇、艺、礼、乐"六个方面为审美人格的重要标志。具体来看,中国传统审美人格教育思想主要体现为如下几种人格。

一、崇高人格

崇高人格是指境界高蹈,心胸辽阔,情操高洁,道德卓绝,是"穷则独善其身,达则兼济天下"的圣人胸怀,即"内圣外王之道",是通过内修的济世功用,以实现个人理想和达济社会的政治理想,进而达到"王道"这一中国传统教化思想。[1]"内圣"就是修身养性,使人成为一个道德高尚的圣人;"外王"就是"齐家、治国、平天下"。

二、仁爱人格

孔子说"仁者爱人",即人与人之间要互相尊重、互相帮助,要有同

---

[1] 樊雪平.中国当代成人审美人格建构研究——基于我国传统教育哲学的视角[D].太原:山西大学,2014:9.

情心,对父母要"孝",对兄弟要"悌"。他认为"孝弟也者,其为仁之本",把孝悌作为"仁"的基础。要实践"仁",首先要从孝敬父母、尊重兄长做起,即从家庭日常生活中上敬下和做起。推而广之,"泛爱众而亲仁""克己复礼为仁""恭、宽、信、敏、惠"之谓"仁",并且还要求对人一视同仁,"无众寡、无大小、无敢慢",具有仁者情怀的君子,其情感是"己欲达而达人",由"爱己"而扩展为"爱他",使"小我"从单个孤立的状态中走向"大我"。"仁"作为人格修养的内在依托,是人的生命价值和意义的最高标志,仁爱精神是人格美的本质,仁爱人格是审美人格的重要内容。

三、恬淡人格

恬淡宁静是人生的一种审美情趣,是一种超脱尘世,无思无虑,虚怀若谷,不求名,不求功,不求利,也不求德行与才智,但求温饱而不追逐声色之娱,摒弃物欲的诱惑而保持安定知足。老子的恬淡人格表现为恬淡寡欲,保全守真,本真自然,返璞归真。老子从"道法自然"的思想出发,主张见素抱朴,少私寡欲,提倡质朴,反对虚饰,以此唤醒人们摒弃物欲生活,保持内心清净,恢复人性固有的天真。《老子》第二十八章说:"常德不离,复归于婴儿。"第五十五章又说:"含德之厚,比于赤子。"在老子看来,赤子和婴儿之心,是没有经过异化和感染的,是最纯正的人性之美。《老子》第六十六章:"江海之所以能为百谷王者,以其善下之,故能为百谷王。是以圣人欲上民,必以言下之;欲先民,必以身后之。是以圣人处上而民不重,处前而民不害。是以天下乐推而不厌。以其不争,故天下莫能与之争。"

第四节 传统审美教育思想对当代审美教育的启示

在辉煌灿烂的中华文明历史进程中,涌现出无数卓著的代表学派和人物,以儒家、道家等为代表的学派可谓是中华历史发展中鲜明旗帜,他们的思想博大精深,影响深远,意义重大。儒家、道家等派别的美育思想就是博大精深的传统哲学思想体系中具有鲜明特色的代表之一。他们的美育思想体系完整、内容丰富、影响巨大,它承前启后、继往开来,为中国美育思想的发展做出了卓越的贡献。

一、美育的具体内容

(一) 德教

从各代表人物所提出的美育目的我们不难看出,他们都十分重视对人道德品质的培养和人格修养的陶冶,因此德教作为美育思想体系的重要内容被儒家人所重视和推崇。[1]

儒家美育思想的创始人孔子就十分重视道德教育,他认为道德教育是通向"仁"的境界的重要途径。孔子说:"君子之德风,小人之德草。"(《论语·颜渊》)因此,他提倡"见贤思齐焉,见不贤而内自省也"(《论语·里仁》)。孔子认为,通过道德教育,不仅可以使个人的道德品质和人格修养得到提高,更重要的是道德教育具有十分重要的社会教化功能。孔子认为通过道德教育的社会教化作用,可以使礼仪行为准则深入人心,变成人自然而然的道德追求,从而使美德的养成过程成为一个自然生成而非刻意约束的过程。此外,孔子还强调要广施仁政,追求"道之以德,齐之以礼,有耻且格"(《论语·为政》)的政治思想,足可见他对道德教育的重视程度。

孟子继承了孔子对道德教育的观点,并且对道德教育思想进行了极大的发展,他明确提出了"德教"的概念,"故沛然德教溢于四海",同时还强调要"教人以善"(《孟子·滕文公上》)。孟子从不同方面,完整地论述了德教的重要意义。首先,他和孔子一样,认为德教是培养人才的重要手段。前文中已经论述了孟子实施美育的目的,孟子认为实施美育就是为了培养仁人志士和真君子,所谓真君子自然是道德十分崇高的人。因此,实施道德教育是美育的重中之重。孟子认为,应该普遍提高人们的思想道德素养,才能为社会培养发展所需要的人才。其次,孟子认为道德教育也是行仁政的重要手段。这点同样继承和发扬了孔子的思想。国家的长治久安一直是孔孟追求的政治理想和目标,而这一目标的实现不仅要求广大民众具有较高的道德修养,更加对统治者提出了极高的要求。孔孟二人都大力提倡统治者要行仁政才能得民心。孟子

---

[1] 聂苏.先秦儒家美育思想研究[D].长春:东北师范大学,2013:20.

说:"以力服人者,非心服也,力不赡也;以德服人者,中心悦而诚服也,如七十子之服孔子也。"(《孟子·公孙丑上》)这也就是说,以刑法治天下,百姓虽表面归顺,实则不会心悦诚服,只有以仁德治天下,才能得到百姓的信服和爱戴,如此一来,国家才能够安定,统治者才能有力地维护自己的政治统治。最后,孟子还认为,道德修养达到了最高境界时也就是审美的境界。孟子强调"充实之美",这是一种善与美结合的思想,孟子认为,美就是善的最高境界,也就是道德修养的最高境界,如果一个人的思想道德水平和行为举止达到了美的程度,那么也就可以说他的思想道德是高尚的,也就是孟子所追求的培养真君子的美育目的。孟子对德教的理解十分深刻,为儒家德教的发展做出了突出的贡献,他的乐教和诗教等美育思想也都是在此基础上展开的。

德教思想在荀子的美育思想中主要体现在对人性的改造上。因为荀子认为人性本恶,所以后天的道德教育在人的发展中就显得尤为重要,只有通过道德教育和人格修养的陶冶将人先天的本性中那些恶的东西向善的方向引导,才能最终达到培养人才的目的。

(二)诗教

诗歌作为我国古典传统文化的重要组成部分,在儒家美育中占有极高的地位。孔子就曾说:"诗可以兴、可以观、可以群、可以怨。"足可见其对于诗歌的重视程度。所谓可以"兴",是指诗歌对于人们具有十分重要的启发作用。"子谓伯鱼曰:'女为《周南》《召南》矣乎?人而不为《周南》《召南》,其犹正墙面而立也与!'"(《论语·阳货》)这段话极为形象地强调了诗歌对于人的作用,如果一个人不学诗,那么就犹如"正墙面而立",完全处于一种蒙昧的状态,只有通过诗歌的启发和引导,人才能受到教育和感染,从而认识美,理解美,树立正确的审美思想,培养完善的审美人格。所谓可以"观",是针对诗歌的认识作用而言的。孔子认为,通过对诗歌的学习,可以使人更好地认识社会的政治、经济、文化、风俗、情态等,同时孔子所谓的"观"并不单就诗歌的内容而言,他更加希望学诗者可以透过诗歌的具体内容领悟到其中所反映的深远意义。所谓可以"群",是指对诗歌的学习有利于更好地与人交流,使人与人的关系更加密切,从而使社会更加和谐。诗歌之中包括了大量的关于人际关系和社会礼仪规范的内容,因此学习诗歌的过程也是学习社会伦理的过程。所谓可以"怨",是指借诗歌可以抒发人们对社会的不满。孔子是提倡人们抒发"怨"的思想感情的,他认为,通过读诗可以使人们将自己心中抑郁的情感释放出来,从而使内心更加平和,这样不仅有利于个人性情和道德修养的陶冶,也有利于社会的整体和谐。总之,孔子认为诗教具有十分重要的社会意义,是美育当中十分重要的内容。

孟子和荀子都继承了孔子重视诗教的美育思想,不同的是孟子主要是通过对诗歌的引用来体现其对于诗歌的欣赏和重视,多为证明自己的美育观点和政治主张,主要是为其政治教化思想服务的。而荀子则十分推崇经过孔子所改编的《诗》《书》《礼》《乐》《春秋》等经典,并且认为作为君子应当博采众长,学习人类这些丰富的文化遗产。在荀子看来,诗的主要作用是"言志"。通过学习诗歌,可以抒发人的情怀,培养人的意志情感,最终达到"明道"的目的。荀子提倡以诗歌寄情,但是这种情不是没有限制、随心所欲的,在这一观点上,儒家诸位代表人物都表现出一致的看法。孔子就曾说,《关雎》乐而不淫,哀而不伤",可见孔子所主张的借诗抒情也是"发乎情,止乎礼",而荀子主张"诗者,中声之所止也"(《荀子·劝学》),也是强调应做到以礼制情。总而言之,儒家美育思想所强调的诗教最重要的目的仍然是通过诗歌使人们的思想感情得到有理智的抒发,从而使人的心态更加平和,最终达到社会和谐的目的。

(三)乐教

儒家学派十分注重艺术美对于人格修养的感化作用,因此他们将乐教纳入美育并将之发展为十分重要的美育内容和形式之一。孔子就首先提出了"成于乐"的观点,孔子认为君子是由音乐而成就的,可见其对于音乐教育的重视。也就是说,如果君子不以音乐来修身就不可能成为一个真正意义上的君子。因此,孔子借实施乐教来培养人的健全人格。孔子还说:"杀鸡焉用宰牛刀?"在孔子看来,治理一个小小的武城根本不需要用音乐,这就从另一个方面证明了孔子对乐的重视,在他看来,乐的作用是极大的,它能感化人的内心,这与他的仁学思想是分不开的。孔子本人就对音乐十分痴迷,他曾说:"子在齐闻《韶》,三月不知肉味,曰:'不图为乐之至于斯也!'"(《论语·述而》)同时,孔子本人也十分擅长音乐。对儒家美育中乐教的发展推动最大的人物要数儒家思想的传承者荀子,他著名的经典《乐论》对乐教的发展乃至整个儒家美育的发展都起到了极大的促进作用。荀子一直十分注重"礼",这一点在他的乐教思想中也体现得淋漓尽致,《乐论》的主旨就是礼、乐相辅,他说:"夫乐者,乐也。人情之所必不免也。故人不能不乐,乐则必发于声音,形于动静。而人之道,声音动静,性术之变尽是矣。故人不能无乐,乐则不能无形,形而不为道,则不能无乱。先王恶其乱也,故制《雅》《颂》之声以道之。"(《乐论》)在这段话中,荀子首先肯定了音乐的必要性,人离不开音乐,但也强调了乐必须要合乎礼仪,和礼联系在一起,只有这样的乐才能起到陶冶性情、修养人格的作用。同时,荀子还把乐与善和德结合起来,他说:"君子乐得其道,小人乐得其欲。以道制欲,则乐而不乱,以欲忘道,则惑而不乐。故乐者,所以乐道也。"(《乐论》)这段话论述了君子和小人在赏乐上的区别,从而把音乐同人的理想和追求联系起来,将乐提高到精神境界的层面,在荀子看来,只有超脱了欲望和世俗的音乐才能称之为真正的乐。荀子还十分重视利用音乐来达到其"化性起伪"的教育目的,他认为音乐要"管乎人心",也就是说音乐可以陶冶人心,使人性恶的本质向善的方向发展,并逐渐升华,最终达到至善至美的境界。从荀子对于美育功能的论述中我们就不难看出,荀子十分注重美育的社会功能,尤其是对社会风气的教化。而乐教是荀子认为最好的实现美育这一作用的工具。荀子认为,音乐可以使人"耳目聪明,血气平和,移风易俗,天下皆宁"(《乐论》)。也就是说,音乐可以使人的内心变得更加平和,从而教化社会风气,使社会环境安宁、和谐。但同时,荀子也看到了音乐的反作用,"凡奸声感人而逆气应之,逆气成象而乱生焉;正气感人而顺气应之,顺气成象而治生焉。"音乐一旦不能得以良好地利用,不仅不能营造良好的社会风气,还会使社会混乱,影响政治统治和国家发展。这就再一次强调了礼、乐要很好地结合的重要性。荀子对音乐教育的论述全面、系统、深入,从情感到人格,从个人到社会,可谓精辟透彻。荀子的乐教思想作为儒家美育思想极其重要的组成部分,不仅对儒家美育的发展而且对整个社会的发展都起到了至关重要的作用。

二、审美思想与当代美育

前文有言,生态审美观是一种崭新的美学理论观念,是一种以审美的态度来审视人与自然、社会、他人、自我的关系,亦是一种带有生态维度的审美的生存或诗意的栖居。[①] 这也就要求我们不断地追求人与自然的平衡与和谐发展,树立"自然—社会—人—己"整体性的生态观和世界观,进而建构一种符合生态原则的审美的"绿色人生"。而要做到这一点,则需要大力倡导生态审美教育。所谓生态审美教育,即是通过塑造新型的生态审美观念,进而将这种新型观念通过教育传播给更广大的人民群众,特别是青年一代,使他们具备良好的生态审美素养,进而以审美的姿态来对待自然、关爱生命。而对于生态环境破坏相对严重的中国来讲,生态审美教育的倡导也显得尤为重要。它需要我们每一个人(尤其是青年一代)逐步改变自己生产生活的理念和方式,以一种审美的态度来审视、观照自然界,逐步树立"生态整体"的自然观,"共生共荣"的人生观,以及"诗意地栖居"的生态审美观,进而推动人与自然界的万事万物的亲和共生。

分析孟子对生态审美思想的探究,可以看出对自然之美欣赏的审美态度。一方面,孟子认识到了生态的整体性存在,人是自然的一部分,人与自然是一种和谐、平等的审美关系。因而,人不能完全地征服、战胜自然,相反,理应培养一种欣赏自然的审美态度。另一方面,人与自然的平等性也注定了在人与自然的发展过程中必然表现为一种共存共生的关系。也就是说,自然之美的呈现不仅仅是一种存在之美,更是一种"共生"之美,它体现在人与自然共同生长过程中所彰显的旺盛的生命力,也展示出了存在与生命的共生之美。因而,深入挖掘和整理孟子的生态审美思想,对转换人们对自然的审美态度,进行生态审美教育有着重要的价值和意义。

三、基于传统审美教育思想建构当代审美教育的路径

(一)追寻自然审美,促进美学发展

《庄子》中的自然审美思想对当代的美学提供了诸多的营养,当然也为今天美学的发展提供了很多的启示,庄子从人性论出发,强调保存人性的纯真和完整在自然审美中的作用,他在肯定人性价值的同时,论述了人性中存在的机巧之心,以及人性中各种各样的欲望,还有世俗礼

---

① 宋宁.孟子生态审美思想研究[D].曲阜:曲阜师范大学,2016:37.

仪的牵绊等因素会阻碍和破坏人性的完整与纯真。[①] 此外,庄子也倡导我们要保护好自然,我们身外的一草一木,还有各种各样的飞禽走兽,以及大自然中的各种风光景色。保证人性的完整和纯真,是自然审美的重要基石;保护好大自然,是自然审美顺利进行的重要保证。以自然和人性为依托的自然审美,既是美学的重要内容,也是审美教育的重要组成部分。需要强调的是,尽管庄子的自然审美思想内涵丰富,但是局限于时代的发展,我们也只能把庄子的自然审美思想内涵拉回到当今时代美学学科之上,所以这里我们将从自然内涵——自然界,来阐述自然对美学学科的促进作用,尤其是能为艺术创作提供物质基础。同时,自然环境也将对审美教育的实施提供必要的物质条件。

自然审美一直是与艺术审美作为互补的存在,自然审美是把自然作为审美的对象,在审美中可以获得丰富的审美经验,这不仅能够为我们进入更高级的审美提供审美的经验支持,而且为我们进行艺术创作储备了能源。

人的审美意识的觉醒,最先发生于大自然中,这是由审美以审美形象为基础的特性所决定的,所谓的"审美即是审形象,现象的边界就是美的边界"。在大自然中,我们可以随意地领略到大自然的风光。在面对着大雨过后的大山,我们便置身于朦胧梦幻的世界;暴风雨过后的天空,挂着的七色彩虹让我们心旷神怡;当我们流连于山涧,泉水叮咚的歌声让我们气定神闲;当我们面对奔腾浩瀚的大海,我们的心血也跟着波澜壮阔;当我们在太阳的余晖中,躺在草坪上眼望天空的晚霞,也会激起无限遐想;秋高气爽的夜晚透过橱窗,望向那深邃无垠的星空,我们便能心如止水。当然,大自然中的所有景色,所有形象都是四季轮回中的一个画面,是自然规律映射的一个倒影。宋代的郭熙就曾在《林泉高致》中对大自然的四时风光大为的赞赏,"真山水之烟岚,四时不同,春日淡冶而如笑,夏日苍翠而如滴,秋山明净而如妆,冬山惨淡而如睡"。自然是人们的重要审美对象,不仅仅是大自然中的湖光山色,同样也包括这自然的四季变换以及那沧海桑田的变迁。在自然中我们积累了丰富的审美经验,在西方还出现了审美经验主义者,他们提出审美经验论的主张,以夏夫兹博里、休谟为主要代表。夏夫兹博里从日常审美的实际经验出发,提出了内在感官说;休谟则从人性论的角度对审美经

---

① 冉锐.庄子自然审美研究[D].昆明:云南师范大学,2020:57.

验展开论述。自然是人类文明的起点,同样也是美学的起点,是人类审美发生最先开始的地方。

自然审美不仅是强调审美,也是审美教育的重要组成部分,这主要得益于自然审美,所包含着的自然教育的内容。自然审美教育不仅仅是在大自然中进行教育,更重要的是要保护审美主体的天性的纯真,然后根据审美主体的天性来实施的教育。在自然审美的过程中不仅能丰富审美主体的审美体验,也能为审美主体积累丰富的审美经验,从而达到培养审美情感和提高审美能力的效果。

1. 自然审美有利于审美情感的养成

审美情感也简称为美感,美感是一种不带任何利害的愉悦,它不同于感官刺激而来的快感,是一种纯粹的美感享受。因此,审美情感是一种比较高级的情感,只是单纯的欣赏,就能达到内心的愉悦。在审美过程中没有任何功利的目的,也没有任何其他利害得失的情感。自然审美是纯客观的,以大自然以及大自然中的事物作为审美意象,它以完全自由外放的、本真的形式呈现在人们面前,从而唤醒审美主体的审美情感的认知,这种审美情感的认知能力就是"审美力"。卢梭认为这种能力是一种天赋的感受力,是一种自然能力,也是每个人都具有的能力,这种能力服从于生命的本能。所以,当作为审美主体的人在面对着大自然中的各种绮丽风景的时候我们的能力就能得到提高,审美情感也会得到丰富。譬如,当我们面对着波澜壮阔一望无际的大海时,胸中也会激起千层浪,感到压抑和恐惧,但是随着时间的推移我们便会产生一种敬畏感和崇高感。正如庄子《秋水》篇中的河伯,在还没有见到大海的时候内心是骄傲和自豪的,"以为天下之美尽在于己"(《庄子·秋水》)。在见到大海之后则发现了自己的弱小,只得望洋兴叹。这种原汁原味自然无为状态之下呈现的大海形象,不论是在广度上,还是在深度上都能给人的心灵带来冲击和震撼,也正是通过这种心灵上震撼开启了审美主体内心的奋进力量。浩瀚无边的大海蕴藏的是大自然的无为的意志,唤醒的是审美主体对天地的一种崇高情感。

2. 自然审美有利于审美教育的实施

美育也称之为审美教育,这一概念最早是德国诗人与美学家席勒在《美育书简》中提出来的,席勒指出,"要使感性的人成为理性的人,首先要成为审美的人,别无其他途径"。曾繁仁则认为,"美育就是通过自然美、艺术美、社会美的途径,在潜移默化中对广大民众,特别是青年一代进行情感的陶冶,健康审美能力的培养与健全人格的塑造"。审美教育最主要的目标,就是在审美实践活动中积累丰富的审美经验,提高审美主体的审美能力,丰富审美主体的审美情感。传统的审美教育和现代学校中实行的审美教育,皆是围绕着艺术来进行的。其实,审美教育的实施还可以有很多途径,其中比较行之有效的途径就是自然审美。自然审美即指以平等、亲和、共生的态度对自然对象进行审美。自然审美能够发挥出与艺术不同的审美教育作用,艺术教育使人通过对人类自身创作的艺术作品进行审美欣赏,来获得审美能力的提高和审美感性的丰富。它的出发点和归宿都是人自身,而自然审美则完全不同于艺术教育。首先,作为审美对象的自然是非人类所能创造的;相反,自然是人类生存的基础,自然创造了人类,而且人类的最终归宿也是自然。其次,自然本身就是一种自然无为的存在,它没有也不存在任何感情,但是人可以通过自然审美获得审美体验。最后,自然的运动发展规律与人的发展规律以及人的内在天性具有一致性,在自然审美中也能够反观人类自身。

(二)树立生态审美思想,建设生态文明社会

生态文明社会是一个新型的社会形态,不仅强调社会政治、经济、文化的变革,也更为重视人们思维方式和学术研究的转变。例如,党的十八大报告中明确提出了要大力推进生态文明建设,全面协调可持续发展。"全社会都必须树立尊重自然、顺应自然、保护自然的生态文明理念,把生态文明建设放在突出地位。"[1] 显然,生态文明理念(或言可持续发展观)就是在突出人与自然和谐相处、共荣共生的关系,正如马克思所强调的,是一种"互为对象的关系",自然界就它本身不是人的身体而言,是人的无机的身体。人靠自然界来生活。这就是说,自然界是人为了不致死亡而必须与之形影不离的身体。[2] 因而,生态文明社会的构建,也就是要人们树立正确的生态审美观念,意识到人与自然的相对平等,将人的权利、利益、价值推广到自然的权利和价值,并以人类的长远利益为尺度,将自然生态维度纳入人类的终极关怀之中,以求获得一种

---

[1] 宋宁.孟子生态审美思想研究[D].曲阜:曲阜师范大学,2016:38.
[2] 程相占.生态美学的时代情怀[J].中国绿色时报,2015(4):2.

"诗意的""审美的"生存。从这一角度来看,孟子的生态审美思想对生态文明社会的构建起着重要的文化支撑。孟子倡导"仁者爱人"的人文精神和重生爱物的生态情怀,提倡尊重自然界运行发展的规律,顺应自然万物之情的行为方式,追求人与自然的和谐共生,以求实现天合一的理想境界,从而获得精神的欢愉和美的体验,"夫君子所过者化,所存者神,上下与天地同流"(《尽心上》)。这份情感的享受也在某种程度上为人与自然的和谐相处提供了有利的条件。另外,孟子倡导以德配天,通过自我道德的培养,实现人的主体意识和践行对人、对物的社会责任意识,这也有助于培养人关怀爱护自然界的万事万物的道德情怀,同样也有利于建立良好的人际关系。例如,孟子言:"尊德乐义,则可以嚣嚣矣。"与此同时,孟子也描绘出了理想的生态社会图景:"不违农时,谷不可胜食也。数罟不入洿池,鱼鳖不可胜食也。斧斤以时入山林,材木不可胜用也。……五亩之宅,树之以桑,五十者可以衣帛矣;鸡豚狗彘之畜,无失其时,七十者可以食肉矣;百亩之田,勿夺其食,数口之家可以无饥矣。"(《梁惠王上》)在孟子看来,理想的生态社会即是一幅人与自然和谐相处的美好生态图景,亦是"与民同乐"的审美精神境界。而生态文明就是指"人类遵循人、自然、社会和谐发展这一客观规律而取得的物质与精神成果的总和;是指以人与自然、人与人、人与社会和谐共生、良性循环、全面发展、持续繁荣为基本宗旨的文化伦理心态"。无疑,这也是强调一种整体性、生态性、人文性和审美观上的和谐,并在此基础上建立健康、有序的生态审美意识。显然,孟子的生态审美思想在经过现代思维转换后可与之相承接。

综上可见,孟子的生态审美思想是强调人与自然、人与人、人与社会以及人与自我的整体性、生态性和谐,以期实现"心和—人和—社会和—自然万物和"的生态图景。这样一来也促使了人与自然的和谐一体,实现了赞天地化育的理想,进而于万物相和中得到美的体验和享受。诚然,这份体验并非单纯的外在的快感体验,而是基于道德完满,情感充实的基础上,所体悟到的真正的快乐。这也突出了人的至善道德品质和主观能动性,主张通过个人的德行修养,实现赞天地化育的使命,促使人与自然的和谐一体,这也在某种程度上弥补了道家完全顺应自然的倾向。故深入探究以孟子为代表的儒家的生态审美思想,赋予其新的时代内涵,并融入当下的院校教育中,则非常有利于转变人们(尤其是青少年)传统的审美观和价值观中不当的一面,从而倡导人们养成一种有利于节约资源、保护环境、尊重其他物种生存权利的新型审美观。这一点也得到了国内外诸多学者的认可,如深层生态学的发展就吸收了中国道家和禅宗的思想,如果在深入探究儒家思想的基础上,将其与深层生态学思想相结合,则有利于实现深层生态学理论的新超越。

第四章

中国传统哲学思想与思想政治教育

中国传统哲学思想是我国悠久的传统文化中的一部分,源于人们的实际生活,是当时社会的真实反映。在思想政治教育中融入中国传统哲学思想,一方面,有利于学生对传统文化的理解、继承和发扬;另一方面,中国传统哲学思想的教学资源也帮助学生更好地理解和掌握马克思主义哲学思想。由此可见,中国传统哲学思想的教学资源,无论是对于教师,或是学生,在讲授和学习思想政治时都发挥着无可替代的作用。思想政治课的教学不是单纯的知识传授,更侧重于学生未来社会交往能力的培养,正确的道德和价值观的培养。对思想政治教学中的中国传统哲学思想运用的研究,无论对思想政治学科教育理论的发展,或是教学实践活动的完善都具有促进作用。本章就来分析中国传统哲学思想,并以此来指导思想政治教育。

第一节 中国传统思想政治教育思想研究

中华文化源远流长,博大精深。其中蕴含的优秀传统美德故事,如闻鸡起舞、孔融让梨、一诺千金等故事更是家喻户晓,引导着一代又一代华夏儿女发愤图强。中华传统文化中蕴含着十分丰富的思想政治教育资源,充分发掘这些资源,对个人品德的培养、和谐社会的构建、中华民族的伟大复兴中国梦的实现都有重要的价值和意义。本节首先分析中国传统思想政治教育的基本思想。

一、儒家道德教育思想

儒家道德教育思想对传统医德教育思想有深远影响。孔子思想是儒家思想的代表,孔子特别重视道德教育。孔子对学生进行道德教育,培养品德高尚的学生。孔子宣扬以"仁"为核心思想的道德教育。[1]

(一)培养品德高尚的君子贤才

孔子道德教育的目的,是从"为政在人"的政治主张出发,主要把社会治理引入德治的轨道。一方面提倡"礼贤下士""举贤才",要求吸收和重视社会上的贤能之士;另一方面强调通过教育培养仁人志士和君子贤才。孔子将人的道德品质与社会治理相结合,确立其道德教育的目标。

培养品德高尚的仁人君子。孔子的道德教育是将人培养成为品德高尚的圣人、君子。圣人是孔子道德教育最高的人格标准。一个人要想到达圣人的境界,必须做到"博施与民而能济众"。孔子又将"君子"与"圣人"做了比较。"圣人,吾不得而见之矣;得见君子者,斯可矣"[2],即圣人是人们所向往的理想人格,而君子则是人们所追求的现实性人格,相比较圣人而言,更易实现。因此,孔子道德教育的首要目标就是培养品德高尚的仁人君子。

培养品德高尚的仁人君子,这是孔子道德教育的首要目标,目的是将普通"小人"都培养成为高尚君子,这是从个人修养出发。从社会治理的角度出发,孔子道德教育的根本目的是以德治国,即为国家培养优秀的人才,因此需要大量的圣贤君子。虽然儒家道德教育的首要目标是把人们培养成为品德高尚的君子,但是最终目的是为国家输送治国理政的贤才。儒家通过道德教育的实践,培养高尚君子,更为治理国家提供了优秀的贤才。

---

[1] 韩兴龙.我国传统医德教育思想探析[D].长春:吉林大学,2018:7.
[2] 杨伯峻.论语译注·雍也[M].北京:中华书局,2005:65.

如果拥有渊博的知识,而不能将其应用于实践,发挥其治国安民的作用,这样的知识可谓是毫无用处。作为圣贤,其标准就是要内怀仁心、外做仁事,不仅要提高自己的道德修为,更要做到"修己以安人""修己以安百姓"。孟子的"老吾老以及人之老,幼吾幼以及人之幼"[①]就是建立在孔子圣贤思想的基础之上。

(二)儒师的身教言传法

孔子是我国教育史上一位伟大的教育家,被后世尊称为"万世师表",孔子在四十余年的从教生涯中,既重视言传,又重视身教,将两者相结合。

首先,重视教师人格示范。孔子无论是讲授知识,还是道德育人都十分重视教师的人格示范。孔子曰:"君子不重则不威,学则不固。"君子如果不庄重,内心就不会尊敬自己、尊敬别人、尊敬学问;学习的过程是学、用相辅相佐,如果没有恳切庄重的诚心,所学所知很容易变迁而逝,无法给我们的生命带来真实的体验受用,孔子将庄重人格、学习以及态度联系在一起。如何才能真正做到威严而又不凶猛?孔子认为君子衣冠整齐,目不斜视,让人心生敬畏,达到威严而不凶猛。然而在学生的心中,孔子既和蔼可亲又疾声厉色。学生称孔子温和而又严厉,威严而不凶猛,庄重而又安详;子夏更称孔子在授课时有三种变化,即起初远望他,觉得很庄重,接近后觉得很温和,交谈时又觉得他义正词严,庄严而不可侵犯。

其次,重视为人师表。作为教师,以身作则是一种巨大的精神力量,孔子特别强调教师要做到以身作则。在传道授业解惑方面,孔子没有"毋意,毋必,毋固,毋我"的毛病,孔子认为"其身正,不令而行,其身不正,虽令不从",如果自己都不能端正自身的行为,怎能使别人端正呢?因此,孔子认为身教比言教要重要,更有说服力。教育学生,"你可曾听见上天的指示吗?四季不是照样地运行,万物不是照样地生长吗?天又说过什么?"孔子虽然学问渊博,但他仍然说,"三人行必有我师焉,择其善者而从之,其不善者而改之"。曾向老子问礼,向郯子问官,向苌弘问乐,向师襄学琴。孔子求知好学的精神也在潜移默化地感染其学生,在《论语》中所记,凡是孔门弟子相聚,几乎都在探讨学问,甚至肄业的

---

① 杨伯峻.孟子译注·梁惠王上[M].北京:中华书局,2015:12.

学生也向孔子请教。然而这并不意味着教师只重身教而忽视言教。如果教师授课一味言教,虽然正确但如果不重视行为举止,就会变成空洞的说教,失去教育力量,甚至会使学生错误地认为这是教师的一种言不由衷、口是心非的表现,就会适得其反。

(三)重"义利"与"孝"

荀子从人的本质属性出发,认为人并不是孤立、封闭地存在的一个个体,而是处于一定社会关系中的人,人与其他动物的本质区别在于人的社会属性,即"人能群,彼不能群"(《荀子·王制》)。荀子以此为前提,围绕人与人、人与社会、人与自然这三大关系,以正确处理这三者之间的矛盾为着手点,形成了关于荣辱、孝道、礼欲和生态等为核心的道德理念。[①] 因生态思想已在前文中给予了详细论述,在此不再赘述。

1."义利""义势"与"野蛮"之荣辱观

荣辱观作为一种社会道德意识,是个体或群体规范自身行为、判断是非界限的准则,不同时代,荣与辱具有不同的内涵与基本内容。荀子在继承了孔孟之荣辱思想并吸收先秦诸子荣辱思想的基础上,立足战国末期这一特定时代背景,主要从荣辱的产生与分类两方面给予全面而系统的论述,形成了自己的荣辱思想。

荀子曰:"物类之起,必有所始。"(《荀子·劝学》)他以辩证的独特视角,认为任何事物都不是孤立存在的,必处于一定的因果联系之中,荣辱的产生也不例外,它亦有其产生的原因。在《荣辱》篇中,荀子从人之情欲、智愚、和德行三方面来论证荣辱产生的原因及与之相匹配的结果。

首先,因情欲而生。荀子从人"不待而然者"的自然之性出发,认为人生来就有"饥而欲食,寒而欲暖"等自然生理之欲求;有"目辨白黑美恶,耳辨音声清浊,口辨酸咸甘苦,鼻辩芬芳腥臊,骨体肤理辩寒暑疾养"的自然能力;也有"好荣恶辱,好利恶害"的德性追求;在日常生活中,人都希望"食欲有刍豢,衣欲有文绣,行欲有舆马,又欲夫余财蓄积之富也"之物质享受,这是人之常情,是君子和小人,禹与桀都有的相

---

① 田会玲.荀子道德教育思想及其当代价值研究[D].兰州:西北师范大学,2018:27.

同本性。在这里,荀子不仅承认人有生理之需求,更肯定了人之生理需求的合理性,人要想维持自然生命,就必须使其生理欲望得到满足,懂得趋利避害,这是人为之生存的根本条件,是天生就有的本性使然,是具有高尚品德修为的君子和没有品德修为的小人所禀赋的同一自然之性。然而,对于"荣"和"利"的追求,君子与小人"道则异矣",即做出不同的行径选择。小人极力去做荒谬怪诞之事,却想让别人信任自己,极力去做欺诈之事却想要别人亲近自己,行为如同禽兽却想要别人夸赞自己,他考虑的问题让人费解,所做之事难以稳妥,其主张更是难以成立。其结果必然是"不得其所好",必招致"其所恶"。君子则恰恰相反,他们为人诚实守信,也希望别人能信任自己;对人忠诚老实,也希望别人亲近自己;品行正直又有能力,也希望别人能赞美自己;思考的问题简单易解,办事妥当,主张合理。其结果必然是"得其所好",必不得"其所恶"。可见,君子与小人的不同行径产生不同的结果,即小人招致"辱"与"害",君子获得"荣"与"利"。

其次,因智愚而生。荀子认为,"好荣恶辱,好利恶害"是人的自然情感,也是道德主体对道德认知的产物。荀子曰:"人生而有知。"意即人先天具有认识能力,同时物也有被人认知的特质,"可以知,物之理也",人有知而物能被人所知,故人有知荣辱的道德认知能力。人只有知道何为"荣",何为"辱",才能做出正确的价值判断,树立正确的荣辱观,好荣恶害的天然情感才能实现。否则,人就失去现实存在的依托。在荀子看来,君子与小人有相同的好荣恶辱情感,其不同之处在于,何谓"荣"何谓"辱"的认识或对"荣"与"辱"的取舍标准不同。例如,君子以"仁义德行,常安之术也"和"污僈突盗,常危之术也"作为日常遵循的行为准则,以"仁义德行"为荣,以"污僈突盗"为耻;而小人则认为"仁义德行,常安之术也,然而未必不危也"和"污僈突盗,常危之术也,然而未必不安也",藐视"仁义德行"和"污僈突盗"之"常道",而侧重"未必不为"和"未必不安"之"怪道",故以"仁义德行"为耻,以"污僈突盗"为荣(《荀子·荣辱》)。可见,君子、小人对荣辱的取舍各不相同,其原因就在于他们的认识不同,君子知礼义而小人浅陋无知,而君子之所以能知礼义则在于其善于"化性起伪",而小人则"无师、无法",故"唯利之见耳"。

最后,因德行而生。荀子说:"荣辱之来,必象其德。"(《荀子·劝学》)也就是说,荣辱的产生与一个人的德行有着密切的关联,好的德行会带给人荣耀与安全,而败坏的德行将陷人于危险的困境并给人带来耻辱。在日常生活中则体现为人的一言一举一动,即"言有招祸也,行有招辱也"(《荀子·劝学》)。因此,荀子强调"君子慎其所立乎"(《荀子·劝学》),使自己的言行在礼法规定的范围内表达,从而实现德行与言行的匹配。而小人则相反,遇事冲动、喜欢嫉恨和爱诋毁别人、过分争强好胜、贪婪、独断专行等,小人由于没有德行或德行不够,常常招来耻辱与伤害甚至死亡等恶果,而这些行为则是君子所不为的。除此,荀子从"安危厉害"之规律进一步阐发说明,"材悫者常安利,荡悍者常危害,安利者常乐易,危害者常忧险,乐易者常寿长,忧险者常夭折。"(《荀子·荣辱》)就是说,品性纯朴的人往往享有安定与顺利,欢乐平易,也就更加长寿,而德行放荡凶悍的人往往遭受危险与伤害,经常患有忧愁,也就更加短命。可见,一个人德行的好与坏不仅决定荣与辱,更是关乎安与危、利与害,所以君主要想取得天下必须意志最为美好,德行最为深厚,智慧与思虑最为英明。

2. 荀子"能以事亲谓之孝"的孝道观

"孝"是儒家家庭伦理思想中的核心观念,崇尚"孝道"更是中华民族优秀传统美德的体现。《孝经》记载:"夫孝德之本也,教之所由生也。"这表明,"孝"不仅是人之为人所拥有的根本品德,还是后天道德教化的产物。荀子在继承孔孟"孝"思想的基础上,提出"从道不从君,从义不从父"的独特的孝道思想,形成了自己的家庭道德教育理论,这为继续推进社会主义和谐家庭建设奠定了理论基础。

荀子继承了孔子敬亲思想,同时又根据现实社会需要提出有别于孔孟的"能以事亲谓之孝"(《荀子·王制》)的孝道思想,将"孝"置于"礼"的范畴之下,主张通过礼义制度来规范人的行为以实现"孝",并提出"从道不从君,从义不从父"的独特孝道思想,对愚忠愚孝给予严厉批判和否定。荀子孝道思想的主要内容如下。

孝乃礼义之"孝"。在荀子看来,人之性本恶,而礼则是人之向善的必由途径,是万物之本,因此人"不可少顷舍礼义",人的一切行为都必须遵从礼义,合乎礼的规范,作为家庭道德教育核心观念的"孝"也必须在"礼"的框架下实施。荀子在《性恶》篇中强调,儿子要谦让父亲,弟弟要谦让兄长,儿子要为父亲代劳,弟弟要替兄长代劳,所以他们饿了不能先食,要让长者先吃,累了也不能先要求休息,需要替父亲和兄长劳动,这虽然有违人之本性,但是,这却是孝子做人的根本准则,也是礼义规范的要求。所以,当人之情欲与礼义道德相碰撞时,道德主体应舍弃情欲遵从礼义。同时,荀子还认识到"人情甚不美",如人有了妻子儿女,对父母的孝心就减弱了,欲望得到满足后对朋友的信任也就减少等。因此,人的道德品质和内心情感的培养必须经过礼义法规的约束和教化,这样才能知孝、懂孝并积极的行孝。

"从道不从君,从义不从父"的道德准则。荀子认为,当忠诚君主和孝顺父母这两种基本态度与遵守道德礼义发生冲突时,应坚持"从道不从君,从义不从父",这是对孔孟孝道思想的突破,具有很大的积极意义。荀子在《子道》篇中将孝分为"入孝出弟"的基本道德要求、"上顺下笃"的一般道德和"从道不从君,从义不从父"的最高道德,是从道义层面对"孝"做出的划分与界定,这里所言之"孝"不仅指伦理意义上对君主的忠诚、顺从和对父母的孝敬、赡养,更注重道义层面上的"忠"与"孝"。

二、道家道德教育思想

道家道德教育思想的核心是道,建构在以道为本的哲学思想基础之上。在老子看来,道是最有生命活力的,道是世间万事万物的本原。"道生一,一生二,二生三,三生万物"[①],因此守道也是道家道德教育的根本。

(一)"无为而治"的道德终极追求

老子根据"道法自然"的观点,提出了"无为而治"的思想。"无为而治"追求的是按照事物发展的"自然"本性,遵从规律的正向引导,实现道德教化的内向化、内生化和个体化。[②] 这也是"道法自然"之上追求的道德终极目标。"无为"的本意是"有为""可为",即遵循客观规律地去"为",《道德经》中称其为"为无为",也就是以"无为"的态度去为,"居无为之事,行不言之教。万物作焉而不为始。生而不有,为而不恃,功成而不居。""无为而治"的思想启示我们,作为道德终极目标的图景,

---

① 陈鼓应.老子注译及评价·四十二章[M].北京:中华书局,2016:126.
② 刘冰冰.老子道德思想对高校德育的启示[D].锦州:辽宁工业大学,2015:9.

道德教化的实践者必须要尊重事物发展的规律和规则,以客观性的自然法则指导主观性的人的道德思想构建,塑造行动的道德行为,这也就要求作为道德教化的引导者必须要端正自己的道德信仰,只有"是以圣人处无为之事,行不言之教,万物作焉而不为始。生而不有,为而不恃"才能塑造自我,以清明的道德形象示人,这也才能借助"不言之教"实现"无为"的天人合一。

基于这样的立意,老子认为:"我无为而民自化,我好静而民自正,我无事而民自富,我无欲而民自朴。"在此老子强调管理者或道德教育的引导者并不是一味地要蛮干或者按照自己的意愿贡献所有的心力,成就重大的功业,有时候忽略自身的价值和作用而充分尊重道德教化对象的能动性,让自己处于"无为"的状态更有意义。

(二)"道法自然"的道德实践路径

"道"是《道德经》中的最基本也是最重要的概念。有道就有自然,道以自然为依,自然之法就是真道之法。道要自然,天地要自然,作为万物之灵的人更要自然,自然而然又是无为的本色。这也指示了人们怎么在具体的生活中去认识道,去认识道的内在规律,去把握道的实践真理。"道法自然"思想注重人性的道德价值实践,为当世人提出了明确的修身法则和基本的道德信条,特别阐明了人在自然规律演进中的地位和作用,强调了人与自然和谐、人与社会和谐、人与种群和谐、人与自我和谐的方法论意义。这与党的十八大所提出的社会主义核心价值观的精神内涵与现实意义都具有异曲同工之妙。老子道德思想既是人生智慧也是治国理政的重要理论启示,对当代社会价值的塑造依然具有重要的启发性意义。尊重人的自然本性,回归自然属性的道德教育才是真正具有实效性和人性关怀的直抵心灵的教育,这与老子倡导的道法自然、无为而为思想不谋而合,也是老子道德思想在当下时代作为医治病态中的道德社会生态的一剂良药和祛除心病的妙方,更是老子道德思想的时代价值的贡献所在。

(三)"谦下不争"的道德教化原则

老子竭力主张"道"的最重要特性是谦下不争。老子的"为而不争"是建立在人性的丑恶引发的社会危机基础上的原罪的解脱之途,他认为人与人之间的争权夺利造成了社会上的罪恶盛行。他认为"不争"是消弭干戈、制止争斗的终极药方,"不争"有助于人们重新找回曾经的豁达与仁厚,重拾宁静致远的精神操守,对于缓和人际关系的冲突,稳定社会氛围,形成良好的社会风气极有帮助。老子所倡导的"谦下不争"在当代道德价值培育中能够帮助人们建立明确的精神诉求,给以人们明确的道德思维框架并帮助人们实现可以触及的精神高度。只有切实对老子道德思想有准确而深刻的认知,才能理清老子道德思想中潜藏的道德价值,才能真实地把握中华优秀传统道德思想精髓的根脉,打通传统与现代道德思想的关联,汲取更多的精神养分,使得积淀于德育中的老子道德思想与德育实践土壤更为坚实厚重,实现民族精神与德育的有效融合再生,并不断赋予中华文化以新的活力,增强民族凝聚力、感染力、向心力。这些对人们的精神修养境界的培育都产生了积极的影响。

第二节 中华民族传统道德体系的形成与传承

中国传统道德观一直在封建伦理思想中居于重要地位,指导着人们的交往行为、交往方式,对社会的发展起了很重要的积极作用。但它同时还控制着人们的思想,使人们被束缚在封建伦理教条之下,使人们一切的行为都符合传统伦理道德的要求,传统道德观在小农经济基础之上的封建社会确实起了很重要的作用,但是随着时移势迁,封建社会结束以后,中国传统道德观失去了原有的生存和发展的土壤,随着时代的发展,虽然传统道德观的统治地位已经不在了,但是它依然能够在当今社会发挥重要的作用。中国传统思想中,包括了儒家、释家、道家,儒家思想是主流,它对善恶的看法体现了中国传统的道德观。其对善恶的价值判断经历了两千多年的历史演进和发展,形成了名目繁多、内容庞杂的道德条目和伦理规范。传统道德观作为中国古代意识形态和文化的重要组成部分,其所蕴含的积极向上的民族精神和价值理念对我国当代社会理念的建设和世界文化的发展具有重要借鉴意义。

一、萌芽阶段

人类早期的原始氏族社会就有了道德——原始社会道德。在以血缘共同体为基本构成单位的原始社会中,氏族部落内部奉行着"'天下为公、选贤与能'与平等互助、'讲信修睦'的朴素道德风尚,当然这仅仅是一种人们自发形成的认识,但这并不是对道德的确切理解与认识,只是一种模糊的行为应该如何与禁止如何的概念。"[①]

在人类进入文明社会之后,才逐渐产生了自觉的道德学说与伦理思想。关于伦理道德思想的起源,按理说,应该是从中国第一个奴隶制国家——夏朝开始的,但是,关于夏朝是否有伦理道德思想产生并没有文字材料留存下来。只有到商朝甲骨文开始广泛应用以后,才开始才有了确切的文字资料记载。

商崇尚"鬼神",统治者一直把"鬼神"作为政治生活的一部分,凡事问诸"鬼神",通过占卜来决定国家大事,这是商朝政治生活特有的色彩。商朝统治者们:"'尊神''事神''先鬼而后礼'。"在"神道"的统治下,压抑了人类自身的道德生活,因此在商朝,虽然有对道德的粗浅认识,但却不可能创造出理论化、体系化的伦理道德思想,而作为中国古代伦理思想诞生的标志,应该是西周建立以后,统治者推行以宗法制为核心的伦理道德思想。

西周灭商之后,进入了奴隶制的全盛时期,朝代的更替反映到伦理道德思想上,较之殷商也有了进一步发展。"周朝继承并改进了'殷礼',提出了一套以'孝'为主的宗法道德规范。"[②] 其中以父子相继、嫡庶相分为基础的宗族制、封建分封、君臣关系、婚丧嫁娶、庙数等的制度性的文化发展与礼制的逐渐完备,构成礼法制度上的辉煌时代。周人观念上的敬德主张、制度上的改革和完备化、设礼制仪和订规范纪的礼乐文化制度建设,"其旨在纳上下于道德,而合天子、诸侯、卿、大夫、庶民,以成一道德之团体"[③] 并成为文明的基础要素和有力支撑。

---

① 宋颖.中国传统道德观在当代的缺失问题研究[D].烟台:鲁东大学,2017:10.
② 陈雪云.我国历史上的德法兼治及其现实意义[J].学习论坛,2003(6):41-42.
③ 王国维.殷周制度论[M].北京:中华书局,2015:6.

二、逐渐成形阶段

春秋战国时期是中国传统伦理思想的重要形成时期,孔子是儒学思想开创者,孟子、荀子的思想承袭于孔子,并在孔子思想的基础上对儒家思想进行了进一步的丰富和发展,他们对中国传统伦理道德思想的形成和发展做出了无可替代的贡献。

孔子是中国历史上第一个系统地提出伦理道德理论的思想家,尽管他的思想主张还没有完全系统化,但他开启了中国古代的人本价值学说,强调伦理秩序的塑造和培养具有"仁爱"思想的治国人才的教育实践,并且提出了德行伦理的系统观念与社会政治伦理学的框架及其二者相统一的可行路径。

孟子以孔子的弟子自居,他不但继承了孔子的伦理道德思想,而且还在此基础上做了一定的理论补充,在孔子"仁"思想的基础上,提出了"仁义"的思想,使儒家的伦理道德体系更加丰富、完善。孟子认为,"仁义"应当是社会生活中处理人与人、人与社会之间关系的最高的行为准则,在处理义与利两者的关系上,他主张人们都应该认同"去利怀义"的思想观念。

荀子是先秦时期重要的儒学思想家之一,但他不只研究了儒家思想,还吸取了其他学派的思想,在伦理道德思想上,他主张用礼制来制衡利益。荀子推崇"隆礼"思想,认为"礼"应该是人们在日常生活与政治生活中的最高行为准则。他说:"人无礼则不生,事无礼则不成,国无礼则不宁。"(《荀子·修身》)也就是说,"礼"是修身、行事、治国的根本。叶娟在其硕士论文中指出:"荀子还重新解释了'礼'的含义、起源和作用,并以'礼'为核心,确立了自己的道德观体系。"[①]

统观孔子、孟子、荀子三位儒学大师的成就,可以说,他们对中国传统伦理道德思想的发展做出了巨大的贡献,他们的思想主张不但填补了伦理道德思想上的一些空白,而且为以后伦理思想的发展起了指导作用,并产生了极其深远的影响,也促进了中国传统道德观的形成与发展。

---

① 叶娟.荀子道德教育与思想研究[D].兰州:西北师范大学,2013.

三、长足发展阶段

秦汉两朝也就是秦统一六国之后一直到东汉末年的历史时期,秦朝重视法家思想,过度重视刑罚手段的运用,从而忽视了对百姓的道德教化,疏于仁政德治,结果到了秦二世的时候烽烟四起,最终在人民起义的浪潮中灭亡。西汉统治者看到了前朝灭亡的原因,从秦朝灭亡中吸取教训,采纳董仲舒的建议,"罢黜百家,独尊儒术",在国家的治理过程中更重视道德教化的社会作用,而不是刑罚对人们的威慑。同时,统治者还在政治生活中坚持"以孝治天下"的观点,从而使中国传统伦理道德思想得到了长足的发展。到了汉武帝统治时期,儒学大家董仲舒得到重用,董仲舒以儒家伦理为核心,吸收黄老之学、阴阳家、名家、法家等各家学说,构建了一个"以君臣、父子、夫妇三者为经,以仁义礼智信五者为纬的伦理道德体系"。[①] 到了东汉汉章帝在位期间,政府颁发了《白虎通德论》,简称《白虎通义》。《白虎通义》中有言:"三纲六纪是人伦关系的核心,所谓三纲,即'君为臣纲,父为子纲,夫为妻纲',六纪即'敬诸父兄,诸舅有义,族人有序,坤弟有亲,师长有尊,朋友有旧'。"[②] 同时还提出了一系列与人们日常生活息息相关的诸多方面的制度礼数,从而将三纲六纪所倡导的伦理道德思想完美地应用于社会生活和家庭生活的各个方面。董仲舒提出的适于封建统治的完整的封建主义伦理道德思想体系和东汉时期颁布的《白虎通义》,不仅使得中国封建伦理道德思想首次有了一个完整的体系,而且使得儒家伦理道德思想首次成为指导人们社会生活的重要力量。

四、变异纷争阶段

在两汉时期,以儒家道德思想为核心的神学伦理思想被统治者所推崇,开始成为国家政治生活中的正统思想。到了东汉末年,随着统治阶级与被统治阶的矛盾激化,政府的政治危机加深以及神学伦理道德思想的逐渐僵化,儒家伦理道德思想的核心地位受到了其他学派思想的挑

---

① 陈瑛.中国伦理思想史[M].湖南:湖南教育出版社,2004:67.
② 班固.白虎通德论[M].北京:中华书局,2013:21.

战。从此以后,一直到隋唐时期,中国封建社会伦理道德思想的发展一直处在一个与其他学派相纷争的阶段。

东汉末年黄巾起义不但摧毁了整个东汉王朝,并且把作为王朝意识形态的神学伦理道德思想推下神坛。之后的局面就诚如史家所描绘的,"天下大乱,百祀堕坏,旧居之庙,毁而不修,褒成之后,绝而莫继,阙里不闻讲颂之声,四时不睹蒸尝之味"(《三国志·魏书》)。神学理论开始衰微,随之而起的便是玄学理论。玄学在思想上倾向于引道入儒、糅合儒道,在伦理道德思想上围绕着名教和自然之辩,先后提出了"名教本于自然""越名教而任自然""名教即自然"等三个重要的伦理学命题。

到了隋唐以后,伦理道德思想范围内,儒家、道家、释家三家思想相互鼎立的局面形成,中国伦理思想的发展趋势是:儒家伦理力图保持其正统地位,在纷争中开始与其他两家思想相互融合。释家、道家作为与正统不一样的文化形态,一方面,对儒家伦理形成强有力的冲击;另一方面,也给中国伦理思想的发展带来了新鲜的思想营养,在碰撞中不断汲取各家思想的某些成分,为尔后的宋明理学及其伦理思想道德思想体系的建立做了理论上的铺垫。

五、融合成熟阶段

到宋朝以后,儒家思想焕发了新的生机,出现了理学派和心学派,理学是隋唐以来释家、道家、儒家三家思想在相互斗争中不断融合而成的新产物。它继承了春秋战国以来儒家伦理道德思想,又吸取了道家、释家的思想成分,最终形成新的伦理道德体系,新的体系反映了儒家伦理道德思想的主张、方法、观念和风貌,从而使得儒家在传统道德观中重新获得了主体地位,中国传统伦理思想开始进入成熟理论阶段。宋明时期儒家伦理道德思想虽然有气学派、理学派、心学派之分,作为正统的是二程和朱熹代表的理学派,统治者把理学派的思想主张当作日常政治生活与社会生活中的指导思想。理学虽然也分为不同的派别,但是每个派别之间关于义利之辩、理与欲关系的看法在根本上是一致的,各学派的伦理道德思想的共同的思想纲领是"存天理,灭人欲"。但是由于理学根本上立足于封建社会的土壤之中,随着封建社会的发展与消亡,它也就不可避免地会被其他的伦理道德思想所代替。换句话说,在中国伦理道德理论体系的成熟本质上也意味着它开始走向衰落。

六、批判总结阶段

自明清时期开始,中国封建社会开始进入晚期,旧的伦理道德思想也开始进入僵化阶段,新的适应时代发展潮流的伦理道德思想也就呈现出一定的激进型和批判性。由于社会经济的发展,资本主义萌芽开始出现,明末清初出现的以"崇实致用"为基本特征的早期启蒙思想,将人们对伦理道德思想的批判推到了一个新的高度,使中国伦理思想开始出现符合时代发展潮流的新内容。

早期的思想启蒙者在伦理思想研究中,特别重视"经世致用"的思想,他们提出"言必征实、义必切理""事关民生国命者,必穷源溯本,讨论其所以然"[1],在价值观上,他们从符合时代要求的功利主义出发,否定了传统的义利观,集中批判了程朱理学"明天理,灭人欲"的思想纲领。这种新旧价值观的争论,主要体现在"义利关系"和"义利之辨"两个方面。

第三节 传统思想政治教育思想对当代思想政治教育的启示

思想政治教育是在阶级产生之后就产生的,早在夏商时期我国便出现了思想政治教育,虽然没有思想政治教育这一概念,但是它的存在发展至今已有很长的历史。这一实践活动始终存在于不同形态的国家以及社会,只是在不同的发展时期形式不同、内容不一。中国古代思想政治教育因其所处的社会历史条件有其自身的独特性和局限性,当代思想政治教育的发展应该对中国传统思想政治教育进行批判性继承,这样才有利于当代思想政治教育的发展与完善。

---

[1] 顾炎武.日知录[M].上海:上海古籍出版社,2010:103.

一、传统思想政治教育思想运用于当代思想政治教育的原则

根据中国传统哲学思想的自身特点和学生的接受水平,笔者认为在运用的过程中,需要坚持如下原则。[①]

(一)环境熏陶原则

环境对人思想品德的形成和发展具有重要影响。孔子提出:"性相近也,习相远也。"[②]认为人的自然性情是基本相接近的,人与人之间的巨大差异是因为后天习染不同而致。荀子也极其强调环境对人之性的重要影响。他说:"注错习俗,所以化性也。"(《荀子·儒效》)认为反复、专一的行为举措和长期的风俗习惯会对人的意识、情感和意志产生影响,使之发生改变,具有改造人之性的作用。这是荀子以人性本恶为前提,提出的对人性进行改造的基本方法,即"注错习俗"法,其主要表现如下。

第一,环境影响人之德行与行为习惯的形成与发展。在《劝学》篇中,荀子以蒙鸠、射干、蓬草、白沙、兰槐为例,说明不同的环境会造就出不同的道德品性,而且环境对人品德的影响有好有坏,即好的环境氛围对人产生好的影响,反之亦然。因此,荀子强调,"君子居必择乡,游必就士"(《荀子·劝学》),这样才能防止不正之风的影响而接近于正道,形成良好的品德。在《性恶》篇中荀子又说:"天非私齐、鲁之民而外秦人也,然而于父子之义,夫妇之别,不如齐、鲁之孝具敬父者,何也?以秦人之从情性,安恣睢,慢于礼义故也,岂其性异矣哉!"也就是说,齐、鲁之国有深厚的礼义传统并主张礼义孝道的教化,所以生活在齐、鲁的百姓普遍养成了孝敬长辈的风俗习惯和生活方式;而秦国则不注重对礼义道德规范的教育,所以生活在秦国的人民也就养成了放纵性情,傲慢不遵守礼义的风俗习惯和生活方式。由此可见,秦人与齐、鲁之人的巨大差别是因其不同的风俗习惯和生活方式所致,而不是因为上天偏向齐、鲁之民或者齐、鲁之民的自然性情有异于秦。荀子以比较的方式不

[①] 高杰.《生活与哲学》教学中的中国古代哲学思想的运用研究[D].锦州:渤海大学,2017:24.
[②] 田会玲.荀子道德教育思想及其当代价值研究[D].兰州:西北师范大学,2018:45.

仅剖析出齐、鲁之民与秦之民相区别的原因所在,也强有力地证明了社会生活环境对人之品性形成与发展的影响。

第二,人们所选择的道路与养成的德行是受社会环境长期磨炼和对环境影响选择的结果。荀子说:"可以为尧、禹,可以为桀、跖,可以为工匠,可以为农贾,在势注错习俗之所积耳。"(《荀子·荣辱》)认为不同的道路选择和品性形成,这一切都归因于人们行为举措和习俗的长期积累。例如,在社会生活实践中,善于耕作的就会成为农夫;从事货物买卖的就成为商人;而善于学习礼义道德行为的就成为尧、禹。由此说来,人与人之间的差异性是"非天性也,积靡使然也"。

此外,人对环境的影响还具有能动的选择性。环境对人的影响有好的一面也有坏的一面,而君子不仅善于选择好的环境,结交有道德有学问的人,而且能积极汲取环境中有益的东西而拒绝其无益的东西,积极进行自我修养,改变自身的素质,使自己的行为举措得当,不断积累善行从而成为君子;而小人则恰恰相反,习其环境中的陋习并放纵自己的性情,举措不当,从而沦为小人。由此观之,君子和小人也不是天生的,而是"注错习俗之节异也"。因此,施教者要尽力为教育对象创造良好的环境氛围,使教育对象在潜移默化中受到熏陶和感染,提升自身的品德素质。

荀子"注错习俗"的环境熏陶思想,对当前开展道德教育具有重要启示。人是社会环境中的人,人的各项活动都离不开环境,因此我们要善于选择良好的环境习俗,进行自我教育,提高品德修养。作为施教者,在开展道德教育活动时,也要慎重地选择教育环境,尽可能地为受教育者创造一个良好的环境氛围,使其受到熏陶感染,克服自身的缺点和不足,从而提高自身品德修养。同时,施教者也要遵循人们所处的风俗习惯,使实施的道德教育活动与其风俗习惯相顺应,"政教习俗,相顺而后行"(《荀子·大略》)。

(二)全面性原则

当代思想政治教育中的中国传统哲学思想的运用应坚持全面性原则,一方面注意对学生实践能力的锻炼,另一方面注重对学生情感心理的培养。

第一,理论与实践相结合的教学活动。教学中的中国传统哲学思想的传授,不应简单地停留在讲解和翻译的阶段。教师应致力于开发各种有趣生动的教学环节,提高学生的学习兴趣的同时,帮助学生学习中国传统哲学思想。在课堂的教学活动中,教师围绕教材中的中国传统哲学思想,设置多种教学活动,在反复的训练和指导中,引导学生自主探索并将教材中理论化的中国传统哲学思想运用于实践之中。

第二,情感态度和价值观的培养。教学中的中国传统哲学思想对学生的教育不仅仅是进行知识传授和能力培养,更是对其情感意志的锻炼,进而对其人生价值观的指导。教材中引用"善不积不足以成名,恶不积不足以灭身"[①],不仅仅是在进行知识传授,也是在以简单明了的中国传统哲学思想,对学生进行德育。青少年处于懵懂的青春期,虽然具有独立判断是非的能力,但是心智不够成熟。教学中引用的该则中国传统哲学思想,正是对处于叛逆期学生的指导。但不是每名学生都可以注意到,或是领悟出教学资源中的教育意义。所以,这就需要教师在教学中合理地运用中国传统哲学思想内容,使其真正地发挥出存在的意义,对学生进行潜移默化的道德教育。

思想政治教育中的中国传统哲学思想的运用应坚持全面性原则,一方面在课堂活动中应坚持让课堂"活起来",适当加入实践活动;另一方面,在对学生进行中国传统哲学思想的讲解时,也应注重对学生精神层面的熏陶。

(三)生活性原则

我国杰出教育家陶行知提出:"办教育必须面向生活",且与之"息息相关"[②]。本书所指的生活性原则就是,在课堂教学活动之中融入生活,将理论化的知识与生活相联系,与学生的身心发展阶段相适应。将教学中的中国传统知识与现实生活相联系,帮助学生更容易理解和掌握中国古代知识的同时,促进学生的全面发展。

第一,在教学中,将中国传统哲学思想生活化,使学生易于接受。将教学中的中国传统哲学思想的教学赋予生活化的意义,就要以实际生活为背景,将教学资源在生活情景中呈现。这就要求教师要将抽象的、概括性较强的中国传统哲学思想融入生活之中,化难为简。引导学生在已设置好的生活情景中,以学生已有的知识经验为出发点,通过教师在问

---

① 束晓霞.教学资源的有效整合[J].思想政治课教学,2015(12):25-28.
② 张新平.陶行知的教育管理思想与实践[M].上海:上海教育出版社,2014:19.

题情境中的引导,将零散的对新知识的认识,最终上升到较为概括和成熟的理性认识。帮助学生在合作交流中,自发地探索和顿悟中国传统哲学思想。

第二,在教学中,将中国传统哲学思想与学生的实际生活相联系,促进学生的全面发展。教学中的中国传统哲学思想不仅蕴含着丰富的哲学知识,更是对人们学习和生活乃至未来的人生具有指导作用。学生依据自主思考后形成的初步的哲学道理,解决了情景中的问题,也将会增加学生对这一哲学道理的内心认同感,进而提高在未来的实际生活中以此来指导和规范自己行为的概率。对于教学中的中国传统哲学思想的运用,以学生的知识学习为根本,更高的追求是培养健康的多样发展的社会人。因此,教师应注意对教学中的中国传统哲学思想的编排,使之与现代生活相联系,更有益于学生的认知和实践能力的培养。

将教学中的中国传统哲学思想赋予生活化的意义,贴近学生生活,帮助学生理解和学习哲学知识的同时,更是促进学生将书本上的知识内化于心,指引学生的人生之路。

（四）启发性原则

启发式教学的实质就在于充分尊重和发挥学生的主体作用,启迪学生的积极思维。[①]而教学中的中国传统哲学思想的运用应坚持启发性原则,坚持以学生为整个教学活动和教学设计的主体。而教学中的中国传统哲学思想的运用,应致力于调动学生的兴趣和注意力,引导学生进行思考和探究。在进行探究活动的教学中,培养学生问题意识和问题处理能力。

第一,学生能力的养成,需要坚持启发性原则。中国传统哲学思想教学资源主要集中于"综合探究"和"探究活动"两个模块。而"综合探究"和"探究活动"的设置,主要目的是启发学生自主地发现问题,搜集材料,运用已有知识经验解决问题,最终理解和掌握新知识。然而,在教学中没有教师对学生思想的启发引导,学生也许会事倍而功半,甚至是误入死角,止步不前。

第二,教学中的中国传统哲学思想的特点,要求师生应坚持启发性

---

① 孟庆男.思想政治学科教学原理[M].北京:中国科学文化出版社,2003:116-121.

原则。教学中的中国传统哲学思想区别于马克思主义哲学知识,在于其更富有故事性,更贴近学生。因此,学生更有兴趣,也更容易将自己融入于教学中的中国传统哲学思想故事之中。

在教师的引导和帮助下,自主思考,最终得出结论。教学中的中国传统哲学思想的设置目的,不是单纯地让学生熟记哲学知识,而是启发学生主动思考;反对学生填鸭式地灌输知识点,而是强调对学生的引导和启发。因此,只有在坚持启发性原则的前提下,重视学生的主体性,才能充分发挥出教学中的中国传统哲学思想的设置目的。

(五)学思并重原则

"学"与"思"是自我修身中不可缺少的环节。荀子强调在品德修养的过程中要学思并重。关于"学",荀子说:"我欲贱而贵,愚而智,贫而富,可乎?曰:唯其学乎!"(《荀子·儒效》)认为学习可以改变人之性恶,使人变得聪明、智慧、富有、有德行。在《荀子》一书中,其中有一章的题目就是"劝学",对"学"与"思"进行了深刻、全面而详细的探讨。关于"学"的方法。荀子强调要"善假与物也"。他举例说:"吾尝跂而望矣,不如登高之博见也;登高而招,臂非加长,而见者远。"并最终总结出:"君子生非异也,善假于物也。"(《荀子·劝学》)说明君子跟普通的人一样,没有什么特殊本领,只不过是善于借助外物来达成自己的目标而已。这是荀子对人自身能力有限性的深刻认识,认为一个人要想成为知识渊博的人,除了依靠自身之外,还应向他人学习,懂得利用一切有利的学习资源。关于"学"的内容,荀子说:"始乎诵经,终乎读礼。"认为应从诵读经典文本开始,到阅读《礼经》结束。但荀子也认识到了经典存在的不足,说:"《礼》《乐》法而不说,《诗》《书》故而不切,《春秋》约而不速。"(《荀子·劝学》)因此,他主张除了阅读经典文本之外,人们还应该向具有丰富经验的、知识渊博的君子学习,即"学莫便乎近其人"。关于"学"的期限,荀子提出"学不可以已",强调学习无穷尽且需不断积累。"积土成山,风雨兴焉;积水成渊,蛟龙生焉。"(《荀子·劝学》)荀子以风雨的兴起、蛟龙的产生为例,说明高尚品德的形成不是一蹴而就的,而是一个由量不断积累到质的飞跃过程。因此,在自我品德修养的过程中,道德主体要有一切从小事做起,积少成多的思想意识和行为习惯,即要"积善成德",只有这样人才能真正深"入"事物内部,认识和把握其中的客观规律,成为品德高尚的人。此外,就学习者自身而言,荀子认为应具备以下素质。第一,要有坚强的毅力和意志。荀子曰:"学也者,固学一之也。一出焉,一入焉,涂巷之人也。"(《荀子·劝学》)认为真正的学习要持之以恒、专心一志、心无旁骛,如果一会儿学,一会儿又放弃学,三天打鱼两天晒网,最终也不会有什么大的收获。荀子还以骐骥与驽马、朽木与金石、螾和蟹这三者为例,通过比较告诉人们,在学习中还应具备锲而不舍的意志和持之以恒的精神,不能半途而废。否则,即使你拥有像骐骥一般的先天优势,最终也会"无昭昭之明""无赫赫之功"。荀子这一思想对克服当下人们普遍存在的浮躁心理与急躁情绪就有良好的指引作用。第二,端正学习态度。"君子之学也,入乎耳,箸乎心,布乎四体,行乎动静。"(《荀子·劝学》)荀子通过比较君子与小人的不同学习态度,说明正确的学习应该是听进耳朵,铭记在心,贯注于全部身心并通过日常生活中的一举一动表现出来,而不是左耳进右耳出,或者仅仅为了向别人炫耀自己。为此,他还一针见血地批评了修身中存在的弊病,即"古之学者为己,今之学者为人。君子之学也,以美其身;小人之学也以为禽犊"(《荀子·劝学》)。在荀子看来,学习礼义规范的真正目的应是提高自身的道德水平和认识能力,而不是为了迎合其他人或达到其他目的。

荀子重"学",并认为"学更重于思","吾尝终日而思矣,不如须臾之所学也"。但这并不意味着荀子就不注重或者忽略"思"的价值。荀子说:"心不使焉,则白黑在前而目不见,雷鼓在侧而耳不闻,况于使者乎?"(《荀子·解蔽》)"心"即是"思虑、思考"的过程,人如果不发挥心的思虑功能,则会黑白不辨,两耳不闻,即使有雷鼓在侧,他也听不见,对于受蒙蔽的人来说,更何况如此呢? 由此可见,"思"在人们认识事物、提高自身修养的过程中也发挥着极其重要的作用。因此,在个人品德修养的过程中,不仅要善于"学",还要善于"思",唯此才能辩道、懂道、肯道,然后才能更好地守道,提高自身的品德修养。

(六)适度性原则

在教学中运用中国传统哲学思想时,无论是教师的讲授,或是学生的学习,都应注意到适度性原则。

第一,教学中对中国传统哲学思想重视度的适度性原则。教学中有大量的中国传统哲学思想引入,但不能将其置于过度重要的位置,造成教学内容上的主次不分,喧宾夺主。同时,不能对其进行忽视,而造成学生在教学中的中国传统哲学思想知识学习方面的缺失,或是没有实现中国传统哲学思想内容的设置目的。要将中国传统哲学思想内容处理得恰到好处,不给学生增添太多的压力,但充分发挥出教学资源的教育性意义。

第二,教学中对中国传统哲学思想难度把握的适度性原则。在教学过程中,教师对教学资源的运用和把握是至关重要的。将烦琐深奥的中国传统哲学思想教学资源化难为简,以简单的、易于学生理解的内容为出发点,引导学生深刻地理解和感悟教学资源。教师要根据所教授学生的具体情况,合理地对中国传统哲学思想进行编排。学生的个体身心发展水平具有阶段性的特点,根据皮亚杰的研究可以得出,青少年正处于"形式运算阶段"。该阶段的学生认知有所发展,抽象逻辑思维占主导地位,可以辩证地思考问题。[①] 教师可将教学中的中国传统哲学思想赋予更多的问题性,引导学生独立地辩证思考,但不宜设置得过难,否则会降低学生学习的兴趣。同时,中国传统哲学思想的运用也不宜过于简单,否则学生会因没有挑战性而对其忽视。

第三,教学中对中国传统哲学思想的知识积累和情感培养侧重的适度性。教学中引入的中国传统哲学思想有重要的教育意义,通过中国传统哲学思想名言"善不积不足以成名"[②] 讲授质量互变规律的同时,也教育学生应树立正直的人格。可见,教学中的中国传统哲学思想不仅要求学生在知识上有所积累,也对学生的价值观进行引导。因此,教师在对中国传统哲学思想进行运用时,不应只侧重学生对知识内容的识记,还应帮助学生形成对优秀的中国传统哲学思想的心理认同感,进而真正地以此来规范自己的实际行为和活动。因此,在教学中的中国传统哲学思想的运用时,无论在其重视度、难度编排或是对知识和情感的侧重上都应坚持适度性的原则。

---

① 范会勇,胡珊.中学生心理发展与教育教程[M].广州:中山大学出版社,2014:35-37.
② 教育部普通高中思想政治课课程标准实验教材编写组.生活与哲学[M].北京:人民教育出版社,2014:27.

二、传统思想政治教育思想运用于当代思想政治教育的路径

(一)辩证地认识中国传统哲学思想

中国传统哲学思想是中国历史上每一朝代、每一时期在精神文化上凝聚的精华,是各种具体科学和思想智慧的总结和概括。由于所处时代背景和生产力发展水平的制约,必然被打上其所处时代的鲜明烙印。中国传统哲学思想既有符合马克思主义哲学的部分内容,也有不同于马克思主义哲学的部分内容。而教师在对其进行运用时,就要辩证地认识中国传统哲学思想,即不要认为其中都是好的,无限拔高其思想,或者认为都是糟粕予以无限贬低。教师在教学中要充分意识到这个问题,要向学生讲解清楚。

首先,正确认识中国传统哲学思想中的朴素性。中国传统哲学思想由于受到所处时代科学技术和经济发展水平的制约,人们无法对自然进行深刻的分析和探索。因此,人们就只能依靠自己肉眼所见,去总结这个客观世界,形成了对于这个世界的最为朴素的看法,是"人们利用直觉和主观猜想"对客观世界的认识和总结[①]。对于这种朴素直观的哲学思想,我们既要肯定其对世界的猜想和在当时时代的进步性,也要看到其局限性。例如,《尚书·洪范》中就将世界的本源归纳为金木水火土五种元素。这种哲学思想认识到了世界本源的物质性,具有进步意义,同时将物质理解为具体五种物质也是其局限性。

其次,正确认识中国传统哲学思想中的唯物主义和唯心主义。追溯至《尚书·洪范》之中,将世界本源归纳为金木水火土五种物质时,可以看出中国传统哲学思想已经开始有了朴素唯物论的萌芽,已经认识到事物本源的物质性。这也是朴素唯物论的萌芽,为以后中国传统哲学思想的朴素唯物论的发展做铺垫。而后,有许多杰出的哲学思想名人对朴素唯物论做出了贡献,如荀子的自然观,就是承认这个世界的客观性,"不为尧存,不为桀亡"。张载以对佛教的客观唯心主义的批判为出发点,提出了具有重要影响意义的哲学思想,即"太虚即气"。但是也不可否认,中国哲学思想中也存在着唯心主义的哲学思想,如禅宗中的"幡动心

---

① 郝立忠.哲学形态的层次及其划分标准研究[D].武汉:武汉大学,2012:34.

动"和王阳明的"心外无物"的观点。

由此可见,中国传统哲学思想中不仅存在唯物主义,也存在唯心主义,这就需要人们辩证地认识中国传统哲学思想。

(二)"源清则流清",做好榜样示范

这里的"榜样示范法"主要指教育者的以身作则,即通过自身的美好品德去影响和感化民众,促进其思想品德水平的提高。[①]孔子说:"其身正,不令而行;其身不正,虽令不从。"孟子说:"君正,莫不正,一正君而国定矣。"可见,在孔孟看来,君主的行为举止影响着普通民众的行为规范,还关乎着国家的安定。荀子在继承的基础上又拓展了其理论价值。他说:"君子者,治之原也。官人守数,君子养原;源清则流清,源浊则流浊。"(《荀子·君道》)此所言之君子即指君主。在荀子看来,社会的治与乱,其根源在于君主,官吏掌握度量器具之规定,如取予于民应该掌握的度数;而君主则是施政之原,掌握管理社会的根本。因此,要想正本清源,首先就要正君,使君正,只有源清,流才能清;反之源浊则流浊,当然,这里的"流"主要指被管理和教化的臣民,而"源"则指决定社会治乱的君主。所以,对于君主而言,要崇尚礼义,尚贤使能,无贪利之心,以身作则,如此下面的臣民才会懂得相互推辞谦让,忠诚守信,认真做好臣子的职责,就算是极为普通的老百姓,也能在其影响和感化之下,相互信任,公平行事。

同时,荀子还以比喻的方式再次强调君主必须以身作则的重要性。他说君主是"仪",仪指日晷,凭日影测量时间的仪器;百姓是"景",即影子,只有仪正,景才能正;君就好比盛水的盘子,人民就好比是水,只有盘圆,水才能圆,换言之,就是说人民效法君主就如影之随仪,水之随盘,所以,君主一定要谨慎自己的一言一行。此外,荀子还说:"主者民之唱也;上者,下之仪也。彼将听唱而应,视仪而动。唱默,则民无应也;仪隐,则下无动也。不应不动,则上下无以相有也。"(《荀子·正论》)君主除了要发挥好以身作则的示范作用,还要懂得公开宣传自己的所提倡的道德标准和价值观念,不隐瞒,这样百姓才能更好地知晓其思想,接受其教导,形成于之相呼应的思想品德和行为方式。荀子"源清则流

---

① 田会玲.荀子道德教育思想及其当代价值研究[D].兰州:西北师范大学,2018:44.

清"的榜样示范思想是当前我国道德教育过程中所普遍采用的基本方法——榜样示范方法的理论来源,它对道德教育实效性的提高具有显著作用。但是,这一方法的运用在目前教育活动中也面临着一些挑战,因此再次深入挖掘和研究荀子德育思想中的榜样示范法,对进一步完善和发挥好其作用具有重要意义。

(三)合理处理道德生活中感性和理性之间的关系

1. 合理处理道德生活中感性文化与理性文化

人们对于道德感性与道德理性的认知,总是倾向于固定化和模式化,总是认为这两个概念是相互对立的,认为感性只是人的自然欲望、感官需要,而理性则是压抑这种欲望的手段和工具。[1]事实上,人们关于感性和理性的看法基本上都是从认识论的角度出发来进行的。感性认识是通过人的五感对其所接触的外在事物过程中所产生的对外在事物的初始的低级的认识,理性认识则是在已经产生了的感性认识的基础上,通过人自身所具有器官大脑——进行的有目的、有计划的主观心理活动以及人自身的逻辑思维判断等一系列的内心活动所产生的事物的初始认识的升华。认识论当中所讲的理性认识是这样的:作为认识主体的人,通过自身的抽象思维对感性材料进行加工制作而获得的,它与认识对象的联系不是直接的,是通过感性认识的桥梁相联系的。

在人们传统的观念中,感性似乎是和人的感官需要相关的,认为感性属于人的原始的欲望,而理性则是人们有意识地对自身原始欲望的约束与限制。事实上,感性和理性包含的内容远远超过了这个范围。感性不仅包括人的感性需求,而且包括人感受外界事物的能力,理性则是人们在处理人与外界事物关系时的有意识、有计划的目标和手段的统一。

纵观道德观的产生过程,首先,人们对道德生活中道德现象产生一定的感性认识;其次,这些感性认识再经过人内心的理性思考和理性分析,使之升华为一个人的朴素的道德观念。所谓理性,即用分析、归纳、推理等方式所进行的一种将感性认识上升到理性认识的思维活动,缺乏了理性思考,人们对社会关系的认识就不能由简单的观念上升到道德的

---

[1] 宋颖.中国传统道德观在当代的缺失问题研究[D].烟台:鲁东大学,2017:24.

高度。道德观属于伦理学范畴,是社会意识形态的一种,具有明显的阶级性,它也是人们在共同的道德生活中所遵循的行为准则与规范,而人类是一种集感性与理性于一身的矛盾结合体。对于作为矛盾结合体的人来说,人的理性与人的感性有天差地别的区别,人的感性是人自身的天赋,是人是与生俱来的,是相对稳定的,在相当长的时间内不会发生大的变化,而理性则不同,理性随着人自身的成长以及人的经历和外界环境的变化而变化。对于同属于阶级社会中意识形态的法律来说,道德与法律也有很大的不同,法律有硬性的条条框框所限制,而道德观念中更多的是关于人性的思考。总体来说,道德观念的产生既需要感性的感悟,又需要理性的思考,二者缺一不可,如果缺少了感性的感悟,则人就无法认识社会中的道德现象,道德观念产生的源头就缺失了;假如理性的思考缺失了,则人类无法从纷繁复杂的感性感悟中提取正确的道德观念。另外,社会不是一成不变的,它随着时间的流逝不断发生着各种变化,这也就意味着社会上道德观念也相应地发生着变化,只有不断地通过感性感悟和理性思考来应对不断出现的新的事物,才能使人们的道德观念跟上时代发展的步伐,不至于落后于社会发展的需要,从而阻碍经济社会的发展。

中国传统道德观的思想最初的理论来起源于孔子,"仁"是孔子道德思想的核心,仁者"爱人",这是从感性出发,把"爱"自己发展到"爱"他人。把对人的人道主义关怀,纳入传统道德观的范畴,再由"爱人"的思想出发,由感性推及至理性,提出理论性的主张,孔子强调统治者应该实行德治,应该施恩于民,不应该对人们实行暴政。统观儒家伦理道德思想,我们就会发现,后世儒家伦理理论更倾向于理性,其要求更多的是对人自身欲望的禁锢,要克制自己的私欲,使人的行为符合利"理"的要求,不论是对统治者还是对被统治者,都要求克制自己的私欲,先公后私,见利思义,把人的思想牢牢束缚在封建纲常伦理之下。

2. 结合当下文化大环境处理道德感性与道德理性的关系

在现今社会,国家与国家之间的联系日益密切,政治经济文化交流也远超从前。随着国家间的交流日益频繁,历来一直存在的文化竞争越来越激烈,今天文化的竞争已经超越了文化自身,已经上升到国家安全和综合实力的高度。随着经济发展和社会的进步,各国之间文化软实力也日益成为国家之间国力评比的一个标准。综合国力的竞争关乎国家的安全,尤其是我们应该时时提防西方国家在文化方面的和平演变,当前我国国内的文化建设正处于新中国成立以来的最好的时期,进入了良性发展的快车道,但是我国文化建设还不完善。因此,现阶段为了实现中国文化的又好又快发展,必须紧抓传统,追本溯源,做到弘扬中华民族优秀传统文化,把优秀文化继承发展下去。作为文化中占有重要地位的一部分,中国传统道德观在伦理史上一直占统治地位,它更需要我们认真地对待。

说起道德,很多人第一印象就是道德是感性的,理性往往不被人们考虑在内,但从认识论的角度来说,感性认识是认识的低级阶段,包括感觉、知觉、表象三种形式。其特点是直接性和具体性;理性认识处在比感性认识更高的认识层次,它使人们经过逻辑思维判断等手段内化升华以后形成的对事物的新的认识。感性认识与理性认识是人们在认识活动这一过程中相互依存,缺一不可,如果把二者分割开来,就会产生唯理论和经验论的谬误,同样来说,感性也离不开理性认识,并且感性一经产生,就会向理性认识发展。道德感性与道德理性,同样在道德的产生和发展过程中起着非常重要的作用,道德的产生起源于人性,通过人的感性认识,即人的感觉、人的知觉以及事物的表象,人对一种社会现象会产生好或恶的认识,再经由人理性的推理判断,得出概念性或者决断性的结论,道德规范便产生了。但是道德规范的产生往往不是一次感性到理性的认识所能解决的,往往需要两次甚至更多次或者在更大社会范围的思考与实践。道德与否往往也不能由一个人好恶得失来判断,应该放在整个社会群体来看,是有利还是有害,在现实生活中,有时候对社会整体有利的事情却会损害一些人的个人利益,或者对一个人有利的事情却会损害多数人的利益,这些更要在道德感性与道德理性之间认真权衡,做出最合理的判断。

在当今的中国,人们往往更容易被自己的感性认识所支配,在有些时候,没有仔细了解一件社会事件时,往往被事件的表象迷惑,做出一些武断的判断,有时甚至会做出一些极端的行为,发生一些令人遗憾又痛心的事情。让人闻之色变的"碰瓷",在当今中国屡见不鲜,有些人甚至把这当成了一种职业,这是多么可笑又可悲的事。之所以会产生这种情况,是因为有些人利用他人的同情心和感性认识,骗取他人的同情与支持,在道德上占据有利地位,从而达到讹诈受害者的目的。人们在不了解真实情况下,往往会被道德感性支配,去支持那些"碰瓷"者,在人们知道知情的真相后,人们就会反思是否应该再去管这些事情,对那些被"碰瓷"的人的遭遇除了同情之外,更多的是无奈。

面对当今日趋激烈的国际竞争,作为软实力的文化竞争同样尤为重要,对于中国传统道德中的道德感性与道德理性,在日常道德生活中,我们更要处理好二者之间的关系,理清道德感性与道德理性的区别与联系,正视道德理性与道德感性在道德发展过程中的作用与地位,以求更好地发挥道德感性与道德理性的作用,使中华优秀传统文化得以更好地继承和发展,从而促进中国文化软实力的稳步提升,在国际竞争中处于有利地位。

(四)完善道德教育内容,促进社会和谐

1. 以"荣辱观"教育为起点

道德教育的基本目的就是使人能够知廉耻、明是非,懂得有所为、有所不为,这也是荣辱观教育的根本目的。因此,在道德教育过程中加强荣辱观教育既是其内在的本质要求,也是迈好道德教育的第一步,这有助于引领人们树立正确的世界观、人生观和价值观,进行正确的自我评价,产生正确的价值激励,满足正确的自我需求,从而促进自身思想品德素质的提升。荀子的荣辱思想产生于战国末期,其思想内容是对当时社会经济生活和政治生活的直接反映,它在巩固封建中央集权制、实现社会和平与稳定中发挥了重要的积极作用。然而就其实质而言,荀子的荣辱观是封建中央集权制度下的产物,是为新兴地主阶级利益服务的,因此其思想也就不可避免地烙有封建统治阶级思想的印迹,这是其局限性所在。但我们在认识并去其糟粕时,还应取其思想中蕴含的智慧与精华,使其为当前我国社会的发展和公民思想品德水平提升服务,实现传统美德与现代社会发展相承接。荀子的荣辱观作为中华传统荣辱思想的重要组成部分,为当前我国社会主义荣辱观教育奠定了理论基础,有助于提升人们的品德修养。

2. 知恩图报,以"孝"为内容

知恩图报是中华民族的传统美德。每个人都应该懂得感恩,这是人类最基本的道德修养。从古代开始感恩就作为基本的做人准则。自古就有"谁言寸草心,报得三春晖""滴水之恩,当涌泉相报""谁知盘中餐,

粒粒皆辛苦"等经典诗句。感恩就是感谢他人对自己带来的恩惠,从而进行回报的一种行为。感恩的对象有很多,父母、师长、朋友,以及社会和自然等。当然,感谢父母和朋友是从小的方面来讲的,感谢自然、社会和祖国是升华了的感恩。如今很多学生都认为今天他们所得到的一切都是理所当然的,应该的。把感恩教育和孝文化教育结合起来,大力倡导孝文化,让学生知道什么是感恩,为什么要感恩?接着,要在情感上引导学生,让他们感受到生活中处处有真情,处处有温暖,在情感上激发他们的共鸣,只有有了这样幸福感的共鸣,他们才会自然而然地自觉地进行报恩。

孝文化与感恩文化都是孝道文化的基本元素,它们都是以孝敬父母为出发点的。孝与感恩的关系是,一个是内在的品质,一个是外在的体现。没有孝这个前提和基础,哪里谈得上感恩?孝敬父母和尊敬长辈是感恩教育的基础,作为一个子女,如果不懂得孝敬父母,那么他也是不会懂得感恩的。有了孝与感恩的思想,才会有相应的文明的举动、良好的文化素养、高尚的行为和积极的人生态度。因此,应大力提倡孝文化,重视感恩教育。通过宣传传统文化,使学生加深对孝和感恩的认识,让他们知道感恩的重要性,进而在情感上引导他们懂得父母的艰辛,引起情感共鸣,让他们知道今天的生活来之不易。学生毕竟还年轻,不可能形成完全健全的道德体系,高校思想道德教育要根据这个特点,对学生进行引导式教育,让他们感受到生活中的恩情所在,从而唤起大脑中的情绪记忆,当他们有了一种温暖的幸福感,他们自然而然就会自觉感恩,自觉行孝,回报父母,进而回报社会和人民。

(五)应用各种方法,拓展当代思想政治教育方式

荀子提出的道德教育方法对于拓展当代思想政治教育方法具有重要的参考作用与借鉴价值。汲取荀子德育方法中优秀的成分,拓展思想政治教育方法要更加注重自我反省、注重理论与实践相结合、以文化人和树立榜样的重要性。[①]

---

① 李特.荀子道德教育思想及其当代价值研究[D].锦州:辽宁工业大学,2018:26.

1. 注重自我反省的自我教育方法

荀子"慎其独者"的自我修养法强调自我反省和自我反思的作用。在当代思想政治教育方法中，应该关注人在道德培养中的主体性，发挥道德主体的自觉能动性，激发道德主体进行自我反省，发挥心理疏导的作用，不断提高自身的思想道德境界。目前，社会上出现一些高文化低道德的人，因此，现代教育更要关注自我教育。将荀子"慎其独者"自省方法应用到当代思想政治教育方法中，运用自我教育和自我反省，主动审视自己存在的道德问题，发挥自我心理疏导的作用，实现立德树人。首先，受教育者要树立主体意识。当受教育者认识到做人的尊严与价值时，才能够唤起内在的"善"性，才能够将外在的道德规范逐渐内化为受教育者的道德意识，实现有效的自我反省。其次，要发挥心理疏导的作用。一方面，受教育者要发挥自身的心理疏导作用，自己去领悟道德教育的要求；并充分发挥其主观能动性，自发地思考自身的道德问题，通过慎独来审视自己、通过自律来约束自己。另一方面，要建立有效的心理疏导机制。在发挥自我教育、自我反省的同时，要施加一定的外力作用，对教育者进行心理疏导，从受教育者的实际出发，激发受教育者的自我修养意识和动机，摒弃不正确的道德观，树立正确的道德观念、道德情感、道德意志并付诸行动，成为具有慎独品质和良好道德素养的人。

2. 注重道德认知与道德实践相结合的方法

自古代先哲以来，道德层面上的"知"大多受到人们的重视，而"行"却很少有人关注。先秦儒家学派荀子是第一个提出"行高于知"的教育家，他提出的"行高于知"的实践锻炼法对拓展当代思想政治教育方法产生了重要的影响。荀子提出"行高于知"的实践锻炼法，不仅要求具备充足的道德知识，还要求将道德知识落实到实践行动上，最终达到高水平的道德境界。在当代社会中，道德认知是道德实践的基础，但是道德实践是道德认知的归宿，即使有了道德认知，无法将其转化成道德实践，那么也无法真正地将道德落实到现实层面中去。因此，我们不能单单重视"知"，还应该重视"行"，更应该重视知行统一，注重道德认识与道德实践相结合。首先，要注重知与行的积累。在道德教育中，高校要发挥其作用，在对学生进行道德认知领域的教导后，还要让学生能够体验到真正的道德实践,带领学生参与各类道德实践活动,如参观爱国教育基地;到敬老院帮助孤寡老人,培养尊老爱幼的传统美德;参与志愿者活动,培养自己的友善品质;观看道德模范事例,提升道德境界。其次,要注重知行的转化。道德认知属于理论层面,而道德实践属于实践层面,正如毛泽东所说:"人的正确思想,只能从社会实践中来。"因此,在当代思想政治教育方法中,要注重道德认知与道德实践相结合,两者相互依存,相互转化,只有在实践中转化成道德行动,才能真正实现知与行的转化。

3. 加强以文化人的隐性思想政治教育方法

荀子提出"注错习俗"的环境陶冶法,他认为,人会因为受到不同环境的熏陶而成为不同的人。荀子的这一思想深刻地强调了环境潜移默化的作用。因此,荀子的这一德育方法对当代思想政治教育方法具有重要的借鉴价值。荀子高度重视环境陶冶的作用,应用于当代,我们可以加强"以文化人"的隐性思想政治教育。首先,要重视文化对人的道德熏陶。对于社会层面,应该传播优秀文化,将社会主义核心价值观的基本要求内化于心、外化于行,弘扬优秀的传统文化,以此来熏陶人的道德情感,陶冶人们的道德情操,提升人们的道德素养。对于高校层面,要加强优秀校园文化的建设,习近平强调,"要更加重视以文化人以文育人""广泛开展各类社会实践"。高校要搭建如爱国实践基地,高雅艺术课堂和献爱心的志愿者活动等各类校园文化平台,注重对学生的爱国主义精神培养,对学生欣赏高雅音乐的培养,对学生诚信友善道德品质的培养。通过文化上的交流与传播,加强隐性思想政治教育,从而潜移默化地陶冶人的道德情操,建立良好的道德品质,形成高尚的道德格局。其次,重视社会风气对人的道德熏陶。随着社会的不断发展,西方文化思潮的不断涌进,社会充斥着拜金主义和个人主义的"味道",严重影响了社会风气。因此,要加强对主流文化的引导,弘扬社会主义核心价值观以形成良好的社会氛围,陶冶人们的情操,提升道德修养。最后,重视网络媒体对人的道德熏陶。新媒体的出现将微博、微信带到大众的视野中,潜移默化地影响着使用者的世界观、人生观和价值观,因此要重视新媒体的"威力",引导正能量的新闻力量和舆论导向,提高公民的道德素质和道德格局。

4. 树立弘扬道德建设正能量的榜样教育法

荀子提出"仪正而景正"的身教示范法,高度重视正能量榜样的示范作用,他认为好的榜样能够帮助人们树立正确的道德认知与价值观,而坏的榜样会使人丧失道德判断力,陷入深渊。荀子的身教示范法强调得更多的是好榜样的重要性。将荀子的这一德育方法引入到当代思想政治教育方法体系中,更加注重榜样的作用,弘扬道德建设的正能量,对当代的思想政治教育的发展具有重要意义。首先,要重视家长对子女的榜样示范作用。家庭教育是一个人获得教育的基础,也是对人影响最大的教育。一般来说,孩子的言行举止有父母的影子,言行举止得当的孩子,其家长大多温文尔雅;而举止不得体的孩子,其家长大多缺失道德层面的修养。因此,家长应该以身作则,端正自己的言行举止,不断完善自身的道德修养,提高自己的道德境界,给孩子做出正能量的榜样,成为孩子道德上的标杆。其次,要重视教师对学生的榜样示范作用。荀子对于教师是高度重视的,他指出:"人无师法则隆性矣,有师法则隆积矣。"在荀子看来,人如果没有老师的教导,就没有法的约束,那么他就会随着自己的性子随意做事;但是,如果有了老师的教导和法的约束,那么他就会意识到学习的重要性,注重知识的积累。荀子在这里强调教师的引导和榜样作用。习近平也指出,"要加强师德师风建设""以德立身、以德立学、以德施教"。教师不仅要传授学生科学文化知识,还要严格要求自己,不断完善自身优秀的道德品质,提升道德修养,为学生起到榜样示范作用,让学生受到熏陶,审视自己在道德层面上的问题,并加以改正,从而提升自己的道德素养。最后,要重视领导干部对群众的榜样示范作用。领导干部要端正自身的政风,主动提高自身的思想道德素质,为百姓做好以身示范的榜样作用。同时,社会上还应该树立"典型模范",发挥典型模范的榜样作用。树立道德模范和先进典型,向人民群众充分展示他们的道德品质与道德修养,以崇高的人物形象和高尚的道德事迹为民众树立道德榜样,弘扬道德建设的"正能量"。

第五章

中国传统哲学思想与科学教育

中国传统科技指生活在中国古代的先民们,运用朴素的思维方式,在认识自然、利用自然以及生产劳动的过程中,所积累起来的具有民族特色、世代相传且反映现象本质和规律的经验、知识或操作技巧。美国新实用主义哲学代表罗蒂认为,科学技术本就是"文化之一",是文化样态的组成部分。因而,中国传统科技必然存在着与文化相似的层级构造,即形而下的外显层面,如物化的器物、成就、活动载体等,以及形而上的内隐层面,如科学精神、科学理念、科技价值观等。在漫长的嬗变过程中,中国传统科技凭借其天覆地载的涵盖力,在现代社会延续着其亘古不变的生命力,并以其内秉的科学价值追求不断赓续中华优秀传统文化之精髓。本章通过分析中国传统哲学思想,探究其对当代科学教育的意义。

第一节 中国传统科学思想的发展及其特征分析

当今世界科学技术的飞速发展,以及其在生产生活各个领域的深远影响是显而易见的,而在日新月异的科学技术背后,则是以科学精神、科学思维和科学方法论综合体现的科学思想作为支撑。从传统哲学蕴含的科学萌芽,到现代"科学"已经成为一门"显学",无论民族和地域,其科技思想是一脉相承并且不断发展的。有关中国五千年文明史中科学史的研究很多,大多介绍中国古代的发明和技术,不少科技思想研究也停留在风水学、周易算命等思想上,甚至不少研究怀疑中国古代没有现代意义上的科学技术产生。这对处于社会战略转型时期,经济、文化飞速发展中的我国有着消极的影响。中国古代的科学技术曾长期处于世界领先地位,各个社会阶层和学科领域的创新发明层出不穷,这源于先秦思想中人们的自然观、科技观,以及有关科学精神、科学方法、科学思维以及科学理论奠定的思想基础,回采这些传统文化中科技思想的精髓,对于我国科学技术发展和创新,公民科学素质的提高有着不可替代的作用。

一、中国传统的科学思想

(一)儒家的科技思想

在大多研究理论中,儒家与科学技术不仅没有关系,甚至还是中国传统科技发展的阻力来源之一。[1]但是,儒家并不反对天文、地理、算学和医学等科学技术,早期儒家还将天文、数学等列入自己的知识体系之中。对一些基本的科学技术理论,儒家也有大量独到的论述。荀子首先否定了"天"在神学领域的神秘含义,认为天地万物只是"气"不断运动的结果,自然也是有规律可循的,可以在掌握规律的基础上加以利用。在荀子看来,科学的力量远远胜过任何东西。另外,像曾子对"盖天说"缺陷的质疑、孟子对自然环境保护的论述,都在科学史上留下了光辉的足迹。虽然孔子的思想主要在政治和教育领域有所建树,但在一定程度上也涉及了科技思想领域,其主张"多识鸟兽草木之名",以了解大自然。孔子说"君子不器",以为高明的认识不把其注意力放在具体经验层面上,而致力于通过直观体悟而把握普遍性的知识。"百工居肆以成其事,君子学以致其道。"在思维方式上重直观感悟,以直观笼罩分析,使科学技术的发展得到了较深厚的哲学方法的支持。也曾提出"工欲善其事,必先利其器"这样以科学方法提高劳动效率的观点。还有"良农能稼而不能为穑,良工能巧而不能为顺"等语。可见,儒家的科学思

---

[1] 张江卉.先秦时期的科技思想研究[D].西安:陕西科技大学,2014:12.

想是客观存在的。

(二)道家的科技思想

在与科学技术相关方面,道家的科学思想独具特色。首先是有无相生与循环无穷的理论。道家以为:道是没有生与死,永远不会发生变化的,除此以外,其他所有事物都在无时无刻地生死演化,没有终结。其次是以"道生论"为代表的宇宙起源学说。这一学说出于《老子》,原文极其言简意赅:"道生一,一生二,二生三,三生万物。"在总结前人研究的基础之上认为,"一"是气,"二"指阴阳,"三"代表天、地、人三材。这一学说在学术界和整个社会产生了极大的影响。

老庄的科技思想可说是"好道进技",具体体现为否认科学技术的经验基础,以直觉思维为科学技术的方法,同时强调理论的纯粹抽象性和技术的经验熟练性的特点。"为学日益,为道日损。损之又损,以至于无为。""其出弥远,其知弥少。是以圣人不行而知,不见而明。"对于技术之类的初步了解,尚需不断地增加经验,但感性经验越多,越可能构成对抽象思维的阻碍,真正理解或发明科学技术却需要不断地摆脱具体经验的束缚,一直到经验无所作为之时。

(三)墨家的科技思想

在先秦思想流派中,墨家是在科学技术方面成就最多、涉猎范围较广,也是影响较为深远的学派。墨家弟子多来源于社会下层的手工业者,常年与平民、工匠接触,并亲操其业,学派中许多人更是兼为能工巧匠。因此,墨家在生产、生活乃至战争的实践中积累了诸多技术经验,产生和掌握了大量科技思想和科技知识。

以墨子为代表的墨家成员大多是手工业生产者,处在社会的底层,亲历亲知进行实践活动,加上当时自由浓厚的学术氛围,他们天然地实现了学者与工匠的结合,将实践经验上升为科学理论知识,抽象出许多朴素唯物主义意义上的科学思想。墨家最大的科学成就是将自然界作为科学活动的研究对象,独立于伦理道德来探索自然规律,科学首先在于"摹略万物之然",然后是物质生产。此外,墨家第一次将"辩"即逻辑发展为一门学问,发展出"名""辞""说"(推理)的辩学体系,要保持思维缜密,就要坚持同一律、排中律和矛盾律。《中国大百科全书·哲学·逻辑》将中国逻辑史、印度逻辑史和西方逻辑史并列为三大逻辑。

周礼全撰"逻辑"条释文,并列中国、印度和希腊为"三个不同的逻辑传统",肯定《墨经》中有"应用元语言来表述的逻辑规律",《墨经》中的逻辑已开始进入形式逻辑的阶段"。冯友兰认为《墨经》"有一个逻辑体系成为中国哲学史中光辉的一页","后期墨家对于中国古代逻辑学的发展做出了重大的贡献"。任继愈认为:"后期墨家的逻辑理论相当完整严谨","成为先秦时代最高水平的逻辑学理论,在整个中国逻辑史上都占有光辉的地位,直到今天仍给人以可贵的教益。"梁启超将墨子与培根相提并论:"吾东方之培根,已生于二千年前。"而且墨家在认识论上首次提出检验真理的三表法,有丰富的方法论的思想,如观察法、实验法、归纳法、比较法、类推法等。胡适认为墨家是发展归纳和演绎方法以及科学逻辑的唯一中国思想学派。墨家逻辑学的智慧闪光以及它在科学中的建树,由于墨家自身的限制和历史局限性,以及"半部《论语》,可以治天下"的儒家正统地位的挤压,曾经并称"显学"的儒墨两家的墨家日渐衰微,其科学性没有进一步发展成近代科学,但墨家开创的逻辑学、理性思辨影响深远。

(四)名家的科技思想

推理出一些常人难以想象,甚至是悖论的命题,是名家所擅长的。然而这些现存的虽然有些看起来违背常理,属于哲学范畴的命题,其与科学思想与逻辑思维有着密切的关系,如"白马非马"以及类似飞矢不动,一份物体每天拿走其中一半,永远都取不完。

上述的这些名家的命题,表面上看起来有悖常理、匪夷所思,但是某些合理的内核与逻辑思维却蕴含其中。名家思想实际上是由一些逻辑思辨思维组成的,精于区别、分析和明辨事物的共性与个性、同一性与多样性、普遍规律与特殊规律等,其在中国科学思想史上首次注重了逻辑思维的作用,对科学思想的进步有着重要意义。

(五)阴阳家的科技思想

阴阳家在春秋战国诸子百家中,是影响较小但较为独特的派别。阴阳家将气、阴阳概念、五行学说与宗教观念归于自己的理论体系,并以此突出特点,成为一个带有宗教意味的学术派别。阴阳家的内部又有诸多小的派系,除了五运派以外,其他各支系都与科学技术有着或多或少的关联。

方仙道是道教的前身,尽管违反科学规律并有着长生不死的追求,从而致力于炼制丹药。但是,其将人的生命健康延续的方法从"天命"和神灵中解放出来,坚持在对自然界材料性质的分析和物理、化学性能的探索中寻找使人长生不老的方法,并且在炼制丹药的时候运用近似现代实验的方法,对于原料配比、炉温等工艺影响因素进行探索。这极大地带动了人们对自然界的探索实践,从一个侧面促进了物理、化学、地质等学科的发展。

二、中国传统科学思想的特征

(一)独特的逻辑思维与体系

中国传统科学是以《周易》、算学为基础建构起来的,在发展的过程中有自身独特的逻辑思维和理论体系、方法验证和评价标准,而且具有自身的科学特征,也总结出自身的规律,是和以西方实验为基础的近代科学完全不同的,二者存在差异,不可强求。中国传统科学没有发展成近代意义上西方的科学,但这不影响中国古代是有科学的结论。

国内外有许多著名的学者都认为中国古代是有科学的,如罗素、赖欣巴赫、沈铭贤、李申、董光璧等。罗素、赖欣巴赫认为,凡是确切的知识,都是科学。沈铭贤认为科学史和科学哲学界公认古代有科学,不能机械地套用近代科学的标准,如实地承认中国古代有科学是一种历史的态度,也是一种宽容的态度。

(二)注重实用性与实践性

中国传统科学具有重实用等特征,但这不能成为没有科学的借口,因为科学和社会实践活动相连的缘故,在西方也有这些特点,当然西方没有中国的突出。如果说重实践就没有科学,这是悖论,而且完全是两码事。当然,中国科学偏重实践的同时,没有跟进建立起系统的理论体系,不利于产生近代西方意义上的科学,而不能颠倒过来说没有科学,批判实践。实践无可厚非,是科学的第一特征,实践性至多是比照和反衬出人们的行为习惯。中国古代有过辉煌和衰落,虽然在近代落伍,却不影响中国古代曾经有科学。

中国古代是有科学的,而且当之无愧。因此,最准确的表述只能是中国古代没有发展成近代西方意义上的科学。有人认为中国古代没有天文学,因为天文历法多用于观测天象,卜吉凶,天人感应,天降祥瑞,维护统治者需要等,然而在其发展中符合天文学的特征,符合古代天文学体系,取得了很多成就,这就是科学。科学是侧重成就的而不是侧重动机的,因为维护统治需要等侧重点就说没有科学是本末倒置,也很牵强附会。动机不纯,科学发展会受限,但不能因此就否定是科学;动机上不在于纯粹发展科学却发展起来了,那同样说得上是科学。

(三)凸显地方性特征

从地方性知识的观点看,中国传统科学是科学,而它的科学性也正是它的"地方性"特征。[①] 那么,中国传统科学的地方性特征表现在哪些方面呢?它主要表现在与西方科学特别是近代西方科学的不同方面。

中国传统科学产生的背景具有地方性特征,它产生于中国特有的地理环境中,是政治、经济、社会、文化、气候等共同作用的结果;它产生于中国特有的农耕文明中,农耕乃衣食之源、人类文明之根。农耕文明地带主要集中在北纬20度到40度之间,是人类早期文明的发源地域。农耕文化是世界上最早的文化之一,也是对人类影响最大的文化之一。中国是农耕文明的重要典型,中国为大陆文化,"以农为本,兼顾工商",以自给自足的小农经济为主;它产生于中国特有的"天人合一""物我一体"的整体思维方式中,"万物同源""万物同构",突出强调万物之间的趋同,不强调个体差异性。中国古人的认识建立在直观经验和形象感性的基础上,多以主体意象性的联想与类比推演为主,通过无可言明的直观的心领意会方式传递相关信息,寒暑易节,对自然现象直觉洞察和体悟的天地四方格局,从混沌中清理思绪,从无序中分化有序,认识和把握宇宙万物运行和生长规律,逐渐建立起一整套贯穿宇宙和人间的思想体系。

中西方存在相当多的差异,是政治、经济、文化、历史、教育、自然、地域、地理条件、生态环境、生活方式等诸多因素长期实践的效果,这也是科学差异的原因。中国"科学"有着特别的特征,中西方科学的特征及行事方式迥异,这也正是中国传统科学的地方性特征,也就是它的独特气质。中国传统科学重实践、重应用,多定性描述,多是经验积累,重

---

① 朱晓鲜."地方性知识"视域下的中国古代科学[D].新乡:河南师范大学,2012:33.

感性思维,缺少形式逻辑,不擅长理论的构建。中国传统科学具有经验性、神秘性、感知性、不可验证性等特征。科学方法是演绎法。传统文化以儒家伦理为主导的内倾文化,儒释道合流,强调内在的超越,注重整体性,重伦理道德,重人文情怀;西方重理论更新,构建完善的理论体系、多定量分析,重逻辑性、重理性思维、重形式逻辑、重理智析理,重视观察和实验,具有严密的实验论证。科学方法是归纳法,强调客观性、可重复性、可测量性、可验证性、可证伪性等特征。西方文化有明显的外倾性,以基督教为主,强调外在的超越,重个体性,崇尚个人价值,坚持主客二分,擅长推理和深究,探索拷问自然。中国教育以私塾和学堂为主,西方教育模式化、系统化;中国古代学术不分,"德成而上,艺成而下"的观念因袭已久,西方学术分工明确;中国知识分子为实用求知,西方学者为求知而求知等。另外,西方学科分流,形成完整的科学体系,中国没有形成专门的分类学科体系;西方人喜欢刨根问底地问"为什么",层层递进地找寻根源和原理,中国人很少深究原因,注重概念性的运用,关注"怎么样""怎么做",中国不知何为科学,也不用科学的道理来解释实际所发生的一切。

中西科学方面的差异根源多在于思维方式。当代学者楚渔在《中国人的思维批判》就认为理性思维的不足是我们中国近代科学发展缓慢的主要原因。梁漱溟认为中西哲学是动、静两种完全不同的思维模式。[①] 张东荪指出:"欧洲哲学倾向于在实体中去寻求真实性,而中国哲学则倾向于在关系中去寻求。"[②] 当然,思维方式是由历史教育、文化等综合因素形成的,思维方式影响了教育和人才的培养,教育又培养出了下一代的思维方式,形成联动效应循环。思维方式具有长期历史性和稳定性,一旦形成很难改变。思维方式和文化也是密切相连的,思维根源于文化又影响文化的延续和更新,也形成相互影响相互作用的循环圈。电影《刮痧》正是中西方文化和思维差异演绎,西方不了解中国医学导致的一场闹剧。思维方式无好坏之分,但是可以分析交流,中国可以借鉴吸收西方精华之处,提升自己。

中国传统科学的地方性特征表现为它有一套自己的语言范畴和体系,有一套自己的哲学理论基础。中国古代数学、农学、医学、天文学等

---

① 梁漱溟.东西文化及其哲学[M].北京:商务印书馆,1999:35.
② 王前.李约瑟对中国传统科学思维方式研究的贡献[J].自然辩证法通讯,1996(2):52-53.

科学都是和《周易》分不开的,和阴阳等概念有着密切的联系,由《周易》逐渐演化产生并最终独立出来的。关于《周易》的解释多种,一般认为周即无所不备、周而复始、生生不息;易为日月为易,象征阴阳消长的相互变化。易又有"道",即恒常的真理,即使事物随着时空变幻,恒常的道不变。《系辞传》曰,"生生之谓易",体现生命之美、日新又新。"易有太极,是生两仪,两仪生四象,四象生八卦",易卦系统最基本的要素为阴阳概念,包括阴阳的性质和状态两层意义。阴阳的性质用阳爻和阴爻表示阴阳,阴阳爻按照由下往上重叠三次,形成八卦,再经两两重叠,衍生六十四卦。若考虑阴阳的状态,又进一步划分为"老阴、老阳、少阴、少阳"(亦称"太阴,太阳,少阴,少阳")四种情形。易道讲究阴阳互应、刚柔相济,提倡自强不息、厚德载物。而中国传统科学正是从这些阴阳变化中而来的。例如,《系辞传》认为舟楫、臼杵、弧矢等科学工具取自《易经》的涣、小过、睽等卦。天文历法季节、节气、日数、方位等是与《周易》的"卦气说""爻辰说""纳甲说"的典型结合。《周易》历经数千年之沧桑,已成为中华文化之根。《周易》是一部古老而又灿烂的文化瑰宝,建立在阴阳二元论基础上对事物运行规律加以论证和描述,对天地万物进行性状归类,形成天干地支、五行论,甚至精确到可以对事物的未来发展做出较为准确的预测。但是对天地、人事占测只属其中的一项功能,其实《周易》囊括了天文、地理、军事、科学、文学、农学等丰富的知识内容。只要能读懂《周易》,无论是哪一行从业者都能在其中汲取智慧的力量,应该说《周易》是一门博大精深的学问,为中国传统科学的产生奠定了理论基础。

第二节 中国传统科学教育的内容与组织形式

中国古代科技教育具有多途径的特点,既有官方科技专门学校的科技教育,又有私学、家传和艺徒制的科技教育;既有政府专门机构和官员的科技教育,又有民间的科学技术普及活动。认真总结我国古代科技教育的经验,在倡导"科教兴国"的今天,对我们提高教育质量、培养科技人才、推动科技发展将是十分有益的。

第五章
中国传统哲学思想与科学教育

一、中国传统科学教育的内容

（一）具有"内源于生活、外寓于游戏"的教学素材

陶行知主张让教育回归生活，让教学内容紧扣生活经验，这已在义务教育阶段各学科教学标准中得到落实。[1]然而，在当下的小学教育中，依旧存在教学内容与现实生活相脱离、教学方式与儿童生活的主体性相脱节、学校教育与社会生活相割裂等问题，制约着新时代小学教育的革新。此外，单纯的口授教学已无法满足信息化时代儿童对教学过程的主观期望，而作为教学补充形式的课堂小游戏，不仅能够满足学生的本能需求，而且可以通过沉浸式的课堂情境，实现建立在班集体基础之上的深层次交往与互动。但在现实教学过程中，可供选择的教学素材供不应求，并且教师过分聚焦静态教学文本作用于群体的均质价值，致使课堂互动停留于浅层，无法实现听与讲的有效转化。

而中国传统科技基于"经世致用"的思想，具有显著的生活性与实践性，多围绕人们日常生活的衣食住行展开，源于生活，作用于生产，且高于生计，以解决生活实际所需为其价值追求，具有浓厚的实用理性色彩。例如，古代农民根据多年耕作经验总结而得的二十四节气歌，向学生传递着气候变化与农时耕作的关联，引导学生通过观察日常生活中的自然现象，探索自然万物之间的联系，掌握基本生活常识。又如，古人用圭表测量日影长度，用日晷判断太阳方位，以把握时间，这些朴素的测时工具向学生传递了基础的天文计时知识，并引导学生借助身边的可用之物来切身体悟自然知识，帮助学生掌握必不可少的生活技能，实现自身主体性的复归，进一步培养其实践操作意识。

此外，深受古代儒学"寓教于乐"精神熏陶的传统科技教育，呈现出知乐结合的特点，能够弥补当下小学教育中知识与历史情境相割裂的缺陷，缓解抽象化理论与学生具体化思维相对立的局面。例如，在讲授轴对称相关知识时，教师可以借助古代立春的岁时民俗——剪窗花，让学生在手脑的协调与配合、纸张的旋转与翻折之中，感悟点、线、面的转化以及图案的轴对称与线条纹饰的镂空留白之美，实现思维与行动的统

---

[1] 张紫薇，渠慧慧.中国传统科技融入小学教育的价值阐释[J].科教文汇，2022（2）：126.

一。又如,在涉及冷、热空气相关知识点的教学中,教师可以开展"制作走马灯"相关班级活动,引导学生合作探索走马灯中"叶轮旋转与光线传播"的原理,让学生在交往与互动中培养合作意识,并且活动中创设的历史文化情境,使得走马灯这一教学素材回归历史实践语境,实现了不受时空限制的寓教于乐,有助于学生感悟游戏背后所蕴含的民俗内蕴与人文情感。

(二)具有跨学科的教学理念

在人类历史进程中,由于生产力水平的提高,人们对于客观世界的认知方式由朴素的整体观过渡到建立在知识本位基础之上的分解还原观,而在"第四次工业革命"的背景下,各学科的知识呈现与之相反的态势,知识之间开始相互渗透、相互融合,呈现出跨越分科界线,融合主观与客观、本质世界与现象世界的趋势。新型交叉学科的出现,印证了后现代主义哲学家费耶阿本德的观点:科学革命,本质上就是"后向运动时期",科学史上的一个新时期开始于一种向后运动,它把我们带回理论上较为含糊、经验较少的较早阶段。然而,长期的解构思维使得人们形成一种机械的思维定式,对待复杂的现代科技问题仍寄希望于某一封闭的学科体系与孤立的基础理论,这使得科学研究停滞不前。而教育作为科技的后备力量,也呈现出相应的态势。跨学科的融合教育发挥着传统课堂难以比拟的价值,但长期的分科教学使得教育工作者形成一种路径依赖,致使我国当下的小学课堂仍旧遵循分科教学的思路,知识点的传授也建立在细致的学科分类基础之上,以教材为媒介构成一个知识体系完整自洽的整体,但如此规整的学科提纲使得知识在脑海中成为封闭的个体,"每一门学科与其他学科区分得清楚明白,像彼此分离的相邻房间一样"。以人的主观意愿划分而成的学科体系,割裂了知识的完整性,使得学生在面对复杂的现实情境时,难以有效调动其所涉及的分门别类的知识,难以用整合视野去分析解决问题。

我国传统科学建立在"文史哲不分家"的观念之上,自古以来就有学科融合的传统,将其包罗万象的知识体系融入教学,能够给予学生跨学科的体验与感悟。例如,以描写我国自然风貌闻名遐迩的《徐霞客游记》,是一部充分融合地质学、水文学与人文地理学的科学著作,也是高举晚明"独抒性灵"小品精神的散文巨作,它以旖旎美妙的文字向学生展现了我国的名山大川与风土人情,也给予学生文学熏陶,让学生在作者灵动的笔触之间感悟语言艺术之美。又如,《考工记》是一部记载我国传统科学工艺的技术典籍,其中既有古人的科学造物智慧,也凝聚着工匠们对美的追求,将其融入教育,一方面通过历史场景复现实现古代器物时代价值的复归,引导学生通过实践操作来感悟古代朴素的造物工艺,另一方面则以"天圆地方""中规中矩"等美学思想,给予学生艺术熏陶与"以道驭技"的美感教育,提升学生审美水平与人文素养。

二、中国传统科学教育的组织形式

(一)官方科技教育

我国古代的官方科技教育可以说是多方面、多层次的。[①]

(1)政府通过设立专科技术学校来培养科技人才,这是我国传统科技教育的一种主要形式。这种官方的科学技术学校从领导体制上看有两种类型。

一是算学,多由教育行政部门国子监(寺)领导。隋朝设立了国子寺,作为全国最高学府,内设祭酒一人,领导国子、太学、四门、书学、算学等馆,并"各置博士、助学、学生等员"。其中算学设算学博士1人,助教2人,学生8人,由算学博士指导学生学习算学,后停办。算学教学同土地测量、历法推算、水利和建筑工程等实际问题相互联系。实行七年的学制教育,学成之后参加科举考试中的明算科考试,考查学生的"明数造术,详明术理"的能力,即理论(术理)与运算技能(术数)两个方面。也就是既要掌握运算法则,具有运算能力,又必须通晓数学的基本原理。考中之后政府予以录用,委以官职。这种考试原则兼顾知识与智能两个方面,在一千多年前是先进的,在今天也是可取的。因此,算学虽是专科教育,却也归于当时"普通教育"之列,隶属国子监领导(除个别时期隶属太史局)。即便如此,古代的这种算学教育还是对我国古代数学的发展起到了极大的推动作用,中国历史上涌现出了祖冲之等一大批数学人才,在数学发展史上书写了光辉的一笔。

二是医学、天文、历法专门学校,多由朝廷所设相应的业务部门领

---

① 封太忠,曲爱香.中国古代的科技教育及其启示[J].科技资讯,2011(17):172.

导。医学专科学校,由太医署(或称太医院)领导。太医署是管理全国医药、为皇室提供医疗保障的机构,北魏时开始要求太医署的太医招收学生,传授医药知识。隋代的太医署作为医学教育机构,下设医、咒禁及按摩三科,每科设博士及助教各二人,以教授学生。隋立国太短,医学教育制度尚未详备,至唐代才逐渐完善。唐代的太医署是当时世界上最早、规模最大、组织最完备的医学校。太医署设有医、药两个部分,并附设药园。医学部分又分为四科,即医科、针科、按摩及咒禁,而以医科的规模为最大,又详分体疗、疮肿、少小、耳目口齿、角法(拔火罐等疗法)五科。

(2)政府通过设立专门的政府机构和官员来普及科技知识。西周就设有民政官大司徒,掌管教民生产的职事。《周礼·大司徒》记载了这十二项涉及大田农作、果树、蔬菜的辨种,采伐山林材物,采集野生果物的生产,鸟兽的养殖,以及化治丝麻的副业操作等的技术,几乎囊括了当时农、林、牧、副各业。汉代设有"大司农"和"力田"一类管理,负责管理农业生产和推广农业生产技术。

(二)民间科技教育

我国传统科技教育,其精华部分在民间。采取私家传授的方法,形式多样,内容丰富,在专深广博上都超过了官学。中国古代在春秋战国、魏晋南北朝和宋金元时期所出现的三次科技发展的高峰,都处于战乱中官学衰微、私学发达的时期。中国古代杰出的科学家、发明家除天文学外,从官学中培养出来的并不多,相反,大多出自民间市井百工之人。民间科技教育主要有以下几种形式。

(1)私学科技教育。春秋战国之际,随着官学的衰落,私学兴起,在学术上形成了"百家争鸣"的繁荣局面。

(2)家传制。中国手工工艺技术教育主要采取家传和带徒。家传制即父子世代相传科学技术知识,从而造成了《管子·匡业》中描述的"农之子常为农""工之子常为工"的现象。唐代规定"工巧作业之子弟,一入工匠后,不得别入诸色"。这就从法律上规定了劳动人民工艺技术的传授形式主要是家传。

(3)艺徒制。所谓艺徒制,是一边参加生产实践,一边接受关于生产技术教育的一种科技教育形式。无论是在官营作坊,还是在私营作坊中,艺徒制都是传授科技知识、手工技艺、培养后备人才的主要途径(虽然官营作坊中的艺徒制带有官方性质,但教师是民间的工艺名师,因此把官营中的艺徒制也列入民间科技教育的范畴)。

(4)民间自发的科学知识普及活动。这种活动形式之一就是民间科普读物的传播。民间的科普活动不凭借官方的力量,主要依靠自身的适应性而获得生存发展的活力。

第三节 传统科学教育思想对当代科学教育的启示

科技是提升国家核心竞争力的关键。在漫长的历史发展进程中,古代科技也经受兴衰,同样创造的不朽的历史。中国古代的科技发展成就为世界所瞩目,中国古代科技的发展,为世界物质文明和精神文明的进步做出了不可磨灭的贡献。有科技,就有不同形式的科技教育。在我国古代,从神农氏"始教民为耒耜以兴农业""始教耕稼"和后稷教民稼穑开始,以后各代逐步演变发展,形成了中国古代科技教育的独立领域、丰富内容和特有方法,中国古代的科技教育是中国古代科技不断发展的重要推动力。

一、穷究天理,培养客观科学态度

(一)穷究天理的探索精神

孔子重视学习,一生追求真理,甚至提出:"朝闻道,夕死可矣。"孔子之贤,是手不释卷,不耻下问,"三人行,必有我师焉"。他以这种精神来勤学苦读,最终"博古今,通百学",达到"三十而立,四十而不惑,五十而知天命"的状态,不管是学术方面,还是品行方面,都足以成为社会之典范,以宇宙之大,生命之奥,远非一人一世可以尽知。但是圣人掌握了普遍规律,不断修学,继续做自明诚的功夫,时时观照自己的心理言行,就能达到穷究天理的澄明之境。孔子50岁时,能够穷尽天道人事之理,通达古今变生之则,达到"知天命"的状态;60岁时,孔子凭观言察钯即可辨清一切正邪,声入心通即能明明白白,绝不会被各种人事蒙蔽,然而又能宽容泰然,达到了"耳顺"的状态;70岁时,凡事能随心,言行无差错,事事合乎中道,言行皆合天理人伦,这样就达到了圣人之境。这些境界的达成都是以好学为基本前提的。只有不断学习,不断探索,我们才能掌握自然规律和人生真谛,才能让我们真正进入"自由"之境。自由不是不守法则,相反,是充分知晓法则,善于运用规律。孔子是2000多年来中华民族的精神导师,他告诉我们立言立行、成圣为贤的基本道理,同时又提醒我们,成圣为贤重在立志努力。做君子,就要做到"天行健,君子以自强不息"。任何一门学问,都是先凡后圣。科学研究遵循规律,用力日久,自然有成,切不可畏难退缩,半途而废。学而时习之,不亦说乎。

(二)子不语怪力乱神的客观立学思想

孔子认为,知识对人的德行有极其重要的作用。道德若缺乏知识和真理支撑,行为就会走向反面。在科学探索中,只有不断充实知识,追求真理,才能保持良好德行。同时,要保持科学理性,不要相信不科学的离奇现象,"子不语怪力乱神"(《论语·述而》),应当"敬鬼神而远之"(《论语·雍也》)。《易传》中有言:"吾与史巫,同途而殊归者也。"何谓同途?东周之际,百家勃兴。这个学术鼎盛的时代,并不是无缘无故突然产生的,而是在长期积累的基础上,由量变而产生了质变。这个积累,其中一个最重要的内容,就是关于宗教的思想、知识的积累。所以,百家争鸣的发轫,即对宗教文化的总结,细考诸家学说,都能看得出或多或少脱胎于宗教的痕迹。特别是儒家,其来源于古代葬礼的变化,孔子曾向老子学藏翻开三礼本身,历历可见,很多制度礼节的由来,都由法天敬神、祭祀祖宗等事来,儒家的思想是本于宗教的。此谓之"同途"。

为何是殊归呢?由神而礼,由礼及人。礼的存在是人与神之间的连接。往后走,巫史之流,反溯至殷商,即巫鬼一道。而向前演变至于周,则渐变为人权也,即周公倡礼。礼,在当时,是拥有合法性的一套制度,天下是靠礼来治理的。所谓上下各安其位,各司其职。在孔子内心里,伦德纲常远比怪力乱神更加重要。所以,他的不语不仅仅是因为他不知道,本着科学严谨的态度而不去评论,也是一种态度,是诸子在学术、政治上后刻意与宗教疏离,从而成为实事求是、客观立学的例证。

孔子在科学发展方面强调经世致用。在对待科学应用上,孔子格外重视和强调"六府"(即水、火、金、木、土、谷)和"三事"(即正德、利用、厚生)。在他看来,只有"六府""三事"才是经世致用的技术,而那些易让帝王"玩物丧志"或让百姓耽于享乐而不做"正经事"的技艺,才是他抨击的"奇技淫巧"。《尚书》中说:"玩人丧德,玩物丧志。志以道宁,言以道接。不作无益害有益,功乃成;不贵异物贱用物,民乃足。"显然,"玩物丧志""贵异物"的"物"才是"奇技淫巧"之物。有人说,儒家鄙视和排斥一切科学技术,将科学技术统统称为"奇技淫巧",显然是对孔子科学思想的错误解读,事实并非如此。

二、提出质疑,发挥实证精神

(一)质疑精神

中国传统哲学思想中,从儒家对"思"与"学"的辩证关系推出的,提倡独立思考,到道家的"反其道而行之",都充斥了质疑与批判的精神。屈原的《天问》更是以三百余疑问句,对神话和先哲们提出了挑战。《天问》开篇就以一种严肃拷问的态度向先哲们提出了质疑:"曰遂古之初,谁传道之?……阴阳三合,何本何化?"《天问》蕴藏了敢于怀疑和勇于探索的两重内涵。首先,对于权威、传统的质疑往往是揭示真理的关键一步,亚里士多德说,"我爱我师,但我更爱真理",创立了与柏拉图截然不同的哲学体系。哥白尼对传统经院哲学和"地心说"的挑战,是对基督教宇宙观之根基的沉重打击,西方的哲学和自然科学一路伴随着"质疑""挑战"和"矛盾"而前进。屈原对于道家、儒家、神话等权威的质疑,其所需要的勇气和体现的探索精神,绝不亚于哥白尼和伽利略。其次,质疑和探索要符合科学的逻辑规律,屈原之"问"在内容和结构上是经过了精巧构思和缜密考虑的,从宇宙形成最初的"上下未形",到天地分开后各种物质充盈浮动的"冯翼惟像",再到"阴阳三合"的物质之间化合分解,这是比较符合近代天文学对宇宙形成过程的猜想,而屈原对于"宇宙从何而来?""时间从哪儿为开端"以及如何考证等问题,至今仍然是哲学和科学界所探索的重要课题。

屈原虽然不是一位严格意义上的自然科学家,但是他在探求真理的"修远之漫漫长路"中的"上下求索"是完全符合科学家坚强不息、勇于探索精神的。和墨家同样,屈原作为一名诗人,对自然的疑问并没有引起社会的重视。至于屈原本身对自然界的这些疑问是出于科学精神,还是对自己郁郁不得志的宣泄,这里暂且不论。但是《天问》本身设问范围之宽广,所蕴含的敢于质疑的精神,与问题结构之科学严谨体现的善于质疑的精神是客观存在的。

(二)实证精神

实证精神讲求以客观实际为出发点,用确定的事实,如实揭示对事物本来面目的思考与研究精神。《墨经》中的《小取》篇中"摹略万物之然"正体现了这种实证精神,说明人对事物的现象及原因("然")的认识,是对客观事物的真实反映("摹略")。

墨家的实证精神,与其朴素的唯物主义自然观和反映论是分不开的,《墨经》论述,"知,接也。"又说:"知,知也者,以其知遇物,而能貌之,若见。"也就是强调人的主观认识反映客观事物的过程,才是认知。而后在其《经上》和《经说上》中,讲述的各种物理、几何学概念与原理中,尤其在论述滑轮、球面镜、杠杆和斜坡面等原理时,有大量的实验过程说明,始终贯穿着这种实证主义精神。其中最著名的就是墨家进行的针孔成像实验:在一个没有光线的房间的墙上打开一个圆孔,同时一个人站在太阳光下,投影在房间内会形成一个倒立人影,这也是有记载人类最早的小孔成像实验。

除此之外,墨子为了检验认识,防止主观武断,提出了论证的以"立言之仪"为准则:首先"上本之于古者圣王之事",这是注重历史经验教训。其次是"下原察百姓耳目之实",这是说明对事物的认识判别,需要和大多数人的实际经验、所见所闻结合起来。最后"发以为刑政,观其中国家百姓人民之利",就是立言立论的落脚点还是要看在社会中的实践效果,是否对国家人民有利。这"三法"的实质其实就是注重实证。

屈原的《天问》也体现了这种实证精神。《天问》中诸如"何由考之?""何以识之?""孰营度之?""孰初做之?""何以兴之?""何以迁之?"的反问有二十余处,在这种否定和质疑的行文风格中,蕴含着屈原探究和验证真理的理念。首先,事实必须通过观察或者感觉经验,而不是臆想和猜测。其次,用以考察和观察的事物必须是客观实在的,而不是虚幻缥缈的。"圜则九重,孰营度之?惟兹何功,孰初作之?"对于九重天的无法度量以及神女未婚生子的怀疑,其实是屈原质疑神话传说和人们的实际经验的客观联系,否认神话传说中事物虚幻的因果关系,并因此认为传说故事不具有现实性和科学性。

孔德在其《论实证精神》中叙述人的思辨分为神学、形而上学和实证阶段。中国古代思想进入神学和形而上学阶段较早,而墨家由于衰落较快,始终没有形成传统文化主导思潮,其实证精神最终没有发展为近代科学实验精神。

三、制订研究方案,探究科学的教学策略

因为科学与物理学科紧密相关,下面从中学物理教学入手来分析,如何将中国传统科学技术融入中学物理教学的教学策略。

(一)"古物引导探究"式教学策略

中国传统科学与技术作为物理课堂教学中的一种素材与手段有着极其重要的教育价值。[①]科学技术的产生离不开物理学的发展,传统科学技术亦是如此。中国古代科技的产生与发展的背后,隐藏着中国古人高超的智慧与解决问题的能力。将中国传统科学与技术融入中学物理教学中,在为教师提供丰富的研究课题及素材的同时,也为学生提供了广阔的科学探究平台,创设了新颖的物理问题情景。新课程标准要求注重培养学生的科学探究能力。科学探究是一种能力,更是一种精神,是新课程改革中的一大亮点。根据新课程标准对"科学探究"的定义以及学生培养目标的要求,结合古科学技术本身所蕴含的科学探究性价值,提出了"古物引导探究"式教学策略。

所谓"古物引导探究"式教学策略,是指在物理教学过程中,由教师结合具体教学内容选择相应的古物并演示其物理现象,引导学生积极思考,提出研究问题,制定研究方案,通过进一步实验,探究得到解释问题的证据,让学生主动探究,培养其提出问题与解决问题的能力的新型的教学策略。此策略的最大创新之处在于将古代科学技术引入课堂之中,严格依据新课程标准中的教学理念与课程目标,充分发挥传统科学技术的教育价值,调动学生学习物理的兴趣与探究积极性。

"古物引导探究"式教学策略的主要教学环节。

第一,在新课引入教学中,教师结合具体的教学内容,准确地选择与课题相关的古代科学技术,演示古物教具,为学生创设物理情景。学生通过观察实验现象,在教师的引导下提出需要解决的问题。在这一环节

---

① 胡泽芹.中国古代科学技术在中学物理教学中的应用研究[D].武汉:华中师范大学,2018:47.

中,教师还可以向学生介绍这一古代科技的产生与发展历程,以及传统科学家进行科学探究的方法和这一传统科技的应用情况等。古物教具的演示环节既能引起学生的好奇心,培养学生对古人智慧的敬畏之心,又能促使学生利用传统科学技术进行深入的探究。

第二,教师依据古物教具的演示,促使学生积极思考并提出问题,让学生提出自己的观点与猜想,让学生自己做出判断,培养学生的独立思考与批判质疑的能力。教师可以向学生介绍古物的内部结构及工作原理,如果是简单的教具,还可让学生自己动手去拆开教具,发掘传统科技背后隐藏的物理原理。通过对传统科学技术工作原理的进一步探究学习,引导学生回忆自己提出的观点,进一步深化自己的观点与假设。同时,鼓励并引导学生设计实验,进一步探究物理规律。

第三,教师将学生提出的众多观点尽心筛选并分类,将学生分组,要求学生选择某种观点设计实验,并运用手中的实验器材进行实验。在这一环节中,能够激发学生的创造力与想象力,锻炼学生的动手能力与实验探究能力。学生通过实验得到检验自己的观点或假设是否正确的证据,并做出解释。

第四,教师引导学生归纳总结出实验结论,讲授正确的科学知识与观念。这一环节,学生经历了证据收集与整理,归纳总结并得出结论,形成科学观念与科学方法,真正地做到物理核心素养的提升。通过师生之间的交流,学生总结并反思科学探究过程,深刻理解科学观念与科学探究本质。

从上述环节中可以看出,此教学策略具有以下几个特点:利用古代科学技术折射出物理知识与原理,将科学观念的学习与科学技术史、科学哲学的学习有机地融为一体;充分发挥学生的主观能动性,鼓励并引导学生主动学习及积极建构科学知识;学生经历科学探究的过程,提升自身科学探究能力、培养科学精神以及科学思维;学习古人科学态度与责任,树立学生严谨认真、实事求是和持之以恒的科学态度。

同时,应用此教学策略时,应当注意以下几点:注重素材的选取与教材内容的统一性,素材的选取一定要为了辅助教学服务,恰当准确地选择素材才能更好地促进学生对知识与概念的理解;注重科学思维与科学探究方法教育,挖掘古代科学技术的发展与演变历程以及科学家们的探究方法,引导学生积极建构科学思维;注重情感态度价值观教育,传统科学技术是中华民族的瑰宝,是民族自强不息的灵魂,学生通过学习提升自己的民族自豪感,同时培养正确的情感态度价值观。

(二)"主体参与型"教学策略

与"古物引导探究"式教学策略不同,"主体参与型"教学策略强调学生在教学过程中的主体地位。新课程标准提倡教学方式多样化,教师要引导学生自主学习,培养和发展学生的自主学习能力。"主体参与型"教学策略能够调动学生的积极性与主动性,使学生的学习真正从兴趣出发,主动地进行学习,提升学习效率。

"主体参与型"教学策略的教学程序如下。

1. 创设情境

依据教学内容及教学目标的要求,创设符合学生发展与特点的问题情境。情境的创设要能够激发学生的学习意识与主动性。通过问题情境的引入,能够培养学生的问题意识,发挥学生的主观能动性,提高学生的学习兴趣与求知欲。

2. 讨论合作

通过问题情境的创设,引导学生积极讨论并积极主动参与教学活动。在自主参与的过程中,学生能够展开分析,积极思考,也要积极参与集体探讨,寻求解决办法。通过自主探索,培养学生的自主参与意识,经历知识探究的全过程,培养科学的思维方法。

引导学生积极合作,可以是学生之间相互交流讨论,也可以是小组与小组之间交流合作,重在营造一种生动的具有激情的学习氛围。通过积极讨论,有效引导学生归纳自己的观点与见解,进而对自己的学习结论进行再次认识与改造。

3. 实践检验

学生形成创新的见解之后,进行探索研究,通过实验验证自己的观点与想法是否具有科学性。通过实践学习,培养创新意识,联系学生生活实际,引导学生从生活经验和既有知识中学习物理和理解物理,培养学生用科学的观点和方法去观察周围事物,在分析和解决物理问题中发现和创新。

4.自我评价

学生的自我评价有益于学生重新审视自己、反思自己,适时地调整自己的学习计划与方式,从而促进学生综合能力的发展。教师要帮助并引导学生意识到自我评价对其自身的影响与意义,帮助学生寻找并培养适合自己的自我评价方式,从而进行有效的自我评价,不断提升学生的学习自主性与学习能力。

在实施"主体参与型"教学策略时,要注意以下几点。

(1)正确发挥教师在教学活动中的主导作用。教师要为学生创设良好的学习环境与空间,引导学生合理地安排好教学活动的时间。

(2)师生之间要建立和谐、民主的交往关系,形成良好的学习气氛。教师摒弃传统观念,体贴关心学生,缩短与学生心理上的差距,信任学生,激励他们更加热情主动地参与到学习活动中。

(3)在教学活动中,教师在保证自己主导地位的前提下,要给予学生足够多的行动自由。学生是教学活动的主体,具有自主参与教学的权利。教师应该给予学生一定的时间自由、问题自由、活动自由,才能促进学生全面自由地发展。

(三)"多元专题讲座"式教学策略

"多元专题讲座"式教学策略是一种非常规的教学方法,指教师结合教材和学科发展选定几个主要专题,围绕这几个专题,分别由教师或者学生任主讲人进行讲解教学。在物理教学中,定期适时地开展专题讲座,是对物理课堂教学的一种有效补充。中国传统科学技术史内容丰富,涉及方方面面,每次专题讲座可选择某一方面来进行讲解。例如,介绍传统科学家的生平故事,从力、热、光、电等方面展开,讲授传统科学技术的发展等。讲座主讲人可以是老师,也可以是学生,让学生参与进来,锻炼学生的语言组织与表达能力,拓展学生的创新思维。讲座的时间、地点都可以灵活选择,可以利用多媒体设备辅助教学,利用信息技术手段还原传统科学技术或者模拟传统科学技术的工作原理等,同时还可以引入中国古代史的教育,实现学科的交叉融合,潜移默化地实现中国传统科技史的教育功能。

在开展"专题讲座"过程中应当注意以下几点。

第一,要突出重点教学内容,提高教学的有效性和实用性。"专题讲座"式教学不是脱离教材另搞一套,而是以物理学知识体系为基础,组织、编排、提炼相关知识,并依据传统科学技术史进行适当拓展,形成一系列专题,展现多样化的教学风格,增强了课堂的新意度和吸引力。

第二,处理好"专题讲座"式教学的适用范围。不是所有的物理课程内容都适用"专题讲座"式教学策略,此教学策略适用于科普性质、逻辑性不强、内容庞杂的知识内容,如学生学习了几何光学后,可以进行墨子在几何光学方面的成就专题讲座。

四、树立科技伦理精神,构建科学知识体系

(一)以人与自然和谐相处为原则的科技伦理精神

先秦时期科学技术文明开启伊始,众多思想家就伴随产生了诸多以人与自然和谐相处为原则的科技伦理精神。孔子的"钓而不纲,弋不射宿",孟子的"不违农时、数罟不入洿池、斧斤以时入山林",荀子的"不夭其生,不绝其长"等思想,都体现了对自然资源合理开发利用的思想光辉。在对待知识上,孟子认为君子应当"仁且智",从科技层面来解释,就是掌握技术知识的人,应当将技术应用在促进社会稳定及人民幸福上。先秦儒家科技伦理中的人本主义精神和其"仁"的思想主张是分不开的。

道家的生态伦理观是独具特色的,即"天道无亲""万物平等"。老子的《道德经》认为万物皆由"道"所生,"天道无亲",世界万物都应该受到平等、公正的对待,人与自然的关系既不是敬畏也不是征服,而是平等共存的。庄子在《秋水》中进一步论述道:"号物之数谓之万,人处一焉"。

墨家的技术实践活动也体现着浓厚的人文主义精神,总是以"兼爱"为核心。墨子的"节用""节葬""非乐""非攻"等思想,就是要求人们特别是统治者,要满足人们的基本生存需求。墨家的科技活动,功利性强于技术性,科技是墨家宣扬其"兼相爱,交相利"的工具与手段。

(二)重"整体"轻"形式"的科学思维方式

在脱离了原始社会的愚昧后,在人类科学技术发展过程中,思维方式朝着两个方向发展:整体思维与形式思维。阴阳五行系统是先秦整体思维的出发基点。它将自然界最普遍的两性关系扩展到整个物质世界,并且撷取人们最常接触到的五种元素,以它们的聚散和组合形式说明万物的形成。这是古人们的理智,通过种种自然现象把握万物本质规律,这种把握建立在类比和普遍联系观念的基础之上。这种思维的整体性特点,最终集中表现为"天人合一"。

先秦中国整体性的思维方式有其基本的内涵,而不同于西方模式的思维方式。整体思维要求对宇宙万物最宏观的层面进行把握,而不是从某个微观层面凭借主观臆测进行推理和判断。中国整体性思维所说的阴阳五行,对立斗争不是其主要方面,而是要相互依存和运动变化,太极之"一"指的是宏观整体。对于先秦整体思维特点有以下三个特点。

第一是类比化,是得到一些直观的、生动的符号和概念,表达抽象意义的宇宙,通过类比的方法把握客观规律。在阴阳五行中表现为:利用宇宙最为宏观的阴阳之象、四种时节和方位,结合人们生产生活直观接触的五种元素,考查宇宙万物的阴阳五行属性。在中医理论中的应用更加明显,中医理论根据阴阳五行说,把人体看作一个有机整体,以经络学说中的"气"的运行揭示了人体健康的奥秘,并确定了脏腑器官、各种自然药材的五行归属,对病症进行"辩证施治"。

第二是形象化,即对一个具体事物的表象与内涵进行宏观认识,提取出另一个"形象"能够高度概括这一类事物的思维方法。阴阳五行本身就是形象化思维的产物,阴阳是对地球自转产生的日夜交替以及地球生物的生理基本属性的高度概括。五行则是对地球公转产生的四季,人们初始辨别的四种方位以及生活中五类基本物质的高度概括。

第三是中庸,从宏观层面把握事物的规律,也需要有个"度",这就体现了先秦整体性思维特点中的中庸。首先要把握"中",所谓"中五立极临制四方",即只有把握好中间位置,才能统领四方。其次是平衡原理,中国古代先哲们认为宇宙万物是相互联系的体系,更是一个和谐共生的系统。

在先秦创立的科学技术学科中,看似只有中医学直接运用了阴阳五行,而其他学科表面上似乎和这种整体性思维无关。其实不然,先秦时期人们整体的思维和与其伴生的形象思维,造就了人们的创造性和前瞻性,对于先秦时期乃至整个古代中国的科技文明有着极大的贡献。

（三）多"经验"少"理论"的科学知识体系

先秦时期科技的思想在天人整体观、阴阳交替运动、五行元素组成等哲学理论的影响下建立发展，解释客观规律和宇宙万物时偏向模糊化和普遍化，较少有纯粹的思辨传统。在万物本源解释中，关于运动的内在规律和成因探讨明显不足，古老的科学方法论的经验丰富，但缺乏理论。

注重实用功能，是先秦时期以及我国古代整体科学技术的最大特色之一。现代科学技术的价值在于其实用和理论两个方面，但是中国古代人们对其实用价值的注重，远比理论的重视程度高，古代天文学非常重视对天体天象的观测以及对山川河流的测量，却没有系统的观察理论。相比于西方，英国科学家培根系统性总结出了理论性很强的观察方法，是现代科学方法论的一大进步。

受到这种实用价值的影响，关系到国家稳定和百姓生产生活的科学技术，都受到了统治阶层的重视，并设置了一些政府机构专门管理。这种价值取向使人们注重科学和技术的实用功能，而并不注重进一步探索其背后的原理。我国古代天文学非常发达，但基本上服务于农政和国运预测。而更能验证这个现象的是我国古代数学的发展，以刘徽的《九章算术》为代表，先秦以及以后时期的数学著作大量记载了生产实践中的应用问题，如物资的分配计算和计算各地的赋税和摊派劳役人数等，而由于没有加以高度的抽象和概括，其与理性化程度的要求还相去甚远。

中国古代长于技术而短于科学的状况，就是在这种实用主义价值观影响下产生的。中国传统科技在世界的领先，也主要是在技术领域而不是科学领域。例如，我们闻名世界的造纸、印刷、指南针和火药就属于技术，但是在纯科学理论方面中国古代却鲜有能与之媲美的成果。

中国古代相对于经验性知识的丰富积累，理性思维的创造则少了很多。从夏商周三朝到春秋战国百花齐放，各种思想经典可以说为中国传统科学思想做了很好的铺垫。但是，汉代以后的中国，儒学思想占据了独尊地位，各个时代的脑力劳动者要想实现自己的抱负，必须从以儒学经典为根本的考试入手，引经据典、崇尚经典在社会蔚然成风，进而影响到科学技术和科学思想领域，各种自然科学学科也都纷纷树立自己的经典,奉为圭臬,如数学以《九章算术》为经典,医学以《黄帝内经》为经典。后人大多致力于这些经典的考究、注释和沿袭,在这些经典基础上进行有限补充和创新,这也就影响了先秦之后的科学技术朝着现代科学的发展。

第六章

中国传统哲学思想与生态教育

中国古人运用独特的智慧实现了人和自然的和谐相处，创造了生态哲学思想和生态伦理思想："天人合一"的自然观、"仁爱万物"的伦理观、"知止知足"的保护观和"以法治农"的法制观等。这些生态思想具有农业文明特征，体现着生态整体主义，具有诗性的直觉体悟。但由于中国传统生态思想形成于传统的农业社会初期，那时人类认识自然、改造自然的能力还不够，因此不可避免地具有封建迷信倾向和忽略了人的主观能动性等局限性。为了使其真正成为新时代生态文明建设的有效资源，我们必须对中国传统生态思想进行创新发展。中国传统生态思想积淀着中华民族关于人类生存发展最深沉的总结，其中蕴含着丰富的生态智慧。推进中国传统生态思想的当代转化，对中国传统生态思想进行创新发展是助推中国传统生态思想自身适应时代化发展的迫切需要，是构建新时代中国特色社会主义生态思想体系的迫切需要，是弘扬中华优秀传统文化、增强民族文化自信的迫切需要，是不断满足人民群众对优美生态环境需求的迫切需要，是促进新时代中国特色社会主义生态文明建设的迫切需要，是人类命运共同体背景下建设清洁美丽世界的迫切需要。本章首先分析中国传统生态哲学思想，构建传统可持续生态观，进而探究传统生态思想对当代生态教育的启示。

第一节　中国传统生态哲学思想研究

中国哲学史上的生态思想,早在远古时期已有端倪,于夏商周时期开始萌芽,而后经过历代如老庄、孔孟、董仲舒、张载等诸位思想家的理论阐释与实践发展,在宋明理学时期发展到了高峰。"天人合一"哲学思想深入到中华文化的各个领域,成了历朝历代施政的重要思想源泉。

一、泛神论

相传在世界开辟以前,天与地混沌一团,盘古就生于其中。随着盘古不断长高变大,天地逐渐分离并各自以每日一丈的距离增高增厚。直到天稳地固之时,盘古倒下了,他用自己的身体创造了一个充满生机的世界。盘古逝世后,女娲觉得这世间虽有山川湖泊、飞禽走兽,却总少了些什么。于是,女娲在黄河边用泥巴仿造自己的样子,捏出一个个小泥人,往泥人身上吹气之后,泥人纷纷变成了手舞足蹈的活人……在中国的远古神话中,盘古被视为创世神,是万物生长的起源。女娲黄土造人则更多地被视为人类的起源。南朝的《述异记》、唐朝的《艺文类聚》、明朝的《广博物志》、清朝的《绎·史》等古籍对盘古开天辟地的故事多有记载。女娲造人的故事最早出现于《山海经》,确切记载则是在东汉的《风俗通义》。盘古开天辟地、女娲造人的神话故事是古人智慧的结晶,是最原始的自然崇拜。盘古的身体化为天地万物,体现着人与自然的依存关系。女娲用泥土造人,是农耕时代人与土地关系的直接表达。古人对人类始祖的神化,反映着中国古人的宇宙观,体现了人与自然不可分割的历史根基。远古时期人们对天地祖先的崇拜,把天当作神,是建立在"泛神论"基础上的天人合一。换言之,即为神学的天人合一。这一点在《补三皇本纪》所记载的"女娲炼石补天"的故事中也有所体现。女娲泥土造人后,人类安居乐业,怎料水神造反致使支撑天地的四根柱子坍塌,天池水涌入人间,刹那间天崩地裂。女娲为避免人类受苦受灾,便及时冶炼五色石补苍天。女娲补天背后传达出了远古智慧,也引发了人们的思考。为何这个神话故事里,女娲在"补天"而非"换天"?笔者以为,这从侧面反映了古人不敢违背神的意志、崇敬上苍的理想信念。随着农业文明的进步,人们祈求风调雨顺,追崇人与自然的和谐。虽然远古时期史料不详,但种种神话传说表明在这一时期,天人关系已悄然而至。

二、天命论

三代时期处于人类的早期文明,在这一历史阶段,人还未能对自然有更多的理解。人们相信自然背后有着更高的主宰,这一主宰就是古人口中的"上帝""上天""天",即宇宙万物的最高主宰者。人们相信世间存在着至高无上的道德神——至上神。[1]

人若不敬"天"就会招致惩罚,人若敬"天"就必须依照"天"的意旨做事。要想知晓天意,需要与"天"进行思想沟通。"天"向人传达信息有两种途径:其一,"天"对其意旨的表达;其二,人对"天"意旨的揣度。"天"的意旨,即指"天命",通俗点讲就是天主宰人的命运,天意不可违。夏商周三代,王朝更迭被视为是"天命"的表达形式之一。从夏代开始,"受命于天"的思想便逐渐涌现。夏后氏讨伐有扈氏(《尚书·甘誓》)、商汤讨伐夏桀(《尚书·汤誓》)、周武王讨伐商纣王(《尚书·泰誓》),无一不是前者不敬天爱民,导致上天降罪,后者只是代天行罚。周人总结历朝历代兴盛衰亡的经验教训,意识到不敬天必然招致上天惩罚,惩罚的形式即为王朝更迭、"天命"转变。那么,怎样知晓"天命"改变呢?周公认为君主可以通过体察民情来知晓"天"的意旨,民情是统治好坏的一面镜子。相比远古时期,这一时期的天人联系逐步凸显,也更为具体。除了通过王朝更迭作为"天命"表达的形式,"天"也能通过自然现象(天象)传达意旨。若是出现自然灾害,表明上天降下凶兆;若是国泰民安,则表明上天降下吉兆。

君主通过天象揣度天命,依靠神职人员(巫觋)观天象、行占卜之术(卜筮)以获取"天"的指示。君王据此较早地知晓"天命"是否改变,根据天象及占卜结果及时调整自己的行为,避免王朝覆灭。既然统治者认

---

[1] 李申.中国儒教史(上册)[M].上海:上海人民出版社,1999:1.

为只有敬天爱民才不会被上天降罪,那么应当用怎样的方式体现自己敬天的虔诚呢?相关史料记载,君主需通过祭祀的方式取悦上天,其中最好的祭品是人的道德。周成王认为上天只会亲近有德之人,只有不断提升自身道德,全心全意治理国家,才能上敬天祖,下得民心。既通过优良德行感动上天,又通过仁爱之治获取民心,这便是"以德配天"。当君王失"德"时,"天命"将转,天下易主。总而言之,这一时期的天人关系是一种单向关系,"天"发号施令,"人"依令执行。天人关系在这一时期融入了道德理念,注入了新的内涵。

三、天道论

春秋战国时期以来,人们对于"天"的认识开始落入现实世界。虽然"天"仍被视为至高无上的神,但其神秘感有所减弱。继泛神论、天命论之后,这一时期的天人关系出现了新理论,即"天道论"。"天道论",亦可称为天人合"道"或者天人合"德"。

(一)子产"天道远,人道迩"

古人向来将风雷雨电、四季更迭当作是上天的旨意。人们认为观天象,可以掌握天时,借此帮助农业生产。人们信奉天帝,认为天象就是天帝旨意的表达。因此,天象预示人类祸福的"天命论"思想在春秋初期仍占主流地位。然则,随着时间的推移,有学者开始主张天象与人事并无关系。其中,郑国政治家子产便是否认天象代表天意的早期人物。子产的"天道远,人道迩"(《左传·昭公十八年》)曾被学者认为能够表明子产对于"天"的无神论立场。其实,子产只是认为天意深远难测,并非人所能知晓。他主张天象仅仅是一种自然现象,是天的自有规律,并非"天命"的表现形式,不能够作为介质连接天与人。毋庸置疑,以子产为代表的这一观点是历史发展的阶段性成果。虽然放在当今来看这一观点仍显片面,但它的确是自然科学的一次进步。子产否认了"天命论"中天象作为"天命"的传达形式,以及天象好坏与人事吉凶之间的关联。但是实际上,子产又不否认"天"对于人的主宰,"天"仍决定着人的命运。子产未彻底否决主宰之天的存在,历史上子产曾亲自主持大规模的祭祀活动求治火灾。他认为天降灾祸与国家失政有关,"敝邑失政,天降之灾"的言论充分说明子产并非无神论者。笔者认为,子产的认识是有矛盾的。一方面,他主张"天道",认为天象不能表明吉凶,更不会传达"天命",异常天象并不是上天的某种旨意。另一方面,他又认为火灾的发生表明了国家失政,是上天的惩罚。如此说来,二者的区别又体现在何处呢?实在是矛盾重重。一则认为天象不传达天命,二则又认为火灾是上天的惩罚。这反映出了在这一时期,虽然自然科学已有发展,但并不彻底。之所以一些思想家认为自然现象并非天对人的警告,只是因为他们恰巧发现有部分自然现象和人的作为关系不大。可见,在春秋战国时期,人们对自然现象的理解仍处于初始阶段。虽有进步,但对于从"天命论"过渡到"天道论"的天人关系,认识并不清晰,界限相对模糊。

(二)老庄"天道自然"

伴随着天象与人事无关的自然事件增多,愈来愈多的人觉察到天象与人事并非一定有所联系。以老子、庄子为代表的思想家们纷纷开始主张自然界有其自身的规律,自然现象并非全是天意的安排。老子主张"道"独立存在,且早于天地出现。"道"是抽象的、脱离具体内容的一般原则。外界的种种都不会干扰"道","道"是始终如一的。因此,老子主张"天法道"(《老子·二十五章》)。无论是天帝抑或是自然运行都需要遵循"道"的要求。"道"的特征就是反对人为,主张无为。所谓无为,就是万事万物自有其生长规律,天帝对所有事物都一视同仁,人无须擅作主张。老子认为,君主的所作所为都不可是强作妄为,应为辅助而非干涉。这才是对待万物的正确态度,体现了"天道自然"。诚然,老子主张万事万物讲究自然而然,但是老子也并不否定主宰之天的存在,更不否认天与人之间的联系。只不过,老子心目中的"天",是消极无为的"天"。庄子同老子一样,主张"天道自然",认为日月星辰等自然现象没有人为外力影响。此外,庄子认同天帝的存在,只不过这个天帝也是消极无为的。庄子还向往自己有朝一日可以"乘彼白云,至于帝乡"(《庄子·天地》),得道成仙。

在老庄心中,"天"仍是主宰之天。天意不通过天象表吉凶的积极方式展示,而是通过"天道自然"的消极无为表现出来。荀子继承了老庄"天道自然"的思想,并将"天道自然"观发展得十分彻底。荀子将天象与人事完完全全剥离开来,他认为不管是多么异常、多么奇怪的自然现象都和人无关。荀子认为"天"指的是自然之天。自然之天,即大自然的运转有着固有规律,不因人之善恶而更改。也即,不管上天是否指导、有何指导,自然万物都有能力自己完成一切。这里不妨将"天"的含义捎带说明一下。"天"的含义十分复杂,也特别模糊。处于分析的必要,结合学者们的研究,"天"分为"主宰之天"与"自然之天"。但实质上,只存在一个天。主宰之天关注天的精神层面,自然之天关注天的物质层面。二者并不矛盾,只是一个事物的两个方面。比如,荀子曾说,"天行有常,不为尧存,不为桀亡"(《荀子·天论》)。用主宰之天解释,是说上天对谁都是一视同仁的,不偏尧舜,不恨桀纣;用自然之天解释,是说大自然的运行不因尧舜、桀纣而改变。

(三)孔孟"天人合德"

既然发觉天象与人事间的联系不再绝对,人间灾难并非都源自天。于是,人们开始将关注点慢慢转移到人的自身。人们将西周的"以德配天"思想进一步发展,强调人必须要有德为善,依靠自己的德行来获取上苍的庇佑。主张"天道自然"的道家老庄,自然认为"德"是通过无为体现的。儒家孔子也继承了"以德配天"的思想,并在其基础上对"德"的内涵予以了丰富。孔子认为"德"的主要表现形式是"仁"。

首先,自己先站得稳,才能谈帮别人;自己不喜欢的,莫强加给别人。

其次,自己要学会克制私欲、修正习性。时至今日,这几句话仍体现着中国一直以来倡导的正确义利观与仁义道德观。孟子对于"以德配天"也有着创新的理解,孟子提出"尽心知性知天",他认为人心是用来思考的,天赋予了人的心,因此天与人是可以沟通的。天赋予了人之善良本性,所以从个人的修身养性上讲,只要认真探索自己的内心,就能够知晓天赋予人的善之本性,存心养性便可知晓上天的意旨。因此,孟子认为天人之间可以通过"性"统一起来。孟子的"知性"到"知天",是"天人同性"理念的发端,正式记载则是在儒家经典《中庸》。笔者认为,"知天"不在于形式,其根本目的在于人要保持天所赋予的纯善之性,即天人要同性、同德。从君主的国家治理上讲,就是要将施行仁政作为治国的重要法则。在孔孟阐释的基础下,儒家经典《易传》明确写入了"天人合德"思想。当人与上天同心同德,行动能够符合天地孕育万物、四季更换次序的规律,就是最高程度的敬天。既然提到了"天人合德"是对西周天命有德内容的丰富与发展,这里还需要注意的是,西周将道德视为祭祀上天最好的祭品,那么在春秋时期,又是如何看待祭祀这一行为的呢？孔子对待祭祀的看法有三。其一，祭祀一定要虔诚。心诚则灵，祭祀神灵就必须相信神灵真的存在。其二，祭天是天子的特权。其三，不可无祭祀，也不可太频繁。总而言之，修德与祭祀缺一不可。可以看出，"天道论"在这一阶段虽有发展，但人们始终坚信至上神的存在。人们仍然需要敬天、事神，以求保佑。不同的是，这一时期人们更加注重自身修德，关注点也不再只停留于"天"的层面。

四、元气论

早在先秦时期，就存在天人之间以"气"沟通的讨论。"气"作为中国哲学的特质之一，常被用来解释自然现象。现有的资料显示，最早运用"气"来解释自然现象的是伯阳父。尤为典型的例子便是伯阳父运用阴阳二气理论，阐释地震形成的原因。他认为阴阳二气自有秩序，若阴气压迫了阳气，阳气就无法上升，地震将至。而阴阳二气之所以失序，是因为人出现了问题，天对人进行了惩罚。此外，阴阳二气理论被认为可以解释四季耕种的规律。一年十二个月，每一个月、每一个季度、每一年需要具体干什么，春种、夏芒、秋收、冬藏都是天意。在庄子眼中，人的生死是气的聚散。"气"是"物质"，是世间万物得以形成的质料。而后，汉唐"元气论"逐渐发展。这一时期，人们明确了"气"的中介作用，董仲舒也因此正式提出"气"是"天人感应"的条件。董仲舒认为"气"可以构成"天"，也能形成"人"，天与人可以据此相互感应。相比"天命论"中天对人的单向关系，董仲舒认为既然"气"为中介，那么天不仅可以感动人，人亦能感动天，天与人的关系是双向的。

从某种角度来看，"天人感应"实则是再次主张自然现象可以传递天意。灾异与祥瑞被西汉儒者认为是天意的传达，但何为灾异与祥瑞，具有很强的灵活性，致使天意的表达具有不确定性。东汉时期，"天人感应"受到了猛烈的抨击，王充作为代表人物重提"天道自然"，大力主张人与天之遥远，人不可能感动天，天亦无法听懂人。王充更是运用推理的办法，认为天象之多，是否都传达了天意，以当时的科学水平是无法判断的。可以说，王充直接否定了"天人感应"存在的可能性。需要注意的是，尽管董仲舒与王充主张相悖，但他们的理论都是以"元气论"为基础展开的。王充认为气是天，天是神，气亦是神。此外，魏晋隋唐时期，对于天人关系的阐述同样落脚在"天道论"和"元气论"之间，以"元气论"为主流,二者呈现出此消彼长的态势。总而言之,有关天人关系的讨论,历朝历代可谓是百花齐放、百家争鸣。

第二节 中国传统可持续生态观的构建

生态环境的严重破坏,不能简单地归咎于技术与生产方式的失误,还应在所谓的人类文明发展史中去探寻其根源。追溯历史的发展进程不难发现,中国古代的传统文化中早已蕴含着丰富的环境保护的立法与理念,从儒家的"仁民而爱物"、道家的"道法自然"和"天人合一"思想中,可以追寻到许多生态伦理及可持续发展的思想根源。这不仅应当引起当代人的深刻反思,而且还是指导和完善当今环境资源法治的宝贵财富。笔者将其归结为如下几种理念。

一、生态德行理念

荀子主要从两个方面给生态环境赋予了道德属性。具体而言:一是天地以诚化生万物,即给出万物的那个天地具有真诚之德;二是鸟兽亦存仁爱之心,即动物亦具备人类的仁爱情感。

(一)天地以诚化生万物

在荀子的理论架构中,万物是天地给出的,即"天地→万物"的理论架构。那么,天地给出万物是何以可能的呢?荀子认为,天地像人一样,具备"诚"的道德属性。这在《荀子》文本中,有着诸多的材料。

荀子说:"天不言而人推高焉,地不言而人推厚焉,四时不言而百姓期焉。夫此有常,以至其诚者也。"(《荀子·不苟》)在荀子看来,天虽然不说话,但人认可其高远;地虽然不说话,但人认可其深厚;四季虽然不说话,但人信赖其寒暑演变的规律。显然,天地、四时有其特有的运行规律,用荀子的话说即"有常"。那么,这种"有常"是何以可能的呢?荀子给出的依据是"诚",即天地有"诚"的道德属性。正因为天地有"诚"的道德属性,所以才会在人心中形成某种不言而喻的信任感。当人以自然的眼光看世界时,世界就是一个认识的对象、改造的对象甚至是利用的对象。而当人以某种德行的眼光看这个世界时,世界就有了与人息息相通的德行。荀子就是以德行的眼光看这个生态环境,所以才有这样的说法。所以,荀子说:"变化代兴,谓之天德。"(《荀子·不苟》)世界万物的生生不息,正是因为天具有某种德行。以今天的自然态度观之,天就是一个客观的存在,本身无道德属性。正因为荀子以德行的眼光看待天,所以天在荀子这里才有了道德属性,即天德。如此说来,则荀子赋予天地以"诚"的道德属性也就具有某种理论必然性了。

荀子还说:"天地为大矣,不诚则不能化万物。"(《荀子·不苟》)在荀子看来,天地是生命的本源和开始,天地不言,天地却生成、创造、孕育万物,发挥了孕育生命的作用,使万物处在了一个生命的状态中。而这一切,都基于天地的某种道德属性,即"诚"。荀子这样一种理论架构,即从诚到万物,其实与儒家的"不诚无物"是一脉相承的。儒家所讲的"不诚无物",即指向存在领域也指向价值领域,即一切都是真诚的仁爱情感给出的。就存在领域而言,如儒家所谈的"仁政",其具体条目背后的形而上学依据就是仁爱情感,用孟子的话说即"以不忍人之心行不忍人之政"(《孟子·公孙丑上》);就价值领域而言,如儒家所谈的"意在于事亲,则事亲便是一物",显然也是由仁爱情感给出的。荀子在这里所说的天地以诚化生万物,显然是从价值领域思考的。关于天地的道德属性,荀子在其他地方亦多有阐述。他在很多地方论证了天的真诚无妄、笃实不欺的道德属性和特点,如荀子所说的"天行有常"(《荀子·天论》),又如"天有常道矣,地有常数矣"(《荀子·天论》),再如"天地之苞万物"(《荀子·非十二子》)等。显然,在荀子看来,天地是真诚自然的,不会因为自己的好恶就不再化生万物,也不会因为人类的言行而不给人类提供秩序井然、和谐运行的生态环境。需要指出的是,不少学者认为,荀子明于天人之分,将天视为自然意义的天。其所指出的理论依据是"天不为人之恶寒也辍冬"(《荀子·天论》),认为荀子这里的天就是自然意义的天,没有价值维度。但事实上,如果我们结合荀子所说的"变化之兴,谓之天德"这样的说法,就会对荀子的天观念产生新的看法,即荀子的天是有道德属性的。

总之,在荀子看来,天地能化生万物,并有着自己的运行规律,关键就在于其有一种道德属性,即"诚"。

（二）鸟兽亦存仁爱之心

在荀子看来，天地因诚而化生万物。这是荀子给予天地的道德属性，也是荀子生态德行论的重要体现之一。除此之外，荀子还赋予了鸟兽以道德属性。荀子说："凡生乎天地之间者，有血气之属必有知，有知之属莫不爱其类。"（《荀子·礼论》）荀子认为，凡是生活在天地间的，有血气的种类就必定有知觉，有知觉的种类必定爱他的同类。显然，这里的血气之属指的就是人和动物。人有知且爱其类，这里姑且不论。但就其他物种而言，当荀子承认其有知且爱其类的时候，这显然是赋予了其他物种人类特有的仁爱情感。

荀子承认其他物种有人的仁爱情感，这主要体现在《荀子·礼论》篇中，荀子详细论证了其他物种的情感。他举了三个例子：一是大的飞禽走兽失去它的群体，经过一段时间就必定返回来；二是大的飞禽走兽，它们经过原来住过的地方，就一定会在那里徘徊不前、飞来飞去、鸣叫啼号，然后才离开；三是小的燕子、麻雀之类的，遇到上述两种情况，也会在那里鸣叫、停留，然后才离开。在荀子看来，无论是大的飞禽走兽，还是小的燕子、麻雀，都一定爱自己的同类。荀子坚信，鸟兽亦存仁爱之心，所以他说："苟仁义之类也，虽在鸟兽之中，若别白黑。"（《荀子·儒效》）正因为如此，鸟兽才会有类似于人的那种真情实感。

鸟兽亦存仁爱之心，在荀子的文本中亦有体现。例如，他说："草木畴生，禽兽群焉，物各从其类也。"（《荀子·劝学》）意思是，动植物都总是与同类生活在一起。这其实是符合常识的，不论是人还是其他动物，总是群居而生。在古代社会，由于生态环境与今天相比并没有遭到太多人为的改造，所以植物总是一片一片地生长，动物总是成群结伴地共居。人类更是如此，人类不仅要和同类生活在一起，而且要跟志同道合的人接触。关于人为什么生存在一起，这里存而不论。但就动植物为什么会生活在一起，荀子是基于某种价值判断而给出的，即它们是因为具有仁爱之心而生活在一起的。

二、和谐共生理念

任何一种文化的出现与延续都不是巧合的，都有着其内在的深层原因。中国"和"理念能够从甲骨文时期开始，直至今日还有着深远的文化影响,绝非偶然。

其一,中国自古就是一个地大物博的国家,有着七种不同的复杂地貌——沙漠草原、森林山地、黄土平原、长江湖泊、沿海岛屿、盆地谷地、高山高原。中国的绝大部分地区是温带气候,因而"雨热同季"。温度适宜、雨水适量,所以农业产量、经济发展方面在亚洲遥遥领先。此外,中国的地势西高东低,有着四通八达的全域交通网,所以中国自古就支撑起了经济、文化的交流与传播。在这样的自然地理、气候环境基础下,中国的经济、政治、军事都得以蓬勃发展。"天人合一""协和万邦"等"和"文化也应运而生,堪称是东方文明中心。

其二,中国的气候及地理优势,孕育出了农耕水利、草原游牧、海洋商业的综合性生产方式。同时,在此基础上形成了三种文明——农耕水利、草原游牧和海洋商业文明。这三种文明中包含的文明基因,不仅是中华儿女吃苦耐劳、勤俭淳朴、勇敢顽强的精神,更是海纳百川、有容乃大的中华精神。富有韧性、包容天下的"和"文化,造就了世界四大古文明中,独此一个从未中断、常学常新的中华文明。

其三,中国在历史长河中,创造了灿烂的中华文化。春秋时期,儒家、道家、墨家、法家等诸子百家的文化理念不断接触、互相包容,优秀部分互相吸纳、融合为一;宋明时期,儒家、释家、道家的诸家文化再次融合,影响着整个东亚文明;近代以来,伴随着西学东渐的大背景,中国开始学习西方外来文化,取其精华、去其糟粕,体现出典型的"包容型"中华文化。五千年历史演进,中国兼容并包的"和"文化深入骨髓,其蕴含的"和谐"价值观更是流传至今。

"和谐",有着协调、平衡、中庸、秩序之意。老子认为,阴气与阳气的对立与统一,正是和谐的原因。天与人的关系正如阴与阳的关系一般,对立统一、相依相存在和谐统一的状态下共存。前文已经论证过,"天"的内涵丰富,可归纳总结为主宰之天和自然之天;"人"可指自己,也可指整个人类群体,有些学者会把它定义为人道、人性,人道讲人要修德、人性讲天赋予人之纯善本性,归根结底还是落脚在人这一层面上。"天人合一"的"合",包含着"和谐"的意蕴。顺应自然、尊重自然正是"天"与"人"和谐共处的现实反映。"天人合一"思想作为中华文化的存在,它是一种文化底蕴,是一种理想信念,提供的就是一种探究世界本原的本体论根据。当然,有学者认为人食鱼,人伐木,何谈人与自然"合一"呢?笔者认为,看待人与自然,要将人与自然放置在整个生物圈中。弱肉强食、优胜劣汰本就是自然规律,是自然科学。就算没有人类存在,也会有虎豹吃牛羊、牛羊吃绿草、鹰鸟吃鱼鳖、鱼鳖吃虾蟹……诸如此类的生物链存在。只要人对自然的利用开发是合理适度的,不有违道德与规律,就已达到和谐。当然,在此基础上我们需要对自身有着充分的认识,真正掌握自然运转规律,在实践中实现对自然的尊重爱护与合理利用。人类作为自然界的一部分,自诞生以来,就是在自然界馈赠的恩泽下成长起来的。无论是人口的繁衍、经济的发展,还是智慧的增长、社会的进步,乃至人类文明的形成,我们都在不停地与生态自然交互作用,这也正是笔者所主张的。高级的"天人合一",一定是经历了发展与完善,辩证地看待人与自然的命题。

三、可持续发展理念

就荀子的生态实践论而言,荀子主要从两个方面进行阐释:一是谨其时禁,实现持续发展;二是以义节欲,避免过度索取。

(一)谨其时禁,保护自然资源

在荀子看来,天地生万物,万物可以供人食用、穿戴。荀子充分意识到了人类的生产生活实践离不开自然,自然是人类的生存之本。所以,他提出了对自然要"谨其时禁",从而实现人与自然的和谐相处,保证自然可以源源不断地向人类提供资源。

荀子主张三点。一是在动植物正在生长的时节,严禁砍伐和捕捞。在荀子看来,草木正在开花生长的时候,人们就不能进入山林砍伐,鱼鳖等动物正在繁殖产卵的时候,人们就严禁猎杀和捕捞。二是要按照动植物生长的时节变化,对其加以养护,做到养护结合。按照自然规律面对自然,鱼鳖的繁衍自然会兴旺,草木的生长自然会茂盛。三是阐明了对动植物谨其时禁的目的和意义。在荀子看来,保护正在生长时节的动植物,一方面可以不断绝它们的生长,不使它们过早地夭折,另一方面有利于为人们提供源源不断的自然资源和物资,使人们有余用也。

众所周知,万物都有自己的生长时节,它们都是自然的一部分。人们依时耕作,保护动植物,协调好人与动植物的关系,在很大程度上也有利于人与自然的和谐相处。谨其时禁,有利于保护动植物的生命,并保证种群的健康发展。生态环境包含着日月、星辰、四时、江河以及万物。动物与植物是生态环境的重要组成部分。荀子认为,通过谨其时禁,遵循万物生长的气候规律,可以实现对花草山林等植物资源和鸟兽鱼虫等动物资源的保护。

就植物资源而言,荀子认识到,植物是重要的自然资源,包括山林、花草,具有调节生态平衡的重要作用,是生物生存和生活的重要载体。正如荀子所说的"山林茂而禽兽归之"(《荀子·致士》),所以创造和保护适合山林、草木、禽兽生长的自然环境至关重要。而这一点就可以通过人们"谨其时禁"来实现。故荀子说:"杀生时则草木殖。"(《荀子·王制》)

就动物资源而言,荀子同样认识到动物是自然的一部分,动物资源具有重要的价值。在荀子看来,在动物弱小、生长的阶段和动物孕育、产卵的阶段,禁止人们狩猎和捕杀。其目的都是不断绝它们的生命,使它们延续后代,能够正常地生长繁衍,保证它们的生物多样性和种群的健康发展。这是因为人是伤害动物的最大因素之一,对于还没有长大的动物,或者说正在生长的动物而言,它们还未形成保护自己的能力,时常面临着任人宰割、弱肉强食的局面。所以,只有人们认识到这一点,即在它们生长和弱小的时候,保护它们弱小的生命,它们才能得以延续,才能不会灭绝,才能维持生态平衡,为人类提供衣食等物质资源。另外,为了更好地保护动物资源,荀子认为,应为动物提供适合生长的栖息地。事实上,荀子对动物生长的自然栖息地也做了"时"的规定。荀子认为,无论是鱼鳖等水生动物生活的湖泊,还是鸟兽等陆生动物生活的山林,人们都应该按照时节开放和关闭。荀子说:"倍道而妄行,则天不能使之吉。"(《荀子·天论》)

在荀子看来,人必须要遵循自然规律,以实现人与自然的最大和解。众所周知,自然规律的表现之一就是"时",因而"谨其时禁"正是荀子主张遵从自然规律的一种哲学表达。

(二)节用御欲,避免过度索取

众所周知,生态危机的产生,在很大程度上是由于自然资源的有限性满足不了人类欲望的无限性。显然,这种物欲的矛盾是造成人与自然之间关系紧张的重要原因。对于这一点,荀子提出了"节用御欲"。荀子说:"性者,天之就也;情者,性之质也;欲者,情之应也。以所欲为可得而求之,情之所必不免也。"(《荀子·正名》)性是天赋予人的,有性就有情,有情就有欲,于是欲也就成了人性的内在要素。质言之,人生必有欲。我们知道,人的欲望是多元的。但大致说来可以分为两类:一是与身体相关的欲望;二是与精神相关的欲望。关于后者,这里暂且不论。但就前者而言,无非是吃、穿、住、用、行等。而这些欲望在很大程度上来自自然,进一步说,人对自然的索取很大程度上是在解决吃、穿、住、用、行的问题。这意味着人在这些方面的欲望越是膨胀,人对自然的索取就越是疯狂。

显然,如果对这种欲望不加以节制,必然会导致生态环境的恶化。关于这一点,荀子有其清醒的认识。荀子说:"然则从人之欲则势不能容,物不能赡也。"(《荀子·荣辱》)在荀子看来,如果人毫无底线地纵欲,不仅社会不能容忍他,而且财物也必然会短缺。这样势必会导致"欲多而物寡,寡则必争矣"(《荀子·富国》)的结果,即欲望导致资源短缺,资源短缺导致人与人之间的争夺。于是,对欲望的放纵不仅会引发生态环境的问题,而且还会引发社会问题。在荀子看来,国家的富强必须建立在节俭的基础之上。荀子说:"强本而节用,则天不能贫。"(《荀子·天论》)强本,即大力生产,增加社会财富。节用,即尽量节俭,减少人的消费。这意味着对这种向自然无限索取的欲望的节制,是荀子生态思想的必然要求。荀子说:"节用御欲,收敛蓄藏以继之也。"(《荀子·荣辱》)节省人类的用度,克制人类的欲望,为子孙后代留下生存资源。这正是荀子面对生态环境的态度,是荀子生态实践论的重要原则,也是可持续发展理念的雏形。

与此同时,荀子认为人的性情是好利而恶害,追求感官享受,追求衣食、财富等欲望。而衣食、财富等的原材料其实都来自大自然,这就不可避免地使人永无止境地向大自然索取。基于这样的困境,荀子提出"节用御欲"的思想,以限制人对大自然的无限索取。显然,不论是"谨其时禁"还是"节用御欲",其核心思想就是要人们的行为符合生态的规范,顺应自然规律,有节制地去使用自然资源。只有这样,人才能与自然和谐地相处。这样的说法对于今天的生态环境保护依然有着重大的理论意义。

第三节　传统生态思想对当代生态教育的启示

中国传统生态思想内容丰富,内涵深刻,虽然因历史时代条件的限制,有一定的局限性,但总体上讲,其思想观点符合现代生物进化和生态学的理论原理,仍具有积极的因素,对于我们今天的生态文明建设具有重要的现实意义。我们对古代生态思想的继承,不能生搬硬套,而应借鉴古人对于生态问题的基本观点、基本立场和基本认识方法,结合当前的现实,赋予它以鲜明的时代特征,按照"继承不泥古,扬弃不伤根,创新不离宗"的原则予以发扬光大,以寻求解决生态文明建设中存在的问题。

一、以道德规范的方式展现出环保实践性

真正意义上的道家,是一种人生哲学,是一类思想观念,是一种文化,它的承载方式是文字,不能在现实层面上表现出它所含的环境伦理思想,但是道家通过对人的思想指导,以道德规范的方式展现出环保实践性。道家根据"天人合一""道法自然"等核心观念,创造了一系列具体的道德准则,不仅指导了人们的社会生活思行方式,还影响了人们与环境交互时的伦理态度,因此将对这些规范的生态意义加以分析。

(一)"知止"而"返朴"

现代人类社会正在由工业文明时代走向生态文明时代,但是生态环保意识却没有在人类观念中得到普遍唤醒。人们追求经济发展,反而忽略了自然环境的恶化;人们追求物质利益,往往丢失了精神财富。就此看来,现代人亟须在异化的现代生活中找到最真实、最纯朴的状态。古老的道家智慧给出了参考。以老子为代表的古典道家,就认为人应当以"返璞归真"的生活方式与人生追求自处。

老子言:"五色令人目盲;五音令人耳聋;五味令人口爽;驰骋畋猎令人心发狂;难得之货令人行妨。"外界的各类感官刺激与利益诱惑,会

导致人迷失心智,造成"天下多忌讳,而民弥贫;人多利器,国家滋昏;人多伎巧,奇物滋起;法令滋彰,盗贼多有"的结局。据此老子还认为,人们应当回归初生婴儿的状态:"为天下谿,常德不离,复归于婴儿"[①],这样就能修得常德,即心灵的解放。关于返归自然生活的理想,庄子也曾提到过,如《庄子·马蹄》中描绘的各类动植物与人类和谐共处的"至德之世",就是通过减少人的社会性与物质需求而达到人与自然和谐的美好景象,为此,庄子及其后学还明确指出:弃"五色""五声"、修"性情"、废"仁义"才能达到最佳的生活状态,具有很强的社会性和道德指导意义。在道家看来,物质生活上的简单化、原始化,就能摒弃多余的物质需求同时减少不必要的付出或精神干扰,这于人、于物都有很大益处,是追求返归自然的有效渠道。

此外,道家所谓"返朴",既是指返归自然的生活,又是指道德上的回归。前文有言,道家谈道德,是与儒家有较大差别的,反对儒家烦冗的社会礼法制度,而主张回归于自然本性的原始道德。这种道德既是建立于社会层面,也是自然层面之上的,总的法则是归于"道"或者说"顺其自然",保持自然状态下的人际关系与自然态度,而免去过度的人为设定,是一种力主精简且真实的伦理观。《老子》言:"天地不仁,以万物为刍狗;圣人不仁,以百姓为刍狗。"就是要人们回归最本真的自然伦理,避免社会道德的纲常化。在环境伦理角度看,是以"天人合一"的观念为指导,在承认人与自然平等的基础上,尊重万物的内在价值,形成道家独特的自然主义道德观。

为了回归到朴素的道德与生存状态,道家提出了"知足""知止"的修身处世方法,通过减少贪欲,不妄为、不多为,而达到因循自然的健康状态,是以"损之又损"的方式体会、接近"道",以"无为"的方式践行"道",是"知止"的本质意义所在,为此,老子还讨论道:"甚爱必大费;多藏必厚亡。故知足不辱,知止不殆,可以长久。"明确提出了"甚爱""多藏"的弊处,告诫人们:"知足""知止"才能真正长久地发展。甚至还进一步提出,"天下有道,却走马以粪。天下无道,戎马生于郊。罪莫厚于甚欲;咎莫憯于欲得,祸莫大于不知足。故知足之足,常足矣",即人懂得知足,马胜任的是基本的"劳作"任务,不至于丧命,而当人的贪欲膨胀造成你争我夺的社会乱象时,马将作为战争工具而朝不保夕。所

---

① 王弼.老子道德经注[M].北京:中华书局,2011:65.

以,老子不仅展示了"知足"对于人的道理,还显示出了它对于生态环境的益处。

(二)"虚静"而"不争"

"返朴"以外,道家还要求人们做到"不争"。所谓"不争",原生意义在道家看来是不与他人争,而"功成弗居"的谦虚,也是不与自己争,而保证个体的自然本性不被破坏,在环境哲学的视角下解读,从"不争"的思想中还可以看出:不与自然争,而达到生态和谐的局面。

老子言:"天之道,不争而善胜。"不欲争的一方往往能取得胜利,这是天道的规律,也是老子想要告诫人们的道理。"不争"首先要求的是不与他人争,"夫惟不争,故天下莫能与之争"。只要做到不争,天下就没有其他人能够与之相争,因此不过分在意得失而选择顺其自然,不失为处世的好方法,以此避免生活中大多数不必要的争斗。争斗最坏的结局就是战争。

二、用德行的眼光看待自然

众所周知,我们通常是以一种客观的态度面对自然,常常把自然视作认识的客观对象。荀子的生态德性论,为人类看待自然提供了新的维度。人不仅能以一种认识的维度看待自然,还可以以一种价值的维度看待自然,把自然视为一种价值物。同时,也可以为人类善待自然提供情感支撑。当人用德行的眼光看待自然时,人就会发自内心地善待自然。

(一)提供新的维度,让人类正确看待自然

长期以来,自然被人视为认识的对象、改造的对象。在此种态度下,自然对人来说就是一种工具性的存在,人类把自己视为了自然的主人,并且肆意地、毫无顾忌地向大自然索取。这样一种态度,必然使人类陷入"人类中心主义",从而导致人对自然的肆意破坏,导致人与自然二者之间的失衡,最终产生严重的生态危机。

显然,我们需要一种全新的态度来看待自然。这样的态度不再视自然为认识的对象、改造的对象以及利用的对象。这样的态度需要重新定位人与自然的关系。有了这样的定位,人才会对自然有情感上的认同,进而将自然视为息息相关的一部分。如此,人类所面对的生态环境的危机,才能真正地从人的内心深处得以消解。荀子的生态德性论,正是试图提供这样一种理论依据。

荀子的生态德性论表明,人可以一种情感的态度、德行的眼光看待自然,此时的自然就不仅仅是人认识、利用、改造的对象,更是一种包含人的情感、价值取向的价值物。在这种态度下,自然中的一切事物,包括动物、植物以至无生命的山川、河流、砖石、瓦砾等,在本质上都具有与人相通的道德属性。换句话说,整个自然就是一个价值世界。显然,这为人类看待自然提供了一个新的维度,即价值维度。当人用这样的价值维度去看待自然万物时,这实际上就肯定了自然万物的价值,使人类不再有高居于万物之上的高傲姿态。

总而言之,荀子的生态德性论为人类看待自然提供了新的维度,使人类对自然有一种价值上的认同以及情感上的认可。有了这样的认同和认可,人就会以一种全新态度面对自然。

(二)给予情感支撑,让人类善待自然

生态危机的出现越发使人意识到自然对人类的重要性,人类现在必须保护自然、善待自然。人类之所以意识到这一点,是因为人类相信如果不善待自然,就会遭到大自然的报复。显然,这样一种动机,是功利主义的动机,是人不得不如此的一种被迫的选择。事实上,同样是善待自然,我们还可以有另外一种动机,那就是情感的动机。这种动机不是不得已而为之,而是人发自内心的真诚,是人的主动选择。荀子的生态德性论,可以为人类善待自然提供情感支撑。

荀子的生态德性论认为,生态环境与人一样,都具有道德属性。万物因天地而生,而天地生万物却是因为天地具有"诚"的道德属性;鸟兽虽与人相异,可其诸多生活习性表明,其亦有仁爱之心。天地具有真诚的品格,鸟兽怀着仁爱之心,这样的道德属性自然而然地会引起人对天地、鸟兽的价值认同。当人有了这种价值认同的时候,生态环境就不再是人认识的对象、改造的对象,而是与人一样具有了某种能够与人感通的特质。

总而言之,当人在道德上认同生态环境时,他在情感上也会认同生态环境。与此同时,荀子的生态德性论是基于德行的眼光而做出的一种考察。当人以一种德行的眼光看待世界万物时,这个世界万物就不再是一个客观存在,而是被赋予了人的某种情感。正如在自然维度之下,鸟兽不过是一种动物而已,其行为不过是出自动物本能而已。而在德性的眼光之下,鸟兽亦有某种情感,所以它们会在同类死去的时候鸣叫啼号。事实上,这样的结论无非是人出于恻隐之心做出的价值判断。质言之,当人以德行的眼光看待这个世界的时候,他就会产生一种悲天悯人的情怀,用儒家的话说即"民胞物与",万民皆我同胞,万物皆我朋友,以这样一种情怀面对自然,必然亦会对自然产生一种亲近的情感。

总之,荀子的生态德性论,赋予了天地鸟兽以人的道德属性,为人与生态环境在价值认同上搭建起了一座桥梁,为人类善待自然提供了情感支撑。

三、立足于法治,加强生态法治建设

作为一个拥有五千年灿烂历史的文化大国,中华文化历史悠久、绵延不绝、生生不息。众所周知,传统文化是一个国家的软实力,借鉴吸收中华传统文化中的营养与精华,可以推动法治中国建设。因此,现代法治根植于一定的传统文化。法治立足于文化、文化涵养着法治;法治保障文化建设,文化为法治建设注入内在动力。需要明晰的一点是,文化自身是具有多层次的,由内到外依次是观念文化、制度文化、器物文化。作为文化内核的观念文化,又可称为精神文化,体现在诸如音乐、戏剧、宗教、文学、哲学等各个领域。如若放在人与自然这一哲学命题上,可细化为观念文化项下的"生态文化"。早在20世纪80年代,就有学者提出了"生态文化"的概念。"生态文化"的发展是生态法治建设的前提。[①]

现代法治由制度文化与观念文化构成,作为现代法治的子系统,生态法治自然以"生态文化"为背景。笔者在前文已对"天人合一"思想所蕴含的文化观念进行了论证。"天人合一"作为哲学思想,在观念文化的范畴内,"天人合一"思想蕴含的人与自然和谐共生、"朴素的"可持续发展观念作为"生态文化",自然也就作用于生态法治,支撑着生态法治的建设与发展。"生态文化"是一种新的文化选择,在人与自然关系的基础上,"生态文化"正在经历一次次蜕变。可持续发展作为"生态文化"的根本目标,在强调人与自然和谐共处的同时,也内涵了人与人以及人与社会应当包容友善。唯有如此,美好幸福的和谐社会才会离我

---

① 刘小冰,张毓华.生态法治评论[M].北京:法律出版社,2015:16.

们越来越近。

相较于法治社会,和谐社会是一个上位概念。和谐社会作为现代法治的理想目标与价值诉求,不仅要求更高、内涵更丰富,而且实现过程更漫长。和谐社会的构建需要社会各方的积极参与和大力支持,贡献一份自己的力量。和谐社会的构建离不开法治,法治在其中发挥着不可替代的作用。我们应当明白,越是复杂多样的社会冲突与矛盾,越是需要彰显法律的权威。我们应当避免因为利用了法律之外的手段,而导致解决方式随意性以及结果不可预测性的不利局面。现代法治对于和谐社会的构建作用,主要体现为制约国家权力、化解社会矛盾、规范人类行为、塑造民族精神、构建诚信体系、保护生态环境。

生态法治作为实现生态文明与和谐社会的重要杠杆与有效手段,始终需要"天人合一"思想的浇灌。人类社会的发展是一个延续且螺旋上升的过程,相比于地球上的绝大多数生命体,人类出现的时间更晚,然而人类文化到目前为止已经发生了几次重大革命。现有的研究表明,最早出现的人类文化是渔猎时代的原始自然文化,那时候人类的生存完全受制于自然条件。到了古代农业社会,出现的是传统农业文化,蕴含着尊重自然、顺应自然理念的"天人合一"思想就是这一时期的文化产物。到了工业革命时期,人类中心主义的思潮极度扩张,经济发展的同时,人类生存环境开始逐步恶化。直至今天,人类意识到生态保护的重要性,并且开始反思究竟人与自然应当形成怎样的关系,才能互相依存、走得更远。"天人合一"作为"生态文化"观念的雏形,如今的"生态文化"无论如何发展,都离不开"天人合一"所蕴含的人与自然和谐共生与可持续发展的基本精神。在推崇生态化建设的今天,我们必须不断深化"天人合一"思想,为生态法治建设指明方向。

第七章

中国传统哲学创新转化的现实路径

中国传统哲学在近代西学东渐的影响下,其地位日渐衰微,生存空间不断被挤压,处境一度很尴尬。在现当代,随着世界文明多元化的发展,文化之间的交流与对话变得日益频繁,如何在多元的世界文化格局中坚持文化的独立性,这就需要我们重新对待传统文化。要坚持文化自信,在对待传统哲学上,就要求我们用辩证的眼光来看待中国传统哲学思想,在推进马克思主义哲学中国化、时代化、大众化的过程中,从哲学的民族性与时代性相结合的角度,在哲学的传统性与现代性辩证统一的基础上,探索中国传统哲学创新转化的现实路径。

第一节 中国传统哲学创新转化的必要性

中国传统哲学特别是儒家哲学作为根植于中国传统农业社会的思想智慧,是中国哲人在鲜活的生活实践中,用自己特有的语言符号系统建构的以心性修养为核心的理论系统。是中华民族智慧的结晶,蕴含着中国士人阶层对宇宙人生、对境界意义的理性思考,其独特的致思取向与价值诉求构成了中国文化的精髓与活的灵魂。在文化发展的历史长河中,融会了儒释道思想的精华,以形而上的本体为出发点与价值依归，通过反身而诚的自省、自觉，为人们的安身立命提供理论依据与终极关怀，探究人的自由全面的发展与自我价值实现，其中开显出的社会伦常、价值追求、顿悟直观、美学境界、智慧觉照、意义超越等无不体现着中国哲人对真善美的追求，成为社会文明发展的源头活水，具有持久的理论魅力与生命力。

一、中国传统哲学创新转化对人心秩序的意义

实现中国传统哲学的创新转化，对于重建人心秩序，提高生命质量与境界，加强民族凝聚力，助推马克思主义哲学中国化的进程具有积极的现实意义。中国哲学虽然根植于传统农业社会，但正如其他的哲学传统一样，是可离性与不可离性的统一。其不可离性表现为，其中有些哲学概念或文化元素是依附于其产生的特殊的社会历史背景的，是在具体的历史语境中产生的，只有将之置于具体的历史上下文中，作为具体时代独特的文化标识去理解才有意义，而离开了历史性的视域，便成了空洞的概念、抽象的无实物的妄语。而其可离性表现为，其中某些哲学观念可以离开具体的时代背景，通过与异质文化因子的融通整合，在不断解构与重构、互动与升华中，产生视域融合，达成重叠共识，实现交往互惠，从而实现理论的创新转化。在中国传统哲学中的发展的思想、唯物的思想、辩证的观点就是这样，这就为其与马克思主义哲学的融合准备了必要的理论基础。但是，作为异质文化，马克思主义哲学与中国传统哲学在产生的历史背景、文化传统、精神特质、政治经济文化发展水平上都是很不同的，其理论的出发点与时代课题也有很大差异，在文化应用的功能选择机制的影响下，二者的相互融通会出现部分的滞后接纳的情况。在马克思主义哲学传入初期，其中与中国传统具有契合性的唯物论、辩证法以及部分历史观的内容被很容易地接纳，而那些超出中国本土哲学的研究视域，或者与之交集较少的理论观念则要经历较长的接受过程。但异质文化之间是可以融通的，马克思主义哲学与中国传统哲学存在可通约性。

通过对深层无公度理论的批判，我们认识到两种哲学之间的融通是在浅层与深层同时进行的，并且越是在其理论的核心，其内在的契合性越高，公度性就越大。中国传统哲学是包容度很高的哲学体系，从历史上儒释道三家合流的过程就可见一斑。也正因如此，决定了其与马克思

主义不仅能在浅表层次相互接纳,而且在其核心层次的世界观、价值观领域同样能找到更多的理论契合点而实现共同发展。

二、中国传统哲学创新转化对企业文化的意义

中国传统哲学沉淀了先贤们的智慧,如今仍能够为现代化建设提供指导意义。其中以人为本、以和为贵等思想为现代企业文化建设提供多重人性论基础,蕴含的实践理性对现代企业文化建设具有科学方法论指导意义,其综合意蕴为现代企业文化建设提供了核心价值观引导。

(一)为现代企业文化建设提供多重人性论基础

与西方哲学不同,中国传统哲学注重人的现世生存,研究的是人的生存境遇及生存方式,寻求的是能够指导人生、安顿价值的方法,因而中国传统哲学铸就了以人为本的基本精神。

以人为本的人文精神就是在组成事物的多个因素中把人放在最根本和首要的地位来考虑。中国的文化历史悠久,春秋时期,孔子和老子就分别提出了以人为本,可以从三点看出中国思想家们对人的重视:首先从数量方面,他们认为多数人聚集可以办事快;其次是从人的意识方面,就是我们通常说的"众志成城";最后是强调个人及群体的主动性、创新能力和动手能力,表明人是一种拥有巨大潜力的生物。

在企业治理结构层面上分析,我们能够得出企业从一开始关注"物"到如今更关注人。"重视物"也就是不把人看作一个整体,而只是接受命令而工作的"工具人",因为以早期科学管理学派的创始人泰罗的理论来看,企业家和工人的目的都是达到各自的最大利益,即促使他们工作的最大动机就是经济动机。但是随着管理科学的发展,20世纪四五十年代行为科学产生并且提出把人放在企业管理要素中的主导地位,从此以后企业管理就逐渐确立了"以人为中心"的管理原则。此外,在20世纪七八十年代,由于日本企业经济效率和竞争力的大幅度提升促使人们开始逐渐重视企业文化建设,至此企业文化理论在全球逐渐普及,也就更加突出了人的作用。

因此,企业发展的轨迹也证明了我国传统哲学中以人为本的精神在现代企业管理中仍然具有重要的作用。虽然在现代企业管理中,已经不再强调"人多力量大"了,而是强调单个个体的所能发挥的最大效率,但

是传统文化中以人为本的另外两条作用仍然在现代企业中起着重要的作用。首先,最重要的就是人们统一的意志,这一点在企业文化的构建中尤其重要,因为无论是怎样的形式和内容的企业文化,其根本目的都是为了能够为员工营造一个独一无二的企业氛围,在这样的氛围中,每一名员工都能够有归属感和存在感,愿意为了统一的目标而尽自己最大的努力,也就是说要让企业所有员工能够有一个共有的努力方向,有相同的观念。而后,按照政治经济学的理论来说,劳动力是所有生产力要素中最具潜力和创造力的,因为人具有主动性、能动性和创造性,能够发挥主观能动性创造新的价值。

此外,现代企业文化建设还需要"仁""孝"相互共存,而此"孝"非彼"孝",不是我们通常人所理解的子女对爸妈、亲属之间的孝顺,而是人必备的一种心理和道德素质,它可以通过员工的行为举止体现出来。"孝"作为中华伦理的核心,其主要指孩子要满足爸妈的要求,对长辈,作为后辈的我们要尊重,以此为基础从而形成了一整套的家庭伦理和社会伦理。如果说"忠"主要体现的是君、国对臣子的要求,那么"孝"就是所有人必备的素质,这也是衡量一个人品德的最基本的标准。在企业的职工招聘时虽然没有提出"孝"的标准,但是在企业日常工作中,也要求职工能够恭敬长辈、待人以礼。因此,中国传统哲学在这一意义上为现代企业文化提供了多重人性论基础。

(二)为现代企业文化建设提供科学方法论指导

我们都知道企业文化的管理实践最早出现在日本,而企业文化理论产生于美国,我国在这一方面处于后起的阶段,对于管理科学的把握也仍在摸索中。但是,从中国传统哲学来看,我国古代就已经产生了关于文化管理的思想。儒家思想作为我国乃至整个东方几千年来占统治地位的思想,它的核心思想是人,万事把人放在中心位置上,也关注人与万物之间和谐相处、以和为贵,除了这以外,它还把人对自身的修养作为首要思想,而这一点对现在的企业文化构建有着非常重要的意义。

只有企业充分重视"人",把人的品德、素质、才能的获得放在重要位置上,才有机会在根本上发挥企业职工的整体优势,最大限度地实现企业的经济效益;墨家思想主张"无为而治",应用于企业管理方面则体现了一种宽松的和授权的管理方式,以该治理机制为基础同时让员工有更多可以自由发挥的范围,让员工有更多表现自己的机会,也就更能激发其创造潜力：法家思想与儒家、墨家不同，它主张设立严格的法度，使每个人都能够严格按照法度行事。在企业文化建设中则表现为要建立奖惩鲜明的管理制度，使企业运行有依据、有法度。从我国古代君主制度来看，君主的贤明与否至关重要，直接影响了朝代的兴亡。因此，以此事实推及至企业管理中可见"法治"对比"人治"的优势：要把企业的良好运营建立在严明的规章制度的基础上，而不是寄托在英明睿智的决策人身上。从企业文化建设的内容上来看，也就是要建立企业的法制文化，这样才能保持企业发展的稳定性。

但是，在当今世界中，国外公司的经营模式和方法已经超出中国，目前我国的企业管理方法与模式大多在借鉴和吸收西方的企业文化理论成果，对我国传统哲学中具有一定方法论指导意义的管理思想却弃之不用，甚至完全不了解传统哲学的现代价值。从以上对我国传统哲学中存在的管理思想的分析看来，中国传统哲学在企业中不仅能够发挥巨大价值，同时其中很多内容都与西方现代管理科学相通，能够为我国现代企业文化建设提供科学的方法论基础。因此，对于我国来说，汲取中国传统哲学中的思想不仅能够从民族特色的角度提升企业竞争力，也能促进西方发达国家的管理科学在我国的本土化，从而使我国在吸收西方优秀文明成果的同时，也能融入自己的特色，探索新的企业文化建设的可能，从而创造新的中国特色的企业文化。因此，现代中国企业文化想要在借鉴西方先进的企业管理科学的同时创新出具有中国特色的企业文化，一定要牢牢紧握我国深厚的历史文化，选择其精华且有价值的部分。

（三）为现代企业文化建设提供核心价值观引导

西方哲学从"存在"入手，以解释世界为主题；中国哲学从"人生"入手，以解释价值为主题。中国传统哲学中"忠孝仁爱""诚实守信"为现代企业文化建设提供了核心价值观引导。"诚实守信"为现代企业文化建设提供了核心价值观引导。

忠孝仁爱的思想在中国传统哲学中占据了极为重要的分量。"忠"即忠君爱国，为国家贡献出一份自己的力量，忠诚爱国；"孝"就是孝顺父母，遵从父母，感念祖宗的劳绩，完成其未竟的遗愿；"仁爱"即"爱人"、理解、关怀人，这是指对所有人的一种广博的爱，不仅要爱亲人，还要能够推己及人，以宽厚的心对待他人。显然"忠"的精神对于我们现今的社会主义现代化建设、核心价值观培养都具有很重要的意义。孝顺自古以来就被认为是中国传统美德,每个人必须具备,孔子及其弟子更是对此推崇备至,即古代认为孝顺的人基本上品德是不会有大问题的,因此这也是为官的入门标准之一。因为一个人如果对父母不孝,对亲戚不恭,就是为官也不会忠于职守、不会有出彩的效绩,所以在历史上曾有要想获得好的忠于朝廷的将相之才,那么一定要在孝顺的人里面找的做法。而今,虽然不再要求人们盲目地顺从父母,也不再提倡子女一切听从父母,但是"孝"的品德是不可缺少的,一个对父母不孝、对长辈不恭的人我们同样认为他德行有损,为人有差。

而"仁爱"则要求我们对他人要懂得体贴,想他人之所想,帮他人之所急,用充满爱的心去爱他人,理解他人。此外,"仁爱"还表现出一种民族的大仁大义,而"仁爱"的主要精神在古文中也时常被提及,督促他人懂得仁爱学会爱人,如《论语·泰伯》篇中就对"仁爱"做了详细的表述,促使我国在面临民族危亡时刻有那么多仁人志士不断涌现,为解救国家和人民于水火中不惜牺牲自己的性命,这是"仁爱"之大义。此外,不断以仁德修己身而成为仁德高尚的人也是"仁爱"思想之义。如今,它的思想依旧活跃在21世纪的今天,从企业来看,"仁爱"的思想具体表现在企业的管理层对下属的关心爱护上,帮助员工在工作和生活中存在的困难;另外,要求企业同事之间配合工作时能够待之以仁、相互体谅。这也是企业文化建设中营造良好工作环境以及企业文化价值观建设的要素之一。

诚实和守信在中国历史上是被人推崇的美好品质。诚实表达的是一个人做人要坦坦荡荡、不说谎、真实,对于自身存在的问题要坦诚面对,努力改正,对待他人要心底坦荡,无愧于心。守信,则是对自己曾经许下的诺言一定要实现,一言九鼎,假若一个人没有守信,那么这个人不论做什么事都不会有任何的成果。可见,诚实守信的原则在做人做事中都是不可缺少的品德。诚实与守信相互联系又相互统一,体现了思想和行为的一致性。这两项美德内涵丰富,能够渗透到社会生活的各个领域。从政者诚实守信可以形成坚定的政治信念,做事襟怀坦荡、无私奉献;经商者诚实守信就会坚守道德底线,做到货真价实,公平交易;为师者诚实守信,正己修德,诲人不倦,乐于奉献;从事科研者诚实守信则更加注重实事求是,要敢于探究,不怕失败。在当今社会诚实守信是整个社会的所秉承的高尚情操,它依旧是各个职业的最高职业守则。所以，诚实守信不仅源远流长并且流芳百世，应该在现代社会更得到大力弘扬。

三、中国传统哲学创新转化对现代教育的意义

（一）有教无类

根据蔡尚思对"有教无类"的分析，他认为有的学者从字面上，以教为教育，类为种类，因此就是对人的教育"不分贵贱贫富"，打破了"阶级界限"。又有学者逐字考证，认为孔子"有教无类"主张教育不分贵贱是不可能的观点。他认为要既不字面推至极端，又不分裂字句考证，有教无类可解释为"教勿同"，即在进行教育时，不要不分对象，不要对学生进行一律同等教育，要根据差异施教。这也最大限度地符合了孔子的"因材施教"教学原则。"有教无类"使得孔子对教育对象的选择更为广阔。[①]

孔子"有教无类"的主张，一是社会现实需求。私学并非孔子所创，而孔子的私学有着专门从事教育的学校，蔡尚思认为，孔子兴办的学校是春秋末第一所组织比较完备的学校。春秋后期私人讲学风气，是社会需要的产物，反映着社会关系的变化。把稍后于孔子的墨翟算上，已经记载的收徒讲学的人已经不下十人，未记载的相信还有更多。私学，即教授人们在孔子以前的春秋后期已经成为贵族教育基本内容的六艺：礼、乐、射、御、书、数。对于兴办私学的孔子而言，这是作为基本的谋生手段存在的。春秋时期宗法体制解体，不同宗族成员相互混居，在教育上也同居一处，教育不再是贵族弟子的特权，淡化了"类"的区别。

二是孔子"仁"的道德普遍性教育，使"仁"成为社会成员共同的道德要求，对人教授的最高道德教育内容的一致，使得"类"没有了必要。因此，孔子"有教无类"的授业主张是顺势于当时社会发展，也是对"仁"的思想实践的具体推动。教育对象的扩大，客观上意味着文化知识的普及，为社会关系的变化提供思想上的动力。但从社会历史现状来看，孔子的"有教无类"更多的意义在于"谋食"，主观复周礼乐文化的主张，在《论语》中仍然可见"有类"的思想"民可使由之，不可使知之"（《论

[①] 党继玉.孔子与耶稣教育哲学思想比较研究[D].银川：宁夏大学，2015：34-35.

语·泰伯》)"自行束脩以上,吾未尝无诲焉"(《论语·述而》)。

(二)授业解惑

孔子的"因材施教",一是在当时社会环境下办学收徒的差异较大,从孔子招收教育的对象来看,包括了鲁国本土及其他诸侯国青年。下邑不知礼的"野人"子路、身为商人的子贡(《史记·仲尼列传》"子张,鲁之鄙家也"(《吕氏春秋·尊师》),鲁国小邑武城的"公事"者澹台灭明(《论语·雍也》),公卿大夫的子弟及下属(孟僖子的儿子、鲁哀公的下属孺悲),他们本身的知识基础存在着差异,同时孔子弟子入学不受时间限制,年龄也相差许多,因此程度参差不齐。为了满足不同学生的不同需求,他就必须"因材施教"。二是对于"仁"的教育要求而言,孔子承认有"成仁"的差异,承认君子的道路有差别,因此需要"因材施教"。

因为要"因材施教",所以孔子对于教授的知识内容做了分类,孔子的教育内容与传统六艺教学内容有所不同,他更为重视经典教育,把以经典为核心的人文教养和文化传承作为教育的基本内容。"文质彬彬,然后君子"(《论语·雍也》),要成这样的君子,"子以四教:文、行、忠、信。"(《论语·述而》)四教每个方面都包含传授知识,清刘宝楠"此四者,皆教成人之法"(《论语正义》),"弟子入则孝,出则弟,谨而信,泛爱众而亲仁。行有余力,则以学文"(《论语·学而》),对于基础的伦理道德的践行是学习人文知识的前提。孔子要把"言忠信,行笃敬"(《论语·卫灵公》)这样的知识传教给弟子,使他们认识"天赋之德"并自觉"行",从而"行"与"文"共同构成人之法,整个教育就是道德教育和知识教育的相辅相成,德智相合,学生通过学习知识,从说话到行为,从意识到作风,成为君子风格。[①]

朱熹在《四书集注》中肯定了"孔子教人,各因其材",但孔子本人并未达到如此认识,只是当时的现实条件推动着他因材施教,一是"谋食",二是满足统治者的需要,但孔子设置德行、言语、政事和文学四科,的确是因材施教的准备,这种方法是合理的。这种教育方式确实推动了教育对象的发展。

---

① 蔡尚思.孔子思想体系[M].上海:上海人民出版社,1982:191.

（三）启发引导

孔子对学生的启发引导,首先表现在对教育对象自己学习的动机强调。"不愤不启,不悱不发。举一隅不以三隅反,则不复也。"(《论语·述而》)"子曰：'不曰如之何,如之何者,吾末如之何也已矣'。"(《论语·卫灵公》)"子曰：'终日饱食,无所用心,难矣哉！不有博弈者乎？为之,犹贤乎已'。"(《论语·阳货》)孔子认为学生没有学习动机,教也无效,因此要对学习动机引导。其次,孔子循序渐进地对弟子进行启发教导。颜渊说："夫子循循然善诱人,博我以文,约我以礼,欲罢不能。"(《论语·子罕》)

在"教"的同时,也需要对教育对象"学"做一个实践的方法论指导,"为仁由己"的路径,使得学生掌握"学"的方法尤为必要,孔子对教育对象主动学习的实践指导可以概括为如下。

第一,学而不厌。"学"首先需要一个诚恳的态度。"默而识之,学而不厌。"(《论语·述而》)"子曰：'十室之邑,必有忠信如丘者焉,不如丘之好学也'。"《论语·公冶长》注重不断的"学","发愤忘食,乐以忘忧,不知老之将至云尔。"(《论语·述而》)这是孔子的基本态度。其次,"好学"是孔子教育理念与实践的重要路径。孔子对于子路"不好学"的态度极为反对,"好仁不好学,其蔽也愚；好知不好学,其蔽也荡……好刚不好学,其弊也狂。"(《论语·阳货》)这里的"学"讲求的是德文共修的全面修养,孔子强调对"六德"的追求是离不开"好学"的,这就把伦理的德行和教育活动结合起来了。"'学'与'好学'既是孔子发生学的起点,也是他思想生命的逻辑起点,是孔子思想的重要基石。"在认识事物的方法论意义上,"学而不厌"具有极大的合理性、指导性。

第二,学思并重。孔子学思并重的方法,本质来讲,就是一种教人学习或读书的方法。"学而不思则罔,思而不学则殆。"(《论语·为政》)学为基础,思为学的继续和完成。"吾尝终日不食,终夜不寝,以思,无益,不如学也。"(《论语·卫灵公》)实质上,孔子的学思并重,出发点在于"学",落脚点亦是"学"。对于"仁"的德行学习是非常重要的,但只有通过"思"才能使之与具体实践过程贯通,进而完成"修己"之路。这无疑是孔子在长期教育实践经验中总结概括的有效方法。

第三,择善而从。"仁"的教育,是一个使人达到最高道德境界和君子、圣人风格的过程。因此,面对复杂的社会现实环境,单凭强调"学"

及教授学的方法,难以使人在这个过程中始终如一地坚持。据此,孔子提出"三人行,必有我师焉。择其善者而从之,则其不善者而改之。"(《论语·述而》)又有"盖有不知而作之者,我无是也。多闻,择其善者而从之,多见而识之,知之次也。"(《论语·述而》)采取这种借"善"者之力成全"修己"之道,由此获得的"知"是仅次于"生而知之"的。

无论怎样树立孔子光辉的形象,都否定不了他"谋食"的需求和符合政治统治者需求的意向,这是必须要承认的,即便是他天赋圣人,但依据《论语》而观,他也只是生活于社会现实世界中的"圣人",他思想的创新克服不了社会历史的局限。但他确实又在具体教授方法上提出了创新的思路,并在客观上产生了深远的影响。对他的教学方法的改革总结本质来讲并非孔子所达到的真实状态。更多的是后来者对《论语》"语录"的整理总结,我们关于孔子教育态度、教学方法的总结,在我们看来是新颖独到的,或许在他的时代属于老生常谈,只不过他与同时代其他人相比拥有较高的知名度,"吾闻将有达者曰孔丘,圣人之后也,而灭于宋。"[1] 后人以一种精英主义的方式记载了他的思想。我们总是在找寻他的独到、新颖的特质,也许这根本不是他的特质,一个伟大的宗师不会总是孜孜不倦于旧真理中寻找什么惊人的表达方式,但依据后世学者对"仁"的教育思想及教育实践方法的继承和发展,说明孔子的教育实践在一定程度上为后来教育思想提供方法论的基础。

(四)君子教师

从孔子的思想中,虽然不能直接推导出君子等同于教师的形象,但通过君子和教师在生活使命、人格品质、修身需要和实践方式等方面的共通性,可以初步明晰具有君子人格的教师形象是孔子教育哲学中强调的教育者。从修身的角度而言,具有君子人格的教师形象能够作为教师应然的存在。

对君子的德行、智慧、志向和言行上的规约,指向一种值得欲求的美善的人格。君子"有仁",所以能自爱、能爱人,君子"有智",所以能自知、能知人。教师若要能够自爱和爱人、自知和知人,成为君子则是一种理性且明智的选择。"君子教师"也就意味着:在教育实践中,通过不断的学习、积累、反思和练习,去存有具备仁、智、勇综合一体的君子人格,并

---

[1] 党继玉.孔子与耶稣教育哲学思想比较研究[D].银川:宁夏大学,2015:36.

以其美善的人格志于增进人的灵魂幸福和心灵健康的教育使命的教育者。君子教师的卓越,在于其灵魂的优秀、人格的完善和心灵的健全,也表现在对教育的本质的遵循和对教师自身的伦理认同。最为关键的是君子教师把教育作为一种修己安人的生活,在这个修身实践中,能够如君子一般关心自我人格的美善——"君子之修行也,其未得之,则乐其意,既得之,又乐其治,是以有终身之乐?"(《孔子家语·在厄》)感受到其中的精神境界的提升之幸福。君子教师的幸福不来自物欲上的满足,而是在教育的具体事情中能够成为教师自己,过一种有德行、有智慧的伦理生活,并对所过的生活能够理性地审察,获得精神境界上的提升和精神上的幸福。

对于教育而言,君子教师是教育行动主体的一种应然的善的存在。君子作为教育者的身份是相对于整个社会而言的,在广义的教育中,君子选择的一种生活方式和具体实践本身关乎自我的成人、治家与社会太平,其中最为重要的是君子关于修身所做的努力。修身作为精神修养的实践,是一种精神活动,但其具体的展开却是需要在教育的场域中,因为涉及学、思、教等活动。君子教师作为教育者正是源自其修身的实践,这种实践是"无终食之间违仁,造次必于是,颠沛必于是"(《论语·里仁》)的实践。在这种修身之中可以"为师"的条件在于:修养君子人格且选择君子的生活方式,使教师能够正确地认识到教育是实践的,是切磋的,是关乎人的灵魂的(虽然孔子不提灵魂,但孔子的修身哲学正是通过形而上的思考和正当的实践来提升人的精神境界和生活意义)。由内在的精神素质的提升,君子教师的外在气质也就能够"容貌严肃、颜色端正、辞气高尚",内外中庸,自然"文质彬彬",赋予教育者教育的气质和实质。君子教师作为教育人是区别于"小人教师""动物化劳动者"的,君子教师在教育行动中能够认同教育对于自我的修身意义,也能够把修养自身的实践融合于教育之中来造福更多的人,以此倡导一种关心自我的灵魂的生活理念和生活方式。

君子教师的知识观是一种践行美德的生活方式。虽然苏格拉底的形而上学意义的知识观即"我知道自己无知"对于教师思考"主体"和"真理"之间的关系具有重要的启示意义,但是孔子的知识观——"把知识的思考和解释主要放在日常生活情境处"[1]相对于教学活动而言更具

---

[1] 仲建维.孔子和苏格拉底的知识形象及其教学图景[J].全球教育展望,2010(6):31-35.

有行动意义和生活感。至于仲建维研究所言"孔子的知识观是社会本位、苏格拉底的知识观是个人本位"则有失偏颇,因为二者的知识观都指向人的德行完善、城邦(国家)的正义(有道),并不具有本位利益观。因此,君子教师的知识观作为一种追求真理和美德的生活理念,并不是东方文化价值的特殊产品,它是具有普遍实践意义的知识确证方式,即在日用寻常中反思自身、践行美德。由此,君子教师践行的知识信仰即是一种美德信仰。至于"美德是否可教的问题",儒家的回答是"百工居肆以成其事,君子学以致其道"(《论语·子张》),即美德可学,学就有了更强的实践意义和"切磋"意义。在德行知识教学上,孔子强调人的知识不能停留在具体的外在知识上,而应以掌握培养人的知识为主,因此教师更多的是告诫学生生活行动的原则和审察生活的方式,而不是知识的灌输。

另外,君子的实践精神主要表现在两个方面:好学与笃行,并且好学与笃行相互结合。这也正是君子教师应有的教育实践理念。首先,"好学"表现为"见贤思齐","择其善者而从之"的"就有道而正焉"的"上达"精神。这种精神在于确认值得学的目标和榜样,因此"贤者""人之善""有道"等符合"仁道"的事物、榜样、理念都是值得"学而不倦"的内容。只有学习这些符合"仁道"的知识和典范,才能够选择一个正确的修身方向。对于君子教师而言,选择和确认这些值得学习的内容极为重要,因为这些既是自我修身的智慧之光,更是引导学生思考"人应该如何生活"和"应该如何成为自己"的正面材料。其次,"好学"与"思""行"的结合。"问"作为一种思考方式,也是一种精神实践的方式,因为切实关心自身灵魂的人一定会思考,并发出诸多疑问。对于君子教师而言,"问"既是一种自我学习的探究方式,也是一种关照自己的表现。不管是对学习者的"诘问",还是解答学习者的"疑问",君子教师对于"问"都是理性的和慎重的,真实地关心教师和学生自己对于知识学习、实践和自我完善之间的思考。君子教师通过和更加优秀的人交流来及时调整自己对于教育实践的困惑,也能够及时引导学生探究值得探究的知识和领域、解答学生日常德行实践的困惑。最后,"反求诸己""三省吾身"的教育实践与反思的行动。"求诸己"的典型实践者是"好学"

的颜回,颜回能够"得一善,则拳拳服膺弗失之矣""不迁怒,不贰过"[①]。颜回能够正其心、养其性,以此"学以至圣人之道",正是"反求诸己"的表现——从自己的心性中去求取,以致人格的美善。因此,"反求诸己"也切合了柏拉图关于"关心自己即关心自己的灵魂""关心自己就要先获得美德"的论述,因为"求于诸己"对个人而言即是关心自己的灵魂(儒家的"心性"),而不是关心自己的外在的身体,更不是把个人的美善求诸外界的物质利益的得失。反省的实践包括"自省",以及"以人为镜"的反思。自省是对自身德行实践的反省,对于君子教师而言,自省的内容犹如"为人谋而不忠乎?与朋友交而不信乎?传不习乎"等,是对教育实践中的自我的表现做出及时的德行评价,换作今天,自省的内容可能是"我今天过得有意义吗?今天的教育符合教育的目的吗?我的专业德行发挥了效用吗?……""以人为镜"的反思既有积极引导作用,也有消极的警醒作用。因为好的生活榜样能够启发人学习与践行,"不善"的事例能够促进人反思自我是否一样苟且。而反思最为重要的是"诚",君子教师的反思作为一种评价自我的方式需要敢于直面自己的不足的勇气,即是一个"知道自己无知"所以需要不断反思和学习的过程。

第二节　中国传统哲学创新转化的可行性

中国传统哲学属于中华传统文化的一部分。中国传统哲学之所以能够进行创新转化,有党和国家的顶层设计,有传统文化工作者的中坚力量,也少不了人民群众的基础支撑。这些都是推进中国传统哲学创新转化的重要力量。本节就来具体分析。

一、党和国家的顶层设计

党和国家在实现中国传统哲学创新转化过程中居于主导地位。发

[①] 冷天吉.孔子的知识论[J].河南师范大学学报(哲学社会科学版),2005(2):14-17.

挥党和国家在实现中国传统哲学创新转化工作的主导作用,就需要党和国家做好中国传统哲学创新转化工作的顶层设计。

(一)中国共产党主导作用的发挥

在实现中国传统哲学创新转化过程中,中国共产党主导作用主要是对中国传统哲学创新转化方向性和原则性问题的指导。党主导作用的实现主要表现在党所制定的纲领与大政方针、党组织以及党员的模范带头作用中。

第一,中国共产党的文化纲领,是一定时期文化建设的指导,指导着中国传统哲学创新转化工作。中国共产党一直非常重视文化建设,在革命、建设与改革时期都制定有文化建设纲领,并十分注重中国传统哲学在文化建设中的地位与作用。在民主革命时期,提出要建设民族的科学的大众的新民主主义文化。在建设中国特色社会主义过程中,提出要"发展面向现代化、面向世界、面向未来的,民族的科学的大众的社会主义文化"。中国共产党的文化纲领对中国传统哲学创新转化工作具有重要指导意义。根据中国共产党关于新时代文化建设纲领的要求,要坚持以马克思主义为指导,将中国传统哲学优秀成果与中国现实和时代条件相结合,推动中国特色社会主义文化繁荣兴盛。

第二,党通过制定文化建设的方针政策发挥其在中国传统哲学创新转化中的主导作用。中国共产党根据不同时期的国内国际形势,在文化建设方面,通过制定相应的文化建设方针、政策以推动文化的建设与发展。改革开放之初,提出建设社会主义精神文明。党的十五大,提出了建设中国特色社会主义文化。全面建成小康社会时期,提出建设社会主义核心价值体系。其中以爱国主义为核心的民族精神是社会主义核心价值体系的内容之一。党的十八大报告中,提出要践行社会主义核心价值观。党的十八大以来,习近平多次论述了中国传统哲学的地位、作用,并提出要实现对中国传统哲学的创新转化。中国共产党根据世情、国情和党情的变化提出了不同时期文化建设的目标,而且不同时期文化建设目标都包含有弘扬中国传统哲学。这一特点也体现在党的文化建设方针中,如古为今用、批判地继承、创造性转化、创新性发展等。党的文化建设方针政策对于当前中国传统哲学创新转化工作具有导向作用,即为人民群众提供了行动的指南。

(二)国家政府主导作用的发挥

在中国传统哲学创新转化过程中,国家政府的主导作用主要是对中国传统哲学创新转化工作的指导、领导和引导。

第一,确立对待中国传统哲学的方针,以指导中国传统哲学创新转化工作。在文化建设过程中,党和国家逐渐提出了一系列文化建设的方针。

第二,颁布传统文化教育的相关政策。实现中国传统哲学创新转化,首先要使主体了解甚至是熟知中国传统哲学。党和国家一直非常重视传统哲学的教育。中央和各级政府为推进优秀传统哲学教育制定并采取了一系列的政策措施。

二、传统文化工作者的中坚推动

传统文化工作者是实现中国传统哲学创新转化的骨干。他们既从事中国传统哲学创新转化工作,又以其行为对其他主体产生一定影响,在实现中国传统哲学创新转化工作中发挥中坚推动作用。

(一)传统文化工作者在其工作中推动中国传统哲学创新转化

在实现中国传统哲学创新转化过程中,传统文化工作者的作用主要体现在他们的工作中,并在工作中得以实现。传统文化工作者的工作岗位所属机构一般包括研究机构、教育机构、博物馆、图书馆。所从事工作一般与传统哲学有关,主要是传统哲学研究与教育宣传工作。

(二)传统文化工作者在中国传统哲学创新转化工作中中坚推动作用还表现在其工作之外的活动中

在工作之外,传统文化工作者仍能够以其自身的传统文化素养以及传统文化行为带动和影响其周围人去学习和了解中国传统哲学,从而推动中国传统哲学创新转化。

（三）传统文化工作者在中国传统哲学创新转化工作中中坚推动作用还表现为其在传统哲学领域的话语权的掌握方面

由于传统文化工作者自身传统文化素养以及其工作特点，使他们对传统哲学的解读能够被人们所认可与接受，从而使其在中国传统哲学领域具有一定的话语权。所以，他们对传统哲学的认知与理解在一定程度上影响着其他主体对传统哲学的认知与理解，从而影响中国传统哲学创新转化。

三、人民群众的基础支撑

人民群众在实现中国传统哲学创新转化过程中居于基础地位，发挥着社会主体的作用，对于推动实现中国传统哲学创新转化具有重要意义。在实现中国传统哲学创新转化的过程中，人民群众是基本力量，为实现中国传统哲学创新转化提供资源，并且是实现中国传统哲学创新转化的落脚点。

（一）从实现中国传统哲学创新转化目标来看，人民群众是实现中国传统哲学创新转化的根本落脚点

中国共产党的性质与宗旨和我国的国家性质决定了满足人民群众的精神需求是实现中国传统哲学创新转化的根本目标。同时，这是实现中国传统哲学创新转化工作的必然要求。人民群众对精神生活的追求有利于调动其进行创造与创新的积极性和主动性，发挥人民群众创造与创新的内驱力，从而有利于推动实现中国传统哲学创新转化。

（二）从实现中国传统哲学创新转化的条件来看，人民群众的实践活动为实现中国传统哲学创新转化提供了物质保障与创造源泉

人民群众的物质实践活动，有利于推动经济的发展，从而为实现中国传统哲学创新转化提供物质保障。人民群众的实践活动为知识分子的创新与创造提供了创造源泉。

（三）从实现中国传统哲学创新转化的力量和路径来看,人民群众是实现中国传统哲学创新转化的基本力量

人民群众通过其自身实践活动实现中国传统哲学创新转化。其一,人民群众在实践中会在一定程度上根据社会变化对其自身的行为做出相应调整,从而推动着传统的改变。其二,人民群众对传统民间活动的坚持与调整、对新的社会活动的参与、对推动实现中国传统哲学创新转化具有重要意义。其三,党和政府的政策、传统文化工作者的创新,需通过人民群众的实践活动体现出来,实现中国传统哲学创新转化需落脚于人民群众的实践。

第三节　中国传统哲学创新转化的现实路径

中国传统哲学是以心性修养为中心,阐发人的生存之理的人性论,其从人学的角度彰显了人通过生活实践最终证得道体的自我及世界的生成过程,在中国传统哲学的天道思想与人性论中蕴含着丰富的人学因子,具有积极的现代价值。当前我们要建构以马克思主义哲学科学的实践观为基础的现代中国人学体系,需要从传统中国古代哲学中发掘其具有当代价值的人学思想与现代性理念,在辩证的扬弃的过程中加以整合,使其抽象的价值意蕴得以重新开显,其多彩的生存意境得以重新敞开,其生动的活性因子得以重获生机。

一、以人的自我完善和自我实现为核心

中国传统哲学作为以人性论为核心的心性修养学说,作为在人的感性的、具体的、现实的生活世界中调和理想与现实的矛盾的智慧,以人的自我完善与自我实现为核心展开了一系列理性的探讨与思考,中国传统哲学这种内向超越意义上的自我涵养理论,有其不断生成、完善的发展历程,并经历了两次重大的理论转向。这两次理论转向以人性论为主线,以主客关系为轴心,以天人关系为论域,分别是由张载与二程开启

的从"天人混同"到"性气二分"的转向和由王夫之开启的从"性气二分"到"主客二分"的现代性转向。中国哲人在对人生意义、生存之理的思考中，将人间世事与"天命""天道""天理"相贯通，主张通过内在的顿悟体证与道德践履，实现天人合一，成就一种内在超越的理想人格。内圣外王的理想诉求将成人成己、修己安民有机地结合了起来，开启了对人生意义与终极目的的不懈追求与思考，成为中国人安身立命之本、成人成己之道。天人关系是中国传统哲学的核心论域，从它出发所开显出存生之理，是中国传统哲学的基本内涵。与西方将理性求索的视线聚焦于人之外的自然宇宙、彼岸上帝不同，中国古代哲人则始终聚焦于人，将对人的现实观照与终极关怀相结合，言不离天人，行亦不离天人，认为"学不际天人，不足以谓之学"，主张做学问应当"究天人之际，通古今之变，成一家之言"。西方将思维与存在的关系问题作为基本问题，而天人关系问题可以称之为中国传统哲学的基本问题。由此可见，中国哲学是关于人性的本质、人道的本源、人格的自我完善、人生价值实现及人生境界的提升的学问。

中国传统人学从其本质来看，是根植于传统封建社会的人性论，不可避免地具有封建伦理至上的通病，其抽象的天道思想与马克思主义哲学在科学的实践基础上所建构的现实的人道主义是背道而驰的。但不可否认的是，中国传统人学以其恢宏的理论视野、精深的思想内容，在当今时代依然具有很高的学术价值。王夫之之后的中国传统人学作为以存生之理为内核，具有古代朴素唯物主义与辩证法思想的人性论，蕴含着现代人学思想，这也是其能够在现当代与马克思主义哲学的实践生存论相契合，并实现向现当代创新转化的逻辑之桥。从内容上看，中国传统人学思想中浸染着封建主义的伦理道德，具有历史的局限性，但王夫之在批判传统人学重自我体证的精神实践理路的基础上，提出了重生活实践的"存生之理"，这与马克思主义人学建立在科学实践观基础上的人与世界互为对象的交互生成理路不谋而合。这说明中国传统人学具有鲜明的现代价值，可以通过发掘其中的现代性因素，并将其切入马克思主义中国化及其实践人学中国化的过程中，以此来建构中国化的马克思主义人学体系，实现中国传统人性论创新转化与马克思主义实践人学中国化的内在统一。而要实现传统人性论的创新转化，则必须将其建立在马克思主义哲学的科学实践观的基础上。作为重自我体证的心性修养学说，中国传统心性论是建立在以人为本基础上追求自我实现的理论,主张涵养本心、内圣为王。这种通过自正其心的精神性实践理路实现人的自我完善的主张与当代实践生成论所主张的通过创造性的实践理路实现人的自我生成与再生的主张十分相似。但作为根植于传统封建社会的人性理论,对天道与天理的过分强调,使得人的主体精神被遮蔽,人的改造世界的实践性力量被压抑在内向性的自我革命与超越的精神界域中。如何反身而诚、归根复命、存理灭欲、断染成净成为其人学研究的关键内容,而怎样知心知性知天,达到天人合一的境界则是其理论的核心主旨。这种重内轻外、重精神轻物质的理论基调,与马克思主义哲学科学实践观基础上的人学之关注现实生活,重视社会实践的理论风格格格不入。但与此同时我们也应当看到,在传统哲学中并不乏关注现实的积极的入世精神,《大学》中"格致诚正,修齐治平"的八条目就是一条由内而外的内圣外王的实践路线,而张载的为"天地立心、为生民立命、为往圣继绝学、为万世开太平"也闪耀着改造现实的主体性光辉。马克思说:人们的存在就是他们的实际生活过程,全部社会生活在本质上是实践的。可见,马克思所主张的正是从现实的人出发,从生活实践出发,要实现传统人性论的创新转化,就需要以马克思主义的科学实践人学为中心,抽取并激活传统人性论中生生不息、存生健生的主体精神,重义轻利的价值标准,自强不息的乾道品格,内圣外王的超越追求等合理的人学因子,并将其与马克思主义哲学的科学实践观相同构,同时吸纳西方人学的合理因素,建构新时代高扬价值理性,"中西马"交融的中国特色的实践生存论。

二、坚持以人为本,处理人的利益矛盾,关注人的现实问题

解决现实的民生问题是以人为本的实践旨归,当前践行以人为本的根本在于正确解决民生问题。民生问题不仅关系人的基本生活问题,也影响到社会的和谐与稳定。民生是指人的基本生计,是人的生存和生活状态。当今中国在日新月异的发展中依然存在民生问题,人的生息之地存在危机,人的利益矛盾依然存在,部分人的基本生活存在困难,民生问题的解决是实现以人为本最基础的最低基线。正确解决现实的民生问题需要用利益分析法来给予人们以关怀和关注,用公平正义的方式来协调和关注弱势群体的生活现状,妥善协调各方面的利益关系,保证人民的正常生活。

(一)解决好人的生息之地的危机

人的永恒主题就是永续发展,人与社会在不断发展是毋庸置疑的重大问题。但是,发展也不能不管不顾人的生息环境,人的生息之地一旦出现问题,一切的发展就失去了固有的意义。曾经,一种不科学的发展为人类带来严峻的生存危机——自然环境和生态遭到破坏,人们的正常生活严重受到影响。人与自然是辩证统一的,是一种相依相生、和衷共济的联系整体。人是自然界的有机组成部分,人与自然是同一的,人是自然不可分割的有机组成部分。

自然是人类产生和发展的基础和根本条件,也是人的生命得到延续的物质保障。所谓自然界,是包括人本身在内宇宙现象的总和,没有自然环境的延续发展,人及其社会也得不到可持续的发展。的确,人们在生产发展的同时也付出了沉重的代价,自然和生态发展的不平衡威胁着人类自身的生存和发展。人类不仅无情地向大自然索取宝贵资源,也在任意地向自然界抛弃废物,造成生态系统的失衡,人类面临环境问题的巨大挑战。

坚持和落实以人为本就要保护好居民的良好生存之地,积极采取有效措施保护环境,让人生活的优先条件——自然得到合理的演化和发展,为人们的生活提供基本的物质基础和发展条件。坚持和践行以人为本要求在发展中不仅要关注人的核心价值地位,也要注重自然界的优先存在的价值地位,把人本身与物(自然)辩证统一起来,使其和谐发展。目前,社会在发展的进程中要把人文指标、资源指标和环境指标统一起来,促进人与自然的互动和谐,实现人、自然、社会的永续发展。我们在发展中,不能以破坏环境、生态失衡和牺牲人的利益为代价,客观上要把人、自然、社会的科学发展,贯彻到每一个单位、落实到每一个家庭,鼓足最大的勇气、下最大决心、用最大力量把人的生息之地保护好和维护好。人既是自然环境的享用者和创造者,也是自然环境的保护者。从哲学层面反思,坚持以人为本,必须确立人与自然是融洽共济的系统的观念,这是树立和调节人与自然关系的思想基础;坚持以人为本必须树立人与自然的合理的价值关系,把握人对自然的依赖和超越的辩证关系。人对自然的依赖是人扬弃自然性的多维依赖,人对自然的超越是人对自然依赖基础上的超越,人在依赖和超越自然的过程中保护自然环境,极力解决人的生息之地的危机。

（二）处理好人的利益矛盾问题

社会的一切矛盾问题归根结底就是人的利益矛盾问题,人民群众的内部矛盾实质上也是人的利益矛盾问题。坚持以人为本,积极构建社会主义和谐社会,并不是说社会在发展的历程中不存在矛盾,恰恰是正确面对矛盾、分析矛盾、解决矛盾、化解矛盾的过程,以人为本也是妥善协调和处理不同层次、不同领域的利益关系的过程。在社会的发展中,不断出现新的阶层和社会群体,在人与人之间、人与社会之间显现出利益冲突,矛盾不断加深,显失公平。现阶段,我国的利益矛盾形式多样,还比较复杂。

首先,劳资矛盾。在建设中国特色社会主义的过程中,劳资关系在社会中是重要的关系,是社会关系中最根本的关系之一。在不同地域、地区和行业内,劳资矛盾呈现出增长的事态,主要表现是超时加班和工资较低,形成不合理的劳资局势。有些人采取不同的方式和极端手段对雇主或资方进行报复,也有人由于心理承受能力较弱出现自杀的情况。

其次,贫富矛盾。极少数人占有绝大多数财产,大多数人占有极少部分财产,贫富差距不断扩大,贫富差距问题更值得整个社会去关注和解决。

再次,城乡矛盾。城乡矛盾是利益矛盾的基本形式,因为农村的人口多,基数大,中国约5.7亿人在农村,与城市的居民享有的福利待遇相差甚远,农民与市民的收入差距较大。农民收入的增加异常困难,特别是农民工工资的增加十分缓慢。在此基础上,农村和城市的二元体制,把城乡矛盾加剧化,农村与城市相差的距离越来越远,农村人与城里人各项权益的差距也很悬殊。

最后,区域矛盾和行业矛盾。区域矛盾和行业矛盾随着经济、社会的发展也在不断升温。区域矛盾是国家的发展的天然矛盾,先天的地理环境是不以人的意志为转移的,是客观存在的。不同的自然环境造成不同的社会矛盾。我国东部沿海比中西部发展的速度快,地区差距扩大,中西部人民与东部人民人均收入差距较大。行业矛盾也是利益矛盾的重要形式,不同行业的收入差别很大,客观要求规范收入分配体制,严格控制和纠正垄断行业的暴利,照顾中低收入的呼声日益强烈。

坚持以人为本就必须坚持公平正义,用公平正义的思路真正解决人的利益矛盾问题。维持社会公平正义的原则,为每一个人平等的发展创造机会,让公平正义消除人民参与经济和分享经济发展成果的阻力和障碍,真正让人民共享劳动成果。在国家经济体制改革的前提下,我们感受到了公平正义的温暖和博爱,也树立了解决利益矛盾的决心和信心。

为了让人与社会长期稳定的发展要求从实质上解决利益矛盾问题,坚持以人为本必须要从根本上处理好不同地域、不同行业、不同群体和不同阶层之间的利益矛盾。公平正义是每一个人的心声,是解决人的利益矛盾的根本准则,也深刻揭示了当代社会促进公平正义的紧迫性和重要性。用公平正义让人的利益矛盾得到彻底的解决,让每一个人的利益都得到应有的保障,让每一个人看到光芒,让每一个人充满信心和希望。

(三)关注人的现实生活难题

当今的中国是一个发展迅速的中国,当今的中国是走向繁荣昌盛的中国。但是,在社会的现实生活中还有很多弱势群体依然面临着生活难题,确实是一个不争的事实。践行和落实以人为本就必须扎实解决人的现实生活困难。

第一,解决百姓住房问题。住房是人的最基本的生活要求,住房与人的衣食同样重要,住房是人生活的衣、食、住、行的本质需求之一。目前,全国各地房地产风起云涌,房价飞涨,购房问题已成为老百姓的老大难问题,严重制约社会的稳定与和谐。不同的群体在购房问题上面临巨大的压力和挑战。亿万农民工奔向城市,大多数人没有稳定的住所,收入与房价不成比例,买不起房,在大城市购房对农民工来说只是异想天开的事情;大城市的普通工人同样面临购房难的问题,工薪阶层没有购房能力已成为毋庸置疑的事实;中小城市及县城、乡镇的房价也在不断飙升,工薪阶层也是望而兴叹。农民工、普通工人等工薪阶层人数比例大,对房子的需求量较大,毕竟富翁占少数,房子问题根本上就是普通老百姓最关心的问题。坚持以人为本就必须制定合理的政策,降低房价,增加收入,增强老百姓的购房能力,保证老百姓人人有房住,满足老百姓对住房的正常需求。

第二,解决大学生(包括研究生)就业难问题。就业是人的生存和发展的根本前提,就业是人的生活源泉,就业是创造财富的基础。就业问题是涉及人自身、国家和社会的重大发展问题,特别是大学生就业问题是民生的关键问题。大学生是国家和社会的宝贵财富,是人力资源的重要组成部分,也是推动人与社会永恒发展的固有动力。当前,大学生就业困难问题已是公认的社会问题,每年大学生毕业数量超过百万人,岗位需求与准就业人数有天壤之别,大学生毕业后没有就业就变为失业人群,这不仅影响社会的可持续发展,也造成人力资源的高度浪费。根据我国的现实情形,一名大学生,需要学生本人十几年甚至二十多年的努力和积累,也需要家庭、国家和社会付出巨大的成本才能培养出来,理所当然,为大学生提供用武之地,提供发展空间,是国家和社会的责任,也是合理开发和利用人力资源的客观要求。大学生就业问题是民生的根本现实问题,不仅关系到大学生本人的生活,还关系到家庭的和谐,甚至关系到整个国家和社会的永续发展。真正落实以人为本,就必须构建尊重人才、挖掘人才、发现人才、使用人才、培养人才的合理机制,为千千万万大学生提供有利的就业条件和境遇,发挥大学生的积极性和创造性。

参考文献

[1]（清）王先谦著；沈啸寰,王星贤整理.荀子集解（卷十一）[M].北京：中华书局,2012.

[2]（宋）黎靖德.朱子语类（卷四）[M].北京：中华书局,1986.

[3]班固.白虎通德论[M].北京：中华书局,2013.

[4]曹德本.中国政治思想史[M].北京：高等教育出版社,2005.

[5]陈大齐.荀子学说[M].台北：中华文化出版事业社,1956.

[6]陈鼓应.老子注译及评价·四十二章[M].北京：中华书局,2016.

[7]陈鼓应.庄子今注今译[M].北京：商务印书馆,2007.

[8]陈霞,陈云,陈杰.道教生态思想研究[M].成都：四川出版集团巴蜀书社,2010.

[9]陈晓芬,徐儒宗.论语·大学·中庸[M].北京：中华书局,2015.

[10]陈瑛.中国伦理思想史[M].湖南：湖南教育出版社,2004.

[11]程颢,程颐.二程集[M].北京：中华书局,1981.

[12]程树德.论语集释[M].北京：中华书局,1990.

[13]范会勇.中学生心理发展与教育过程[M].广州：中山大学出版社,2014.

[14]方勇.孟子[M].北京：中华书局,2015.

[15]方勇.庄子[M].北京：中华书局,2015.

[16]冯达甫.老子译注[M].上海：上海古籍出版社,2006.

[17]冯达文,郭齐勇.新编中国哲学史（上册）[M].北京：人民出版社,2004.

[18]冯友兰.中国哲学简史[M].重庆：重庆出版社,2009.

[19]顾炎武.日知录[M].上海：上海古籍出版社,2010.

[20] 郭朋. 坛经校释[M]. 北京：中华书局，2012.

[21] 郭庆藩. 庄子集释[M]. 北京：中华书局，2013.

[22] 教育部普通高中思想政治课课程标准实验教材编写组. 生活与哲学[M]. 北京：人民教育出版社，2014.

[23] 李鼎祚. 周易集解[M]. 北京：中华书局，1985.

[24] 李申. 中国儒教史（上册）[M]. 上海：上海人民出版社，1999.

[25] 李天道. 中国古代人生美学[M]. 北京：中国社会科学出版社，2008.

[26] 李学勤. 十三经注疏·孟子注疏[M]. 北京：北京大学出版社，1999.

[27] 梁漱溟. 东西文化及其哲学[M]. 北京：商务印书馆，1999.

[28] 林国良. 佛教自由观[M]. 北京：宗教文化出版社，2003.

[29] 刘小冰，张毓华. 生态法治评论[M]. 北京：法律出版社，2015.

[30] 马克思，恩格斯. 马克思恩格斯文集 第四卷[M]. 北京：人民出版社，2009.

[31] 蒙培元. 理性与情感[M]. 北京：中国社会科学院出版社，2002.

[32] 孟庆男. 思想政治学科教学原理[M]. 北京：中国科学文化出版社，2003.

[33] 牟宗三. 中国哲学的特质[M]. 上海：上海古籍出版社，1997.

[34] 佘正荣. 中国生态伦理传统的诠释与重建[M]. 北京：人民出版社，2002.

[35] 谭绍江. 荀子政治哲学思想研究[M]. 武汉：华中科技大学出版社，2014.

[36] 汤漳平，王朝华. 老子[M]. 北京：中华书局，2018.

[37] 汪受宽译注. 孝经[M]. 上海：上海古籍出版社，2007.

[38] 王弼. 老子道德经注[M]. 北京：中华书局，2011.

[39] 王夫之. 读四书大全说[M]. 北京：中华书局，2010.

[40] 王国维. 殷周制度论[M]. 北京：中华书局，2015.

[41] 王明. 太平经合校[M]. 北京：中华书局，2014.

[42] 王先谦. 荀子集解[M]. 北京：中华书局，1988.

[43] 颜之推. 颜氏家训[M]. 合肥：黄山书社，2002.

[44] 杨伯峻. 论语译注[M]. 北京：中华书局，1980.

[45] 杨伯峻. 论语译注·雍也[M]. 北京：中华书局，2005.

[46] 杨伯峻.孟子译注·告子下[M].北京:中华书局,2012.

[47] 杨伯峻.孟子译注·梁惠王上[M].北京:中华书局,2015.

[48] 姚新中.儒教与基督教:仁与爱的比较研究[M].北京:中国社会科学出版社,2002.

[49] 张岱年.中国古典哲学概念范畴要论[M].北京:中国社会科学出版社,1989.

[50] 张新平.陶行知的教育管理思想与实践[M].上海:上海教育出版社,2014.

[51] 郑玄,孔颖达.礼记正义,十三经注疏[M].北京:中华书局,1980.

[52] 朱熹.四书章句集注[M].上海:上海古籍出版社,2006.

[53] 蔡原野.荀子的政治思想研究[D].北京:中央民族大学,2017.

[54] 陈锐兵.墨子政治伦理思想的当代价值新探[D].桂林:广西师范大学,2017.

[55] 党继玉.孔子与耶稣教育哲学思想比较研究[D].银川:宁夏大学,2015.

[56] 董海峰.朱熹家庭伦理思想及其当代价值[D].哈尔滨:哈尔滨工业大学,2015.

[57] 樊雪平.中国当代成人审美人格建构研究——基于我国传统教育哲学的视角[D].太原:山西大学,2011.

[58] 高杰.《生活与哲学》教学中的中国古代哲学思想的运用研究[D].锦州:渤海大学,2017.

[59] 高应洁.传统儒家家庭伦理观及其当代反思[D].哈尔滨:哈尔滨工业大学,2020.

[60] 郭晓旭.马克思主义哲学与中国传统哲学的融通发展研究[D].北京:中央党校(国家行政学院),2019.

[61] 韩兴龙.我国传统医德教育思想探析[D].长春:吉林大学,2018.

[62] 郝立忠.哲学形态的层次及其划分标准研究[D].武汉:武汉大学,2012.

[63] 何晓雨.传统"孝"文化对当代学生道德教育的启示[D].成都:成都理工大学,2013.

[64] 胡泽芦.中国传统科学技术在中学物理教学中的应用研究[D].

武汉：华中师范大学，2018.

[65] 李特. 荀子道德教育思想及其当代价值研究[D]. 锦州：辽宁工业大学，2018.

[66] 刘冰冰. 老子道德思想对高校德育的启示[D]. 锦州：辽宁工业大学，2015.

[67] 刘占军. 论以人为本思想的哲学新视野及其当代价值[D]. 西安：西北大学，2012.

[68] 聂苏. 先秦儒家美育思想研究[D]. 长春：东北师范大学，2013.

[69] 邱敏. 孔子的科学思想探析[D]. 武汉：武汉科技大学，2020.

[70] 冉锐. 庄子自然审美研究[D]. 昆明：云南师范大学，2020.

[71] 宋宁. 孟子生态审美思想研究[D]. 曲阜：曲阜师范大学，2016.

[72] 宋颖. 中国传统道德观在当代的缺失问题研究[D]. 烟台：鲁东大学，2017.

[73] 田会玲. 荀子道德教育思想及其当代价值研究[D]. 兰州：西北师范大学，2018.

[74] 汪洋. 中国传统哲学融入现代企业文化建设的路径探究[D]. 延吉：延边大学，2016.

[75] 王凯.《中庸》的"天人合一"思想研究[D]. 延吉：延边大学，2019.

[76] 王紫娟. 荀子家庭伦理思想刍议[D]. 南京：南京师范大学，2021.

[77] 闫晟哲. 公共精神、德行与政治意识——从"子产杀邓析"到"君子不器"的政治思想史解释[D]. 西安：陕西师范大学，2014.

[78] 杨欢. 道家生态思想和西方环境伦理学比较研究[D]. 合肥：安徽大学，2021.

[79] 张翠玲. 古代中国生活审美论[D]. 西安：陕西师范大学，2017.

[80] 张江卉. 先秦时期的科技思想研究[D]. 西安：陕西科技大学，2014.

[81] 朱晓鲜. "地方性知识"视域下的中国传统科学[D]. 新乡：河南师范大学，2012.

[82] 左雯雯. 中国传统生态思想及其当代价值研究[D]. 株洲：湖南工业大学，2021.

[83] 白宗让，杜维明."圣之时者"与"天人合一"[J]. 中国文化研究，

2018（8）.

[84] 陈雪云. 我国历史上的德法兼治及其现实意义 [J]. 学习论坛，2003（6）.

[85] 成云雷. 先秦儒家思想中的权与伦理政治主体的自由 [J]. 社会科学辑刊，2006（6）.

[86] 程相占. 生态美学的时代情怀 [J]. 中国绿色时报，2015（4）.

[87] 封太忠，曲爱香. 中国古代的科技教育及其启示 [J]. 科技资讯，2011（17）.

[88] 黄玉顺. 儒家哲学的"二句真谛"——《中庸》开篇三句的释读 [J]. 中州学刊，1999（2）.

[89] 冷天吉. 孔子的知识论 [J]. 河南师范大学学报（哲学社会科学版），2005（2）.

[90] 刘立夫. "天人合一"不能归约为"人与自然和谐相处" [J]. 哲学研究，2007（2）.

[91] 蒙培元. 从孔、孟的德性说看儒家的生态观 [J]. 新视野，2000（1）.

[92] 束晓霞. 教学资源的有效整合 [J]. 思想政治课教学，2015（12）.

[93] 王前. 李约瑟对中国传统科学思维方式研究的贡献 [J]. 自然辩证法通讯，1996（2）.

[94] 徐小文. 从"天人关系"角度解读《中庸》首句 [J]. 文化学刊，2018（10）.

[95] 叶娟. 荀子道德教育与思想研究 [D]. 兰州：西北师范大学，2013.

[96] 张时贵. 我国生态警察制度的构建与完善路径 [J]. 研究生法学，2020（1）.

[97] 张紫薇，渠慧慧. 中国传统科技融入小学教育的价值阐释 [J]. 科教文汇，2022（2）.

[98] 仲建维. 孔子和苏格拉底的知识形象及其教学图录 [J]. 全球教育展望，2010（6）.